Meu passado me perdoa

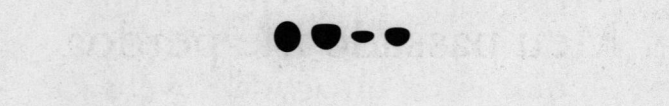

Aguinaldo Silva

Meu passado me perdoa

Memórias de uma vida novelesca

todavia

Para Diamantino Francisco Duarte Pinto,
que exigiu "pelo menos trezentas páginas"

Enquanto viver, nunca verei o suficiente

Martha Gellhorn

I.
Pobre, feio, esquisito e efeminado

Quando nasci — "eram onze horas da noite, chovia muito", assim contou minha mãe —, no exato instante em que, puxado pela parteira, saí para a luz, um trovão ribombou. Um raio de vastas proporções caiu sobre a Terra. E um curto-circuito queimou toda a fiação elétrica que corria pelas paredes da nossa casa. "Foi aí" — sempre nas palavras da minha mãe — "que percebi: você não era apenas mais uma criança que acabara de nascer, era uma criatura única e muito especial."

Durante os primeiros anos da minha vida cresci com a certeza de que, sim, era um ser único e muito especial... Até que descobri: na época em que nasci, a eletricidade era um luxo que na minha cidade natal só funcionava das cinco da tarde às nove da noite. Portanto, mesmo que caísse sobre o local uma tempestade furiosa, na hora em que nasci, às onze da noite, tamanho curto-circuito não poderia ter ocorrido. Na verdade, nasci à prosaica luz de candeeiros — no momento em que vim ao mundo a luz elétrica já tinha sido desligada havia duas horas.

De qualquer modo, foi das melhores a intenção da minha mãe ao criar a lenda segundo a qual eu não era apenas mais uma criança, mas sim um ser especialíssimo — um tipo de anjo que Deus enviara ao mundo à luz de fogos de artifício. Pois, mesmo depois de descobrir que isso não era verdade, sempre tentei me comportar como se o fosse. E agora, adentrando na perigosa barreira dos oitenta anos, tenho a certeza de que, se nunca fui um ser especialíssimo, quanto às minhas infrutíferas tentativas de sê-lo, pelo menos valeu o meu esforço.

Memórias de uma ex-rainha

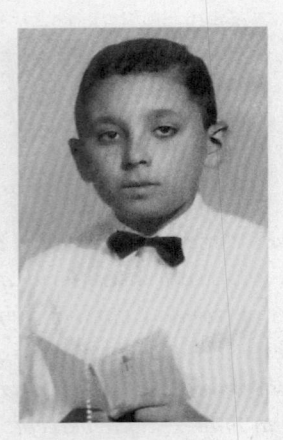

Ainda sem passado, mas com perdão.
Na primeira comunhão.

Em 1957, como acontecia todos os anos, o Colégio Americano Batista, do Recife, elegeu, com a mesma expectativa de sempre, sua Rainha da Primavera — na semana que antecedia os festejos do seu aniversário o educandário sempre escolhia e coroava, pelo voto direto dos alunos, sua aluna mais popular e mais bela. Durante décadas funcionara desse modo. Mas naquela vez ocorreu um fato inédito: mesmo concorrendo à sua própria revelia com todas as belas candidatas, um garoto de treze anos é que acabou fragorosamente eleito.

Quem era o tal garoto? Este que agora vos escreve, pois a Rainha da Primavera do Colégio Americano Batista naquele ano fui eu mesmo. Mas, não, por favor, espere: não se rejubile ainda, pois a história é amarga, violenta e repleta de detalhes tristes. E antes de ir adiante, deixe-me relembrar alguns dos antecedentes que me levaram a vivê-la.

O primeiro deles é que eu tinha treze anos.

O Colégio Americano Batista, ainda "Baptista" naquela época, era — não sei se ainda o é — um dos mais tradicionais do Recife. Por isso meu pai, um ex-frentista e balconista do único posto de gasolina da cidade de Carpina — a "Bomba do seu Firmino" —, fez questão de me matricular nele quando nos mudamos para lá. Pois "seu" Joaquim Ferreira da Silva era assim — ele achava que só uma educação de excelência podia mudar o mundo. E meu mundo não estava destinado a ser dos melhores se ele não tomasse, no precioso terreno da minha educação, as providências necessárias para que eu fosse preparado de modo conveniente.

Nós éramos, como se dizia naquela época, pobres de Jó; mal tínhamos como sobreviver. Mas "seu" Joaquim não descuidava do meu futuro. Antes de me colocar no C. A. B. (era assim que os alunos se referiam ao colégio), ele me fizera estudar o último ano do curso primário no Agnes Erskine, um colégio de ricos. E antes disso, ainda em Carpina, me mantivera a duras penas na respeitada escola particular de dona Isaura — uma lendária professora local —, em cujos bancos fui uma exceção, pois neles só sentavam os carpinenses filhos de privilegiados.

Eu tinha apenas uma vaga ideia dos sacrifícios que ele fazia para me dar essa educação de alto nível. Mesmo assim, tratava de não o decepcionar e sempre lhe apresentava ótimos resultados.

Na escola de dona Isaura, bem como no Agnes Erskine, eu era criança demais e passara em brancas nuvens. Mas no C. A. B., já adolescente, logo fui notado. Eu era pobre, feio, esquisito. E a pior coisa de todas para meus colegas de colégio: era inapelavelmente efeminado. Por tudo isso, acabei eleito como vítima preferencial de todas as brincadeiras cruéis.

E foi assim, de humilhação em humilhação, que chegamos ao tal concurso.

O colégio era misto, mas separado por sexos. Havia a ala das meninas e a dos meninos e todos os dias eles só se reuniam no mesmo lugar — um auditório — na hora do culto. Num desses cultos, por votação direta, seria eleita a rainha. E foi então que um dos meninos mais velhos, ao me ver passar durante o recreio com meu andar de cisne envergonhado, teve a ideia: "Nada de eleger meninas desta vez. Vamos votar no frango!". Claro, o menino logo tratou de me informar a respeito. E, para meu desespero, sua sugestão depressa se propagou e vingou de tal forma que, no dia da eleição, o assunto da minha "candidatura" era o mais comentado no colégio.

O pastor Albérico, que fora encarregado da apuração diante do auditório lotado de alunos, professores e funcionários, em nenhum momento citou meu nome. Mas lá no púlpito, cada vez que abria um voto no qual ele constava, tratava de colocá-lo acintosamente de lado. Até que, no final da apuração, pelo tamanho da pilha que não foi contabilizada, era mais do que evidente: fora eu o mais votado. Para piorar ainda mais a situação, o pastor, sem conseguir esconder um sorriso irônico, declarou que a nova Rainha da Primavera do colégio era uma menina chamada Maria Inês, e frisou: "Já que ela foi a segunda mais votada...".

Várias vezes, durante aquela hora de humilhação e escárnio, eu desejei estar morto. Mas — que esperança! — continuaria vivo... E sem saber que minha eleição como Rainha da Primavera fora apenas o começo daquele dia terrível.

Logo depois da eleição — e da coroação da menina que teve mais votos depois de mim — vinha o recreio. E mal a campainha tocou, já prevendo a onda de violência que se abateria sobre o meu lombo, saí correndo para o único local que considerava seguro: os banheiros. Mas não cheguei a me trancar num deles, pois os meninos, excitados por conta da brincadeira e já sentindo o gosto de sangue na boca, me perseguiram e me acuaram.

Enquanto eu gritava de pavor, não houve nada que eles não me atirassem: pedras, paus, sapatos, terra, cadernos, canetas, livros, a meia-porta de um dos banheiros, que acabou sendo arrancada... Tudo isso durante uma gritaria infernal, que só foi interrompida a muito custo quando o pastor Albérico, temendo o pior — um linchamento infantil —, chegou lá e gritou mais alto.

Enquanto ele tentava enquadrar aquele bando de adolescentes histéricos, eu escapei sem ser notado. Em prantos, saí do colégio e fui me sentar num banco lá na praça do Entroncamento, onde fiquei a soluçar, em estado de choque.

Lembre-se: eu tinha treze anos.

Enquanto estava lá, sentado no banco da praça, num pranto convulso e descontrolado, um homem se aproximou de mim e perguntou: "Por que choras, linda criança?".

Em vez de lhe responder, chorei ainda mais alto.

Ele então me tomou pela mão e me levou para o seu quarto, numa pensão ali mesmo na praça. Mas, lá, o que ele me deu não foi propriamente consolo.

Quando saí do quarto do homem não chorava mais, porém estava ainda mais arrasado. Um drama sem precedentes acabara de acontecer na minha vida. Eu passara por uma sucessão de sérios, pesados, irreversíveis agravos; mas não tinha ninguém com quem pudesse conversar sobre o fato. Pior ainda: eu teria que esconder da minha família tudo que me acontecera. Não podia chegar em casa e dizer aos meus pais: fui humilhado, espezinhado, violentado, quase linchado... Pois, quando eles me perguntassem: "Por quê?!", eu teria que responder: "Porque sou pobre, feio, esquisito e efeminado!".

Não podia nem mesmo dizer ao meu pai que não ia mais voltar ao colégio pelo qual ele pagava tão caro e, portanto, no dia seguinte teria que retornar ao C. A. B. e lá continuar nos próximos meses, a enfrentar todas as provocações dos meus carrascos.

Naquele dia vaguei durante horas, desnorteado, arrasado, perguntando-me o que fazer. Até que uma luz se fez e eu descobri que podia fingir, e que talvez isso até me permitisse ficar menos pobre, feio, esquisito e efeminado e, portanto, mais parecido com os outros meninos da minha idade. Foi assim que, embora tivesse só treze anos, naquele dia deixei de ser criança. Pois, para esconder dos meus pais o que tinha acontecido e diante deles fingir que o dia no colégio fora a rotina de sempre, tive que dar muitos passos no caminho da dissimulação e do cinismo, esses dois pilares de sustentação sobre os quais se apoia o mundo.

Mas, antes disso...

Segui pela avenida Conselheiro Rosa e Silva e fui para casa, na rua do Cupim, 144, no bairro dos Aflitos. Lá encontrei Givaldo, um vizinho, adepto das teses de Lombroso, que certa vez, com a maior cara de pau, dissera a minha mãe que eu era um representante da "sub-raça dos mulatos" e explicara por quê: "O cabelo dele é ruim!".

Sabendo que não era mais o mesmo, entrei em casa. Mas minha mãe, dona Maria do Carmo Ferreira da Silva, que me recebeu à porta, não notou em mim nenhuma diferença, por isso apenas me perguntou: "Por que demorou tanto?".

Ao que respondi — e pela primeira vez fui cínico: "Por causa do concurso de Rainha da Primavera no colégio. A apuração demorou e a turma saiu atrasada".

Sentei-me à mesa. Comi, com a naturalidade de todos os dias, o meio peito de frango com rodelas de cará que minha mãe me serviu de almoço. E depois fui para o quarto para cumprir minhas duas horas diárias de estudos caseiros aos quais, como se nada de mais me tivesse acontecido, tratei de me dedicar com o maior afinco.

Isso mesmo, eu tinha treze anos.

Mas não era mais o mesmo quando, no dia seguinte, à hora de sempre, atendendo ao clamor da campainha, entrei na sala de aula do C. A. B. e ocupei o meu lugar de novo.

Lá, ninguém falou comigo sobre o acontecido. Não houve qualquer comentário desairoso. O pastor Albérico sequer olhou para mim na hora do culto. E só o professor de inglês, chamado Fernando da Veiga, quando me chamou ao quadro-negro ousou ser irônico comigo, como sempre fora do seu feitio — eu escrevi "Y" em vez de "I", querendo dizer: "eu", e ele rosnou: "Sendo como você é, só podia ser burro!".

Aos poucos eu soube: o caso provocara verdadeira convulsão na direção do colégio. Pensaram até em me expulsar como medida profilática. Afinal de contas, era eu o pobre, o feio, o esquisito e o efeminado, entre os que quase me lincharam havia filhos de famílias ilustres e por isso, naquela história tenebrosa, não poderia o colégio chegar a outra conclusão senão esta: eu fora o culpado de tudo.

Mas como me expulsar e deixar sem punição aqueles que quase me lincharam? Para esse dilema não encontraram nenhuma saída. Assim, a história foi pura e simplesmente abafada. Isolado de todos, cumpri no C. A. B. mais um ano de estudos e lá concluí o ginásio — sempre com notas muito altas, diga-se de passagem.

Completei, afinal, catorze anos. Nesse dia, "seu" Joaquim — meu pai — me chamou e disse: "A partir de agora você vai trabalhar durante o dia, estudar à noite e pagar seus próprios estudos".

Aceitei de bom grado. Saí logo à procura de emprego, e em poucos dias já estava trabalhando na zona do cais, não num puteiro, mas numa agência de navegação, que alugava serviços do rebocador chamado *Mestre Antônio*. E depois disso me matriculei no curso clássico noturno em outro colégio caríssimo (que eu mesmo pagaria), o Salesiano.

Foi lá que me apaixonei pelo latim, uma língua que já então diziam estar morta, mas cujos despojos até hoje teimam em parecer vivos no português, o idioma que todos falamos.

A paixão pelo latim fez de mim um admirador daquele que nos ensinava a língua, um padre chamado Rocha. Em suas aulas eu era o único aluno verdadeiramente atento. Bebia cada uma de suas palavras, enquanto os outros não conseguiam esconder o quanto estavam entediados.

Mas a minha admiração pelo padre Rocha se transformaria em decepção, um ano depois, quando, já no meu novo emprego, ele foi ouvido numa espécie de inquérito que o Banco Nacional do Norte, onde eu fora trabalhar, fazia sobre seus novos empregados. Num texto curto e grosso, meu amado professor de latim traçava um retrato negativo de seu melhor aluno, com uma frase final arrasadora: "Apresenta visíveis tendências sodomitas", era a conclusão dele.

Eu tinha então quinze anos.

Chamado pelo gerente do banco, um homem austero a quem tínhamos a obrigação de chamar de "sr. Jairo", este mandou que eu lesse em voz alta o depoimento escrito pelo padre Rocha e, depois que o fiz, perguntou: "Você confirma isso?".

Juro a você, pela salvação da minha alma, que àquela altura eu não sabia o que significava a palavra "sodomita". Por isso, resolvi dar uma resposta vaga. E então disse ao "sr. Jairo" que, se o padre Rocha dizia aquilo com tanta convicção, era porque devia ser verdade. Ao que ele replicou, de modo curto e grosso: "O Banco Nacional do Norte não aceita gente de sua espécie como empregado. Pode pegar suas coisas e ir embora agora mesmo, você está dispensado".

Fiz o que ele mandou e dessa vez, confesso, foi sem maiores traumas. Tanto que, quando cheguei em casa, não dei aos meus pais maiores detalhes sobre a minha demissão, pois, torno a dizer, embora tivesse apenas quinze anos, fiz tal como fazem as pessoas adultas em situações como essa: fui cínico e dissimulado.

A essa altura, mais só e introspectivo que nunca, eu já tinha escrito dois livros. Um deles, *Redenção para Job*, reescrito dois anos depois, seria publicado em 1961, e então minha vida mudaria. E eu não precisaria que meu pai me lembrasse disso para concluir que, no que diz respeito à minha educação, ele sempre estivera certo.

Pobre, feio, esquisito e efeminado: eu me considerava único. Até o dia em que, enquanto usufruía de um sundae na Confeitaria Confiança — pago com o produto do meu trabalho! —, conheci um garoto como eu, que se apresentou como "Fernando Maysa" (todos achavam que ele se parecia com a cantora por causa dos enormes olhos verdes... Mas para mim ele era ainda mais bonito).

Contarei esse encontro crucial com mais detalhes algumas páginas adiante. Agora direi apenas que em poucos instantes eu e Maysa nos tornamos amigos inseparáveis. Eu lhe contei o que tinha acontecido comigo lá no C. A. B., e então ele me levou ao Quem-Me-Quer, um jardim à beira-rio no centro do Recife, me apresentou à sua turma de garotos esquisitos e efeminados como eu e disse: "Aponta um de nós que não tenha passado por algo parecido e eu te dou um vidro de Je Reviens de prêmio". Je Reviens era um lendário perfume francês daquela época, um tesouro que também se perderia com o tempo.

Eu tinha quinze anos quando tudo isso aconteceu. Agora estou com oitenta. Durante todos esses anos guardei essa história comigo. Por isso nunca fiz análise — para não ter que deitar num sofá, contá-la a um estranho e ainda por cima lhe pagar por isso, quando, na verdade, ele é que devia me pagar para poder ouvi-la. Na verdade, a essa altura da minha vida eu até já a tinha esquecido. Mas, da varanda de minha suíte no transatlântico *MSC Orchestra*, enquanto ele atracava no Recife, vi a zona do cais à minha frente e, numa sucessão de flashes como aqueles usados nos filmes de terror, me lembrei de tudo.

Mal desci do navio entrei num táxi, pedi ao motorista: "Me leva ao Colégio Americano Batista…". E ele fez isso. Lá, por trás do portão fechado, fiquei alguns minutos a olhar a mesma alameda de palmeiras pela qual passei em prantos naquele dia fatídico. E me vi naquela criança, a caminhar como se estivesse perdida no meio do redemoinho ou no olho da tempestade, a enfrentar passo a passo sua via sacra de novo.

Pedi então ao motorista que me levasse à rua do Cupim, 144, e lá fiz questão de tirar fotos. A casa ainda é a mesma, só as grades mudaram, mas hoje ela funciona como escritório. A seguir fui me encontrar com três jornalistas que estavam escrevendo um perfil biográfico sobre a minha infância em Pernambuco e queriam que lhes desse uma entrevista. Foi então que, pela primeira vez durante esses anos todos, tive uma vontade enorme de revelar essa história horrível. Mas me contive e pensei: "Se o fizer, será num livro. Quero que meus possíveis leitores sejam os primeiros a tomar conhecimento desses meus verdes anos tão melodramáticos". O prometido é cumprido. E, assim, agora estou aqui, completamente nu e à vontade, a exibir na feira as minhas cicatrizes de guerra diante de todos.

Antes de voltar para o navio e seguir viagem rumo a Salvador e depois ao Rio de Janeiro, onde então morava, vivi o grande evento do dia: a reunião e o almoço com minha família (irmão, cunhada, sobrinhos, sobrinhos-netos), a quem não via fazia alguns anos. Foi com eles a voejar ao meu redor num restaurante, no auge da satisfação e da felicidade, que afinal concluí: não sou mais feio, nem pobre, e muito menos esquisito. Agora, quanto a ser efeminado… Bom, a verdade é que de vez em quando, como se diz, ainda solto a franga. Mas acho que isso é o que chamam de destino ou, como dizia o padre Rocha no seu admirável latim pelo qual até hoje sou apaixonado: *fatum*.

No final do almoço, quase à hora de regressar para o navio, alguém me mostrou uma senhora numa mesa próxima: era dona Alba, uma antiga vizinha dos meus pais na rua do Cupim. Eu não a reconheci, mas percebi desde que entrei no restaurante que ela ficou me olhando e fez visíveis comentários a meu respeito com os seus acompanhantes. Minha cunhada me levou até ela; a velha senhora me cumprimentou efusivamente e disse, entre outras, duas frases que guardei para encerrar com elas este capítulo inicial das minhas memórias. A primeira foi: "Guina, como tu ficou grande...".

"Guina" era o meu apelido de menino. Quanto ao "grande", ela estava se referindo ao meu metro e 82 de altura. Já a segunda coisa, que ela disse enquanto olhava extasiada para a minha cabeça, foi: "E o teu cabelo ficou bom!".

É que, quando eu era seu vizinho, tinha aquele tal cabelo que (como rezava a marchinha) "não nega" — de negro, pixaim, como então se dizia pejorativamente.

Essa última frase de dona Alba, se algum dia eu morrer — o que acho difícil —, quero que a escrevam, não sem ironia, no meu túmulo: "O cabelo dele não apenas ficou bom, mas até hoje continua melhorando".

Meus verdíssimos anos

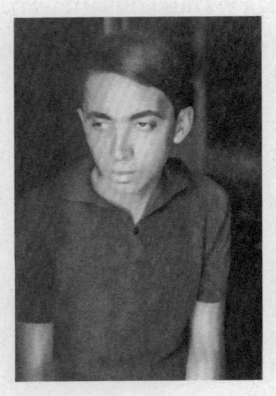

Trêfego mocinho na noite do Recife.

No final dos anos 1950 havia duas turmas de pessoas, digamos assim, "diferentes", que frequentavam as noites do Quem--Me-Quer, um jardim plantado às margens do rio Capibaribe, no Recife: as "arlecãs" e as "arlequetes". As segundas éramos nós — meninos entre os catorze e os dezesseis anos, mas já entregues aos tortuosos prazeres da chamada vida airada. As primeiras eram os que chamávamos de "velhas": homens gays acima dos trinta, ou seja, que já estavam na vida airada havia mais tempo e por isso, para nós — as assim chamadas "meninas" —, já eram putas velhas, ancestrais e caquéticas.

Nós, as arlequetes, na nossa inocência de trêfegos infantes, nutríamos profundo desdém pelas "velhas" arlecãs, das quais desprezávamos até mesmo o cheiro. E fazíamos questão de demonstrar isso sempre que possível. Mas eles, cultos e discretos, sob a proteção (ou o disfarce) dos seus paletós e gravatas, exibiam condescendência em relação a nós. Pois já sabiam que, se tivéssemos muita sorte e sobrevivêssemos aos ataques da Turma da Lambreta, talvez — sim, isso mesmo, *talvez* — um dia chegássemos à idade deles e nos tornássemos mais sábias e menos trêfegas.

Sim, porque havia um terceiro grupo de rapazes a bater ponto noturno nos jardins do Quem-Me-Quer — eram os filhinhos de papai da Turma da Lambreta, que travavam uma guerra quase mortal contra o nosso grupo tão diferente deles, pois o desvio desses rapazes de famílias tradicionais era outro: talvez por serem vítimas do tédio provocado pela vida provinciana do Recife naquela época, ou pelo excesso de regalias que as fortunas dos seus pais lhes davam, eles eram irresponsáveis, cruéis, violentos e pérfidos. Quando estacionavam no Quem--Me-Quer suas caras motos italianas — que então estavam na moda —, sabíamos que, junto com elas, o que vinha para todos nós era a mais perigosa das encrencas.

Nessas ocasiões de perigo iminente as arlecãs apelavam para a própria respeitabilidade e ficavam lá, enfiadas nos seus paletós e gravatas — falando um francês cheio de biquinhos e fingindo-se de mortas para não interferir na situação de perigo por que passava o nosso grupo. Assim, nós, as arlequetes, tínhamos que nos safar a nós mesmas. Então nos espalhávamos feito moscas a voejar em todas as direções, pois sabíamos que, se uma de nós caísse nas mãos dos chamados "lambreteiros", o menos ruim que podia nos acontecer seria levar uma bela de uma surra ou acabar com o rosto desfigurado... O que, para pessoas que se consideravam para sempre lindas, verdadeiras rainhas da eugenia — como era o nosso caso —, seria um desastre de consequências irreparáveis.

Lembro-me como se fosse hoje das muitas vezes que corri pela avenida Guararapes com os lambreteiros no meu encalço, entrei nos prédios dos Correios cujos meandros conhecíamos nos mínimos detalhes e, depois de atravessar os seus longos corredores em geral desertos àquela hora, lancei-me de uma porta que parecia se abrir para um abismo, mas na verdade ia dar num caminhão que, lá embaixo, tinha montes de sacos cheios de cartas já expedidas, sobre os quais — como se caísse em cima de um colchão de macias plumas — eu aterrissei.

Ou de uma vez em que meia dúzia de nós estávamos na praia de Boa Viagem apenas de sunga quando os lambreteiros chegaram e, sem que ao menos pudéssemos pegar nossas roupas amontoadas ali do lado, saímos todos a correr (como sempre, cada um para um lado). Eu atravessei a rua em meio aos carros, entrei no Edifício Califórnia — no qual, tempos depois, um gay chamado Boni seria morto em casa com 44 facadas — e, perseguido por um dos lambreteiros e aos gritos de "socorro", subi os catorze andares sem que ninguém abrisse sequer uma porta até que, na cobertura, fiquei acuado.

Foi Otacília, nome de batismo Fernando, quem teve a coragem de subir no nosso encalço e lá em cima, mesmo correndo o risco de me substituir como vítima e ser atirada de uma varanda, conseguiu convencer o lambreteiro a me deixar em paz, pois — ela repetiu esse argumento sem sentido várias vezes — eu "não passava de um menino sem a menor noção de higiene e completamente abestalhado". Enquanto isso, na praia, outro Fernando, o Maysa, junto com Virgínia e Brigitte, nomes de batismo Wilson e Expedito, resgatavam minhas roupas do mar, onde os lambreteiros as tinham lançado e já estavam sendo levadas pelas ondas para bem longe.

Não se pode dizer que as arlecãs lamentavam a perseguição implacável que os lambreteiros exerciam contra nós. Uma delas, de nome Jairo, mas batizada por nós de "Areia Mijada", tinha a opinião mais radical de todas quanto a isso: dizia que, por sermos nós sempre tão escandalosas, atentávamos contra a moral e os bons costumes das pessoas que também frequentavam o Quem-Me-Quer e por isso, sim, aqueles rapazes de boa família tinham razão, todas nós merecíamos ser severamente castigadas e talvez até mortas depois de ter os lindos rostos jovens devidamente desfigurados.

Quanto a nós, embora apenas crianças, tínhamos ocupado um território só nosso a duras penas e não estávamos ali para ceder nem uma parte dele aos lambreteiros ou a qualquer filho da mãe que nos surgisse pela frente. As próprias arlecãs sabiam disso. E, embora disfarçassem muito bem, na verdade nos temiam, pois sabiam que, enquanto precisavam ser discretas, nossa própria indiscrição, de tão expansiva, nunca haveria de reconhecer fronteiras. Portanto, se o rapazes da Turma da Lambreta pretendiam nos expulsar do Quem-Me-Quer, tínhamos que desafiá-los com todas as nossas forças até que os convencêssemos de que não conseguiriam fazer isso nem depois de nos matar a todas.

"Ou acabamos com eles ou então eles acabam com a gente", proclamou Virgínia Maria numa das muitas vezes em que discutimos o assunto numa espécie de conselho de guerra. Mas acabar com os lambreteiros como, me diz? Se éramos apenas um bando aloprado de Joõezinhos perdidos na floresta sem sequer uma frágil Maria que nos servisse de consolo ou de apoio contra as ameaças da bruxa! Do que precisávamos mesmo era de alguém que nos protegesse...

Ou, como proclamou Guilhermina Peixe-Espada, nome de batismo Guilherme, deixando que a palavra lhe escapasse da boca como um sopro de ar sai musicalmente de uma corneta: um anjo.

"O problema é que anjos só existem aqueles de madeira lá da igreja de Santo Antônio", disse Maysa, nome de batismo Fernando, sem saber o quanto estava errado. Pois seria isso mesmo, um anjo salvador, embora não propriamente enviado pelo céu, mas quem sabe saído do inferno, acabaria por vir em nosso socorro.

Porém, antes de entrar na parte mais movimentada da minha história, devo comentar sobre mais um criativo mecanismo de defesa da minha turma, que é o que se segue.

As arlequetes tinham um grito de alerta para o que chamávamos de "situação de emergência". E este constava de uma única palavra, aliás, inexistente na língua portuguesa, e que era uma corruptela do sobrenome de Serguei Diaghilev, o fundador dos Ballets Russes, que, no final do século XIX, revolucionaram a cultura na Europa e anunciaram, com suas danças e músicas, o que depois viria a ser chamado de "arte moderna".

Essa palavra era "diaguileife". E ela era sempre pronunciada de forma dramática e num grito curto, grosso e seco. Bastava que alguém a dissesse e nós só tínhamos direito a três saídas após ouvi-la: ou bancávamos estátuas de sal e ficávamos ali petrificados, ou saíamos correndo na maior disparada — cada uma num rumo diferente, de modo a deixar sem ação o responsável pela situação de perigo —, ou executávamos de modo canhestro a missão, de todas, a mais impossível — fingíamos que éramos criaturas capazes somente de ações e atitudes puramente masculinas, uma das quais era coçar (com suficiente vigor e, ao mesmo tempo, certa complacência, tal como faziam os machos) as próprias partes pudendas.

Lembro que, numa certa noite de domingo, estávamos todos lá a nos comportar como periquitos saltitantes e bêbados quando Virgínia Maria de repente arregalou ainda mais os olhos já de si arregalados e murmurou: "Diaguileife, frangos!".

Todos nos viramos na direção para a qual ela olhava paralisada e lá vimos ninguém menos que minha mãe, dona Maria do Carmo, que se aproximava toda feliz da vida porque, durante um dos seus raros passeios noturnos com algumas amigas, tinha encontrado o filhinho querido!

Durante o tempo em que minha mãe lá ficou, rodeada pelo que ela chamou depois de "meus amigos crianças", para mim foi uma delícia ver como todas as arlequetes ali presentes se comportaram como meninos bem-postos e educados. Claro, de vez em quando alguém escorregava e caía do alto dos tamancos da virilidade, mas tratava de se recompor rapidamente antes que minha querida mãe o notasse. Virgínia, por exemplo, a certa altura fez um dos seus gestos mais frequentes — o *plié* do balé clássico com a mão desmunhecadamente dobrada debaixo do queixo. Mas Otacília deu-lhe um safanão que a fez se recompor e botar de novo as mãos nos bolsos e falar canhestramente grosso...

E assim, meia hora depois de convívio com aquelas crianças — e sem que a graça de Deus permitisse que alguém por ali passasse e nos chamasse, aos gritos, de "frangos" —, minha mãe foi embora do Quem-Me-Quer achando apenas que os amiguinhos do filho, como disse depois ao meu pai, eram "meninos de boa família e educadíssimos".

E agora, sim, depois desse parêntese, voltemos ao ponto em que ficamos: a impecável e para nós redentora aparição do nosso anjo.

A situação nos jardins do Quem-Me-Quer se manteve tensa um bom tempo, o qual passei aprendendo a correr ainda mais depressa que o raio... O que, aliás, pela vida afora me foi muito útil, porque, sim, para chegar incólume a este ponto — onde agora me encontro —, naquela fase inicial da minha vida pródiga tive que correr muito. Até que do nada surgiu a figura cujo nome verdadeiro nunca se soube: apenas se conhecia seu vulgo, que era "Fogão", e que, de todas as criaturas marginais que se refugiavam na barreira de corais do cais do Recife, era o mais violento e perigoso.

Fogão era procurado pelas polícias de três estados do Nordeste por dezenas de crimes, muitos deles de morte. Mas, segundo a lenda que se criara a seu respeito, graças aos poderes de uma certa mãe de santo moradora do bairro de Afogados, sempre que avistado pelos homens da lei, tinha a capacidade de ficar invisível para todos eles ao fechar os próprios olhos. E assim, mesmo sendo um bandido considerado perigoso, ele podia transitar pela parte mais afluente do Recife, incluindo a rua Nova, que era a do centro comercial e chic da cidade, sempre de chinelos, camiseta e uns calções largos dentro dos quais escondia sua arma letal — não, querido, não é aquilo que você está pensando, era uma peixeira de corte afiado.

Até hoje me lembro da primeira vez que o vi, nos meus catorze anos, a nos observar — a nós, meninos arlequetes — escondido atrás de uma árvore da praça Joaquim Nabuco com um ar completamente fascinado, enquanto nós nos comportávamos como um bando de periquitos histéricos (o que, aliás, éramos): era como se Ivo visse não apenas a uva, mas um cacho delas, todas igualmente frescas, rosadas e apetitosas num voluptuoso jardim de fragrâncias muçulmanas, e soubesse que não poderia jamais prová-las, mas apenas — e de longe — apreciá-las.

Pouco depois de sua morte, sobre a qual vou falar mais adiante (ela aconteceu quando eu já não era mais uma arlequete, pois tinha publicado um livro e, agora aos dezoito anos, exercia com grande entusiasmo a profissão de jornalista), um policial me segredou que Fogão era pedófilo e vizinhos seus, pais de filhos menores, até chegaram a fazer queixas contra ele no bairro onde morara antes de virar marginal.

Nosso protetor seria isso mesmo? Não posso responder a essa pergunta. Mas posso garantir que ninguém no nosso bando impúbere jamais foi molestado ou assediado por ele. Para Fogão, era como se fôssemos criaturas angélicas caídas na terra por algum acaso e que, após perder as asas, se tornaram frágeis. Precisávamos de proteção contra os males desse mundo para nós desconhecido. E foi isso que ele nos deu sem exigir nada em troca — nos protegeu de todos os perigos e ameaças durante três anos. Por isso, nós o adorávamos: porque, tal como pedira Guilhermina Peixe-Espada num momento de aflição, ele finalmente viera: Fogão, o matador profissional que era o nosso Anjo.

Aos treze anos, afinal levantei os véus daquele que, até então, fora para mim um grande mistério: na minha futura vida sexual eu não estava condenado às mulheres, e sim predestinado aos homens. Essa minha preferência se revelara desde cedo, mas não de forma evidente. E, assim, criara grande confusão no meu espírito. Educado sob a extrema proteção materna, com um único irmão, onze anos mais velho, que precisara mudar de cidade para trabalhar quando eu tinha apenas oito, vítima de uma doença contumaz — a asma, da qual me curei não me lembro como — e mostrando desde cedo uma fanática predileção pelo isolamento e pelo hábito da leitura (o que dava às outras crianças a impressão de que não era igual a elas, era estranho ou esquisito), tive o que hoje chamariam de uma infância solitária. Solitária, mas não infeliz: eu era feliz a meu modo.

O problema é que, sem amigos da minha idade, praticamente filho único e sob a extrema proteção da minha mãe, não tive a chance de ser iniciado nas artes do sexo. Aos treze anos, essa inocência me levava ao ponto de achar que todos os homens adultos eram iguais a mim, ou seja: tinham um "piu--piu" pequeno e sem pelos. Quando vi um homem adulto nu pela primeira vez, ah, meu Deus, foi um choque. Então um homem adulto era tão diferente de mim a ponto de ter aquele negócio, que mesmo em sossego era enorme e coroado por um tufo de pelos? E os bagos: seria possível existir sobre a face da terra mais estranho par de frutos? Fiquei três noites agoniado e sem conseguir dormir até que todas as porcas se encaixassem em seus respectivos parafusos e eu concluísse, com toda a certeza: "Se é assim que são os homens adultos, então, sim! São eles que vou querer na minha vida".

Já disse que era uma criança solitária. Não me interessava pelos garotos da minha idade e não despertava nenhum interesse nos adultos. Por isso, baseado no fato de nunca ter me deparado nos livros que até então tinha lido com algum personagem que tivesse esse meu novo interesse (havia um romance muito famoso naquela época, chamado *O poço da solidão*, mas que falava só do amor entre duas mulheres), achei que, se o meu desejo ia por aquele caminho, eu devia ser uma aberração: uma espécie de aleijão forjado pela natureza e que podia muito bem ser o único em toda a humanidade. E assim, embora não conseguisse mais deixar de olhar de outro jeito para os homens adultos que me cercavam — sim, era aquilo a que chamavam desejo —, tratei de esconder meus sentimentos por eles.

Minha família era muito pobre, era quase paupérrima. E se eu insisto em falar sobre isso é porque se trata de um detalhe importante para a continuação da minha narrativa. Meu irmão foi despachado para ir trabalhar no Recife ainda adolescente. Quanto a mim, até fazer catorze anos fui aluno dos melhores colégios particulares, pagos pelo meu pai — imagino com que sacrifícios. Mas quando cheguei a essa idade ele me disse, pura e simplesmente, que a partir dali eu ia trabalhar de dia e pagar meus próprios estudos à noite. Assim, cruzei a fronteira simbólica que separava minha casa segura da rua cheia de perigos e mistérios e fui procurar emprego.

Dei sorte quanto a isso. O primeiro emprego foi numa pequena agência de navegação na zona do cais do Recife, cujo proprietário, de nome José Luís Rabelo, nunca demonstrou estranheza ou interesse pelo fato de que, embora eu fosse menino, parecesse uma menina. Ele jamais comentou nada ou se mostrou confuso quanto a isso. Na verdade, fui substituir o empregado anterior, um rapaz de sobrenome Barros, belo como o diabo (de quem tinha até os demoníacos olhos verdes), que fora servir no Exército e, ao voltar, reivindicou do modo mais direto o cargo que tinha sido dele e agora eu ocupava: num dia em que o sr. José Luís saiu para almoçar ele se trancou comigo no escritório e, de maneira que não restasse a menor dúvida quanto a isso (e sem ligar para os meus fracos protestos), tirou de modo irrevogável minha angélica virgindade no banheiro.

Barros foi apenas uma rápida parada de ônibus — e num local bem ermo — na longa e movimentada estrada que desde então foi a minha vida íntima. Houve nessa viagem subidas e descidas íngremes, esteve ela algumas vezes sujeita a nevoeiros e temporais, mas teve também seus dias de autopista reta, suave e plana. Nela o trecho relacionado a Barros não merece mais do que as linhas aqui reservadas a ele. E a estas posso acrescentar apenas que, quatro anos depois, quando já labutava como jornalista, eu o reencontrei durante a feitura de uma reportagem: ele, que engordara, porém continuava com aqueles mesmos satânicos olhos verdes, me reconheceu e me cumprimentou, mas não falou sobre o tal episódio no banheiro, que, é bom frisar, antes que eu saísse do emprego na agência de navegação se repetiu várias vezes.

Vivendo e aprendendo a viver

Ao trabalho, o ex-filhinho da mamãe.

Nunca frequentei uma universidade. Depois de trabalhar na zona do cais do Recife durante dois anos — e todos os dias, após sair do colégio, frequentar seus bares e bordéis também à noite —, pude pular sem maiores prejuízos essa etapa do meu aprendizado. Pois, em matéria de experiência de vida, foi nesse período que adquiri todos os diplomas de que precisava para seguir na minha caminhada até este momento em que agora escrevo, e você, que porventura me lê, decide se cumpro ou não essa empreitada com algum êxito.

Até sair de casa para trabalhar e poder pagar meus estudos, eu era apenas o filhinho da mamãe que se distraía com seus brinquedos improvisados no fundo do quintal e se conformava com a bela, porém simplificada, visão de mundo que as leituras me proporcionavam. Mas quando me vi na zona do cais — que era um importante entreposto de comércio durante o dia e uma movimentada zona de boemia e prostituição à noite —, um mundo à parte onde a vida, fosse que hora fosse, era imparável, não tive a menor dúvida em cair nela de boca e mergulhar nas suas águas turvas até chegar ao fundo.

Nessa mesma época, quando fui trabalhar na zona do cais do Recife, é que afinal descobri que não era a única criatura do meu sexo a sentir atração por outros homens. Isso me aconteceria da maneira mais prosaica. Como já disse, o motivo pelo qual fui trabalhar tão cedo é que, por conta das carências da minha família, a partir dali eu mesmo teria que pagar meus estudos. Era nisso que gastava a maior parte do meu salário. Mas algum dinheiro sempre me sobrava. E eu o usava, preferencialmente, para gastar na compra de livros e alguns pequenos luxos de criança. Um deles era usufruir, uma vez por semana e sempre às quartas-feiras, do famoso sundae então servido numa confeitaria da rua da Imperatriz, batizada, pelo menos para mim não por acaso, de "Confiança".

Certa quarta-feira estava eu lá, tentando fazer com que esse prazer semanal valesse a pena e o sorvete rendesse o máximo possível, quando ouvi bem atrás de mim um estridente chilrear do que me pareceram pássaros. Voltei-me e vi um bando de garotos inquietos da minha idade, que tinha acabado de entrar na confeitaria, a falar, sussurrar e gritar uns com os outros sobre as vantagens de escolher este ou aquele sundae e decidir qual seria a melhor cobertura para cada um dos muitos sabores ali vendidos.

Tal como as outras pessoas que já estavam na confeitaria, fiquei paralisado ao vê-los. Pois percebi na hora que aquele bando de crianças inquietas, quase à beira da histeria, a fingir chiliques e soltar gritos agudos a propósito de nada, eram a minha tribo: finalmente eu a encontrara. Embora não me comportasse daquele modo — a minha timidez não o permitia —, naquele momento não me restou sequer a menor dúvida: era com eles que eu queria estar, era como eles que eu queria ser e, sim, custasse o que custasse eu o seria.

O mais exibido dos meninos foi o primeiro a pousar os olhos azuis e apestanados sobre mim. Viu o quanto eu estava siderado a observá-los, aproximou-se e disse: "Seu sundae vai derreter, querida".

Fiquei a olhar mudo e quedo para ele, que sentou ao meu lado, estendeu a mão de dedos finos e longos e se apresentou: "Meu nome é Fernando Antônio van der Stoven, mas meus amigos me chamam de Maysa, por causa da cor azul dos meus olhos, que são iguais aos da cantora. Muito prazer, *mi hermana*".

Primeiro, não percebi a razão desse *"mi hermana"*, mas tempos depois, quando pensei melhor sobre o assunto, descobri afinal que se tratava da citação de um filme de 1942 e já então clássico, *Sangue de pantera*, dirigido por Jacques Tourneur, no qual uma mulher se aproxima de outra e a chama de *"mi hermana"*, aludindo desse modo ao fato de que a reconhecera como alguém que tinha parentesco com o felino, assim como ela, ou seja: eram ambas malditas.

Mas, como disse, só cheguei a essa conclusão algum tempo depois. Naquele instante, continuei mudo de espanto a olhar para aquela criatura que me observava com profundo interesse. E mesmo que falasse eu não saberia o que dizer. De qualquer modo, aceitei a sugestão dela e voltei ao meu sundae. Os outros garotos da turma já tinham ocupado uma das mesas. Maysa ficou a meu lado, a me olhar atentamente, até que sussurrou: "Vou propor aos outros que deixem você participar da nossa turma, serei até sua madrinha se for preciso... Venha nos ver hoje, às oito horas da noite, no Quem-Me-Quer da rua da Aurora".

Disse isso e depois foi se juntar aos outros. Sussurrou alguma coisa para eles, que se voltaram para mim, uns com algum interesse, outros com ar de enfado. Um deles soltou uma risada de deboche — descobri depois que seu nome era Wilson, mas a turma o chamava de Virgínia, sim, Virgínia, "a que já nascera desvirginada". Guarde bem o nome, porque voltarei a falar sobre ele aqui mais vezes.

Saí da confeitaria antes deles, deixando para trás metade do meu sundae a essa altura derretido. Fui até a Livraria Moderna e lá, num dos balcões, me deparei com a edição recente de *Com a morte na alma*, romance de Jean-Paul Sartre. E, depois de contar meus últimos centavos, tratei de comprá-lo. Três anos depois, quando fui embora para o Rio de Janeiro, ele seguiria na minha bagagem. E, de vez em quando relido e cada vez mais cheio de anotações, ficaria comigo durante anos, como uma lembrança daquela tarde em que conheci a minha tribo das arlequetes... Até que foi expropriado como "material subversivo" na noite em que, já como jornalista e autor de vários livros publicados, fui preso pelos meganhas do Centro de Informações da Marinha (Cenimar) e levado para o presídio da Ilha das Flores, no Rio de Janeiro.

Mas essa é outra história, que só aconteceu dez anos depois daquela tarde e que contarei mais adiante. O que preciso dizer agora é que, embora não tenha ido ao encontro dos outros garotos tal como Maysa ordenara — não podia faltar à aula no Colégio Salesiano, naquela noite tinha prova de latim, que era a minha matéria preferida —, nos dias seguintes continuei a ouvir o chamado da *mi hermana* e já me sentindo uma pantera sedenta não propriamente de sangue, mas de homens.

Até que uma semana depois decidi faltar ao colégio e, com o pretexto de saber a razão daquele convite e por que Maysa dissera com tanta convicção que eu seria um deles, fui até o local onde os garotos se reuniam... E lá estavam todos. Como se tivessem certeza de que mais cedo ou mais tarde acabaria por me juntar a eles, apenas perguntaram como era mesmo meu nome — "Aguinaldo", eu lhes disse. E, depois de ouvi-lo, Maysa comentou: "Não sei se vem do grego ou do latim, posso até ver isso depois só por curiosidade. De qualquer modo, não importa, esse nome não é o seu de verdade e não lhe serve. Mas não se preocupe com isso, na sua nova cerimônia de batismo você ganhará outro".

Novo batismo? Mudança de nome? Era como se, na restrita galáxia em que eu até então vivera, meu insignificante universo afinal estivesse se expandindo.

Mas essa tal cerimônia da minha entronização oficial no grupo demorou alguns meses para acontecer, até que Virgínia — e eu repito: nome oficial Wilson — me avisou: "Domingo será teu batizado".

A essa altura, eu já sabia que todas as arlequetes, meus novos amigos que, antes de mim, haviam se estreado na chamada "vida airada", tinham que passar por essa cerimônia, na qual eram finalmente aceitas pelo grupo. Era nela que também recebiam o chamado "nome de guerra", que era sempre feminino. Eu estava curioso para saber qual seria o meu. Mas Virgínia deixou claro que ele só seria revelado durante a cerimônia e por quem de direito.

"Pode pelo menos dizer quem será meu padrinho?", eu lhe perguntei. E ela respondeu sem dar maiores detalhes: "Fogão". Para mim, nada mais apropriado, pois os batismos aconteciam sempre na área onde se escondia Fogão, o bandido mais famoso do pedaço: a barreira de corais dos arrecifes. "Que roupa devo usar?", insisti. E Virgínia, como se dissesse "Vou ali e já volto": "Na hora do batismo, nenhuma, sua boba. Nem você, nem nós *todas*".

Virgínia era dois anos mais velha que eu e, dias antes, tinha passado por outra espécie de batismo: comparecera ao quartel onde, junto com centenas de garotos de sua idade, faria o alistamento militar obrigatório, o que era motivo de trauma para todos da nossa turma. Pois sabíamos que lá, nus como Deus nos fez, diante de outros adolescentes cruéis e mais aquele bando de militares impiedosos, fatalmente seríamos humilhados, ofendidos e expulsos com o maior rigor possível daquele território só de verdadeiros machos.

Virgínia sofreu muito à medida que o dia de sua apresentação no quartel se aproximava, e nós fomos solidários com ela. Na última noite antes do evento ela entrou em desespero e proclamou: "Prefiro me atirar no rio Capibaribe e morrer afogada!". E Otacília, de batismo Fernando, tratou de dissuadi-la: "A lama não vai te deixar afundar, boneca, e ainda por cima um siri pode morder tua rola!".

Dizer que alguma de nós tinha "rola", atributo reservado apenas a machos — ainda que todos nós a tivéssemos —, costumava ser um insulto poderoso. Mas Virgínia, de tão atribulada com o que viveria na manhã seguinte, nem se deu por isso. Assim, às três horas daquela sombria madrugada, tratamos de acompanhar nossa desesperada amiga até a porta de sua casa no bairro de São José e prometemos que naquela manhã, em nossas próprias casas, todos rezaríamos para Nossa Senhora da Conceição, padroeira extraoficial do nosso bando, para pedir que intercedesse por ela junto a seu amantíssimo filho Jesus Cristo.

Ficamos todos tensos o dia inteiro. E à noite, quando Virgínia chegou à hora de sempre no Quem-Me-Quer, estávamos lá a esperar, ansiosos por suas notícias. "Como foi lá no quartel?", perguntamos a voejar aflitos em torno da coitada. E ela, na maior calma: "Ih, não durou nem cinco minutos. Foi só eu tirar a roupa e o sargento gritou que eu tava dispensada".

"Mas como?!", perguntamos todos. "Você deu pinta demais, foi isso?" E Virgínia, que durante alguns meses estudara balé clássico (mas essa é outra história, que contarei mais adiante), disse que não. Apenas, depois que tirou a roupa e para espanto geral, ficou fazendo *plié* — um passo de balé em que as bailarinas são diáfanas e os bailarinos tentam sê-lo mais ainda, porém sem nenhum êxito.

"Só isso?", Maysa murmurou, decepcionada.

E Virgínia prosseguiu: "Não, senhora, teve mais uma coisinha. Ontem à noite, depois que vocês me deixaram em casa, me veio uma ideia: peguei o aparelho de barbear e me raspei toda. Daí, quando tirei a roupa no meio daquele bando de garotos pentelhudos e mais os soldados, cabos e sargentos, todos reagiram horrorizados porque eu estava parecendo uma rã despelada".

Quem foi Virgínia, o que aconteceu com ela anos depois e que importância teve na minha vida, vou contar em outro capítulo desse meu *carnet de bal*, assim como uma nova versão modificada dessa história. Quanto ao meu próprio batismo, que estava programado para os arrecifes, onde hoje estão as esculturas de Francisco Brennand em forma de enormes falos — talvez em homenagem às suas mais contumazes frequentadoras, nós, as antigas arlequetes —, teve que ser adiado. Pois meu padrinho Fogão precisou viajar para Sertânia, no interior de Pernambuco, onde foi cumprir o que ele chamava de "uma tarefa". Qual seria ela? Um assassinato. Apenas mais um a constar do seu portfólio — que um certo usineiro e chefe político da Zona da Mata pernambucana lhe encomendara.

Por mais personagem de ficção que ele aqui pareça, esse Fogão, de quem já falei tanto, existiu de verdade. Seu nome de batismo só descobri depois de sua morte — ele se chamava Antônio da Silva Pereira, segundo me disse dona Ernestina, a proprietária da pensão de putas na qual ele se abrigava ou comia de vez em quando. A ela coube identificar oficialmente seu corpo crivado de balas no Instituto Médico Legal do Recife num dia em que nossos pequeninos corações se cobriram de cinzas.

E, sim, ele foi meu padrinho de crisma numa cerimônia levada a cabo nos arrecifes de corais. E se não foi criado pela minha fértil imaginação de romancista, acabou por aparecer com outro nome, "Ferrugem" — aí, sim, idealizado como personagem —, em dois livros de minha autoria.

Num deles, intitulado *Geografia do ventre* e lançado em 1970, eu o homenageio com um velório quase alegórico, como se pode ler no texto que se segue. Nesssa minha história, Ferrugem foi morto ao tentar escapar da polícia depois de fugir do presídio onde cumpria pena por ter assassinado o filho de um usineiro, ou seja: a arte, essa garota muito da atrevida, quase imitando a vida. Em sinal de luto, as mulheres da zona decidem fechar os bares, barracas e prostíbulos, pois a noite será toda para o velório. Ninguém sairá para trabalhar, cada um ficará no seu canto — essa será a homenagem final do povo do cais ao seu muito querido e nunca por demais pranteado morto:

Lá embaixo a zona é um deserto. A morte, horas antes, cumprira seu destino e fora às ruas, matara Ferrugem e sua vontade de fugir; agora, quando apenas alguns homens ainda se colocam nas esquinas à espera das mulheres ausentes, essa morte reina e está presente. Sua sombra pode ser divisada pelos olhos mais atentos, seu vulto negro e descabelado — mais uma vez a morte fez por cumprir o destino de todos os homens.

Ela pensa, dona Ernestina, a dona da pensão, lembra o vulto de Maria Deia e seu grito quando, num movimento apenas, atirou-se pela janela para escapar ao interrogatório que o secretário de Segurança lhe preparava — escuta outra vez o grito e pensa: está agora no hospital com as duas pernas quebradas, foi tudo que ela conseguiu. Depois acrescenta: mas Ferrugem, ele matou por causa dela.

Sente uma semente de orgulho a germinar no seu coração, ameaçando crescer, florescer, tornar-se uma árvore frondosa e invadi-la toda: por causa de Maria Deia, uma reles puta, morreu o filho do usineiro, por causa dela acontecera a condenação, a prisão, a fuga e a morte de Ferrugem e por fim toda a perseguição que se seguiu, a encenação armada na zona do cais e o clímax de tudo — a morte dele.

Dona Ernestina volta-se para o interior da pensão onde as putas permanecem quietas e em silêncio, olha para cada uma delas, diz, de modo irrefletido, mas sincero, minhas meninas, minhas filhas todas que não tive, eu gosto muito de vocês. As mulheres olham-na todas agradecidas, que é isso, dona Ernestina — uma delas diz meio que reprovando o ataque de ternura da cafetina, que se explica: a gente tem que gostar de alguma coisa pra poder viver, por isso gosto de vocês, minhas meninas.

E assim reina ali na sala uma intimidade total dentro da qual, putas e cafetina, todas se compreendem, sofridas e silenciosas essas mulheres nada mais querem senão viver esse dia no qual Ferrugem — aquele que amava Maria Deia e as protegia — foi morto e assim, no final da noite, poder acrescentá-lo com orgulho à soma dos dias já vividos, pois é isso, os dias já vividos, que dão algum sentido ao que chamamos de vida.

Sim, o bandido Fogão virou personagem de ficção em dois dos meus livros, ou seja, eu o reinventei. Mas é verdadeiro o fato de que ele foi meu padrinho numa cerimônia pagã de batismo, como veremos a seguir.

Um nome escrito nas nuvens

Nos tempos de Querubina.

Foi Zé Perobo quem me avisou naquela noite, mal cheguei no Quem-Me-Quer: "Seu padrinho já voltou".

Meu padrinho, já se sabe, era Fogão, que viajara para o interior do estado com o objetivo de levar a cabo um compromisso — o tal assassinato que lhe fora encomendado. Quanto a Zé Perobo, José Inácio de batismo, ele era o único entre nós que não ganhara um codinome feminino, pois, segundo o consenso, era bruto e viril demais para ser tratado como se fosse uma dama, embora, como nós, também preferisse o contato — íntimo, digamos assim — apenas com homens.

Mas comigo seria diferente. Meu prosaico Aguinaldo, grego ou latino segundo a culta Maysa, seria substituído entre nós por sabe-se lá que nome feminino. A essa altura, tal como o leitor destas páginas — eu aposto —, já estava morto de curiosidade para saber qual seria meu novo nome, e mais uma vez tentei arrancar de Virgínia alguma informação sobre ele. Mas ela não abriu o jogo, nem podia fazê-lo, pois, segundo explicou, minha nova identidade apenas seria revelada por Tetê de Blumenthal, de acordo com o que ela lesse nas nuvens na hora mais dramática da tal cerimônia.

Tetê de Blumenthal, nome oficial Expedito Batista, embora fizesse parte da nossa turma de meninas arlequetes, não era mais nenhuma criança: já andava pelos trinta anos ou mais. Negro, baixinho e meio para o gordo, apregoava ser o mais belo do pedaço, embora — me desculpe a franqueza retrospectiva — não o fosse. Vivia com grande sucesso uma vida dupla: era Tetê de Blumenthal ali no Quem-Me-Quer, mas era também "seu" Expedito, casado com mulher, pai de três filhos e morador do bairro de Casa Amarela, no qual exercia com grande sucesso a quádrupla função de conselheiro, pai de santo, gestor de desavenças entre vizinhos beligerantes e parteiro.

Era ele quem, depois de queimar um baseado tamanho duplo GG, observaria as nuvens e então revelaria ao batizando o nome com o qual seria ungido. Esses anúncios de Tetê de Blumenthal não podiam ser jamais contestados: para nós ela não era apenas uma "bicha maconheira", era muito mais... Era uma pitonisa ou, mais ainda, uma "vestal", como ela mesma apregoava. Portanto, fosse qual fosse o nome anunciado na minha cerimônia de batismo, a partir daí eu teria que carregá-lo comigo até o fim da vida, ou pelo menos enquanto fosse uma arlequete. O que — agora posso confessar a você que aqui me lê — no âmago do meu ser continuo sendo até hoje.

A notícia de que meu padrinho Fogão já havia voltado, depois de cumprir com êxito sua missão sangrenta lá em Sertânia (sim, ele matara o tal homem com três tiros certeiros), me deixou feliz. Pois eu já estava com saudades dele e de sua severa vigilância, sempre a nos seguir e, como o verdadeiro anjo vingador que era, a nos proteger das ameaças da Turma da Lambreta.

Assim, com todas as presenças confirmadas, minha festa de batizado ficou mesmo programada para o domingo seguinte... E não, querido meu — nem lá, nem nesta minha narrativa —, dessa vez não haveria qualquer adiamento, por isso, vamos chicotear os cavalos e fazer a carruagem chegar bem depressa ao abrigo daquele dia. Até o momento em que, perante todos os convidados metidos em suas sungas zazá (menos Fogão, cuja única indumentária era um calção folgado, daqueles que lhe permitiam "balançar os negócios" sem maiores esforços), lá estávamos todos.

Tetê já degustara seu terceiro baseado e grunhia palavras e cânticos ininteligíveis enquanto examinava as nuvens. Eu me desfiz da última peça de roupa e fiquei nu em pelo, tal como me foi exigido. Fogão, que também fumara seu baseado duplo GG, me pegou nos braços e foi me depositar numa espécie de piscina natural, dentro da qual boiavam peixinhos que, com a descida da maré, tinham ficado ali prisioneiros. Eu, que aceitara provar do cigarrão de Tetê, olhava para eles e os via deslizar no fundo da piscina como se fossem línguas de fogo.

Porque, sim, nessas cerimônias rituais das meninas arlequetes, a xibaba — ou diamba, maconha ou que nome se dê a ela, da melhor possível e ofertada especialmente por Fogão — corria solta. Por isso, estávamos todos já em transe no instante em que Tetê de Blumenthal, com a barriga meio flácida a cair sobre a sunga mínima, deu alguns passos trôpegos sobre as rochas de coral e, à beira de se despenhar no mar diante dela e sair nadando até a África do outro lado, apontou para uns fiapos de nuvens e gritou: "Está escrito lá, sim, lá está escrito: o nome dela é Angel!".

Completamente nu dentro da piscina, com os peixinhos a me fazer cócegas ao deslizar por baixo, por cima e entre minhas partes, reagi, decepcionado: "Angel?... Mas isso tanto pode ser nome de mulher como de homem!".

Ao ouvir isso a suma sacerdotisa, a pitonisa, a vestal Tetê de Blumenthal reagiu, apontando para o alto: "É o que está escrito lá, boneca. E não é a mim que você deve se queixar, é à nuvem!".

À minha decepção e à reação indignada de Tetê seguiu--se uma discussão entre todas as arlequetes, ainda mais acalorada por causa do efeito da maconha, durante a qual a palavra "frango" foi pronunciada pelo menos umas 10 mil vezes, pois era assim que na intimidade nos tratávamos. Maysa, que até então se manifestava no nosso idioma, voltou às origens e começou a falar em alemão, já que, supostamente, era filha de um casal germânico. Enquanto isso, dentro de uma das piscinas, Fogão observava — e visivelmente apreciava — aquela confusão toda, até que acatamos a sugestão de Otacília, o Fernando Segundo, à qual Tetê aderiu com entusiasmo: "Vamos consultar a nuvem de novo!".

Isso se revelou um problema, pois àquela altura do dia o céu estava azul e sem nuvens. Já que seria preciso esperar que uma delas nos brindasse com sua aparição e com ela viesse a muito ansiada revelação do meu nome, deu-se o previsto: mais cigarros da xibaba trazida da cidade de Salgueiro pelo fornecedor particular de Tetê foram produzidos e consumidos, o que nos deixou ainda mais lesos. Ficamos todos nus, menos Fogão, que nem precisou tirar o calção, pois o prolongado banho na piscina já deixara a sua vestimenta transparente de tão úmida.

A essa altura, meu batismo ritual tinha se transformado numa verdadeira babel: Maysa falava alemão, Tetê se exprimia no idioma obscuro dos seus deuses africanos, Expedito ensaiava um francês que não se entenderia nem mesmo na Martinica, Guilhermina Peixe-Espada imitava Sarita Montiel ensaiando um espanhol de puteiro, até que Fogão, de novo a chapinhar dentro de sua poça particular de água, avisou: "Uma nuvem está vindo!".

E tudo se organizou de novo: Tetê foi novamente até a beira d'água e ergueu os braços para o céu saudando a nuvem, eu me joguei na piscina dentro da qual os peixinhos reagiram indignados, Otacília exigiu silêncio absoluto e todos se calaram. Alguns instantes de tensão e expectativa, até que Tetê bradou: "Eu me enganei, não era Angel, era... Que porra a merda dessa nuvem de cocô de passarinho tá querendo me dizer, afinal... Angélica? Angelina? Não, gente, agora, sim, está bem claro: o nome oficial do frango é Querubina!".

Pulei indignado de dentro da piscina, sem ligar para o fato de que, ao fazê-lo de modo tão estabanado, esmaguei meia dúzia de peixinhos. "Que nome mais feio da moléstia, Tetê... Esse daí eu não quero!", gritei.

E então Tetê se voltou e me disse, com uma voz de quem conhece o passado e prevê até mesmo o futuro dos planetas mais remotos: "Não adianta protestar, Querubina, este será o seu nome... E ele vai ficar gravado na sua pele até que de você só reste mesmo o esqueleto".

A previsão da pitonisa Tetê não deu noutra: enquanto morei no Recife e depois, todas as vezes que voltei lá, foi sempre por esse codinome que meus amigos me chamaram: Querubina, sim, às vezes abreviado para um carinhoso "Queró", pronunciado pela primeira vez de modo casual por Virgínia, de batismo Wilson (sendo Virgínia Maria da Conceição seu nome de guerra completo), cuja história pregressa cheia de maldições e peripécias vou contar a seguir.

A vingança de Virgínia

Arlequetes em formação de ataque.

Minha muito amiga Virgínia, de batismo Wilson, era uma católica fervorosa, daquelas de frequentar a missa aos domingos e entrar na igreja para rezar pelo menos uma vez por dia. Isso parecia natural quando se sabia que, até os treze anos, ela vivera num quarto dos fundos da sacristia de uma igreja onde morava com a mãe, que lá ocupava a função de faxineira. Assim, de certo modo, fora criada e educada pelo pároco, o ultraconservador e mal-humorado padre Estevão da Costa Macedo (o nome real dele era outro, é claro, esse eu acabei de inventar), até as duas serem expulsas por ele pelas razões que agora tentarei revelar.

Porém...

Antes de contar a história de Virgínia — talvez possamos até chamá-la de "saga" —, é preciso que se esclareça este detalhe importante: como já disse, minha amiga fora batizada de Wilson. E embora seja aqui apresentada como menina, era de fato menino. Mas isso não tem importância, já que ela nunca se sentiu como tal e deixou isso bem claro ao longo de sua vida. Quanto à igreja onde viveu até ser escorraçada de lá junto com a mãe, para evitar queixas, ranger de dentes e até processos, não vou revelar qual é, pois não esqueça que estas histórias todas são reais, embora a minha versão delas talvez não o seja. Direi apenas, do modo mais vago possível, que ela está situada num dos pontos mais centrais e movimentados da nunca por demais louvada cidade do Recife.

Tendo habitado durante tantos anos na igreja, e improvisado nela seus brinquedos infantis, Virgínia acabou por se tornar uma espécie de senhora do labirinto que existia por trás de suas paredes construídas aí pelo século XVII: túneis, portas camufladas, passagens secretas, desvãos, estranhas câmaras de eco, janelas que davam para lugar nenhum. Era nesse território, oculto à vista dos frequentadores habituais da igreja, que ele, menino solitário que era, criava suas brincadeiras. E seria nele que, anos depois, planejaria e executaria de forma dramática o que servirá de desfecho a essa história — a terrível e, durante anos, muito pranteada morte do padre Macedo, aquele que lhe ensinara todos os preceitos religiosos e depois lhe dissera de modo cruel que, por ser tal como era, um menino que parecia um arremedo de menina, nenhum deles poderia se aplicar a ele, pois sua alma, mesmo ainda impúbere, já apodrecera e estava de antemão condenada às fogueiras do inferno.

Virgínia era filha de dona Severina, uma senhora de família desconhecida, mãe solteira e sem homem, que, quando o filho era ainda um bebê de poucos dias, apareceu com ele na porta da igreja e, por razões supostamente humanitárias, acabou sendo acolhida pelo padre. Ali ela passou a ser não só a criada, mas também a encarregada de manter limpas as dependências e cuidar do pleno funcionamento do templo. Era, portanto, mais que uma simples faxineira — era a sacristã, como ela, a certa altura, se autoproclamara.

Algumas beatas que lá faziam ponto de oração e de conversa diziam à boca pequena que dona Severina era mais que isso — "Era amante do padre, isso sim!" — e que seu bebê seria filho deste. Claro que essa nefanda versão da história nunca ultrapassou os limites do murmúrio. É quase certo que dona Severina e até o padre sabiam de tais disse me disse. Mas — talvez porque se sentissem acima deles ou até para evitar que crescessem até se transformar num escândalo incontornável — faziam ouvidos moucos a todos e, inocentes e castos que eram pelo menos na aparência, mantinham suas respectivas e santas rotinas dentro das dependências da igreja.

Quanto ao jovem e precoce Wilson, eu insisto: desde cedo ele deixou bem claro, nas atitudes e gestos, que não nascera para ser menino, mas sim menina. E é na constatação desse fato pelo padre Macedo que nossa história se complica. Deixe, por favor, que lhe forneça mais detalhes quanto a isso: o sacerdote era o que hoje chamam de homofóbico. Mas o era de um modo tão radical e histérico que não seria demais considerar a sua homofobia pura e simplesmente uma doença sem qualquer possibilidade de cura.

Nos seus últimos anos de vida, que chegou ao fim graças à terrível intervenção de Virgínia — e que, repito, será objeto principal desta narrativa —, sua doença chegara a tal ponto que ele passava boa parte da noite na janela da casa paroquial, a esperar que nossa turma de jovens gays pintosos de menos de dezesseis anos por lá passasse em nosso desfile de todas as noites pelo centro da cidade, para nos insultar aos gritos de "Frangos, frangos!", designação que se dá, em Pernambuco, àqueles que, no resto do país, costuma-se chamar de "veados".

Por tudo isso, você bem pode imaginar o que aconteceu com dona Severina e seu filhinho, que, quanto mais crescia, mais pintoso ficava: o padre Macedo concluiu que, por mais que tentasse, não conseguiria mudar o jeito de ser do garoto — pelo contrário, ele se tornaria cada vez mais efeminado. E, assim, decidiu expulsá-lo das dependências do templo junto com sua mãe, além de proibir em definitivo a entrada dos dois na igreja dele, pois, segundo frisava, era seu dever cristão proteger os fiéis daquela tão precoce manifestação das horríveis artes do demônio.

De novo ao relento e na miséria, já que não recebia nenhum salário na igreja e, assim, não pudera poupar, dona Severina foi morar de favor, junto com o filho, num barraco de taipa no Cais de Santa Rita. Lá ficaram aos trancos e barrancos, comendo dia sim e muitos outros não, catando lixo e vestindo apenas andrajos, até que Virgínia se transformou numa espécie de flor do lodo: aprendeu a fisgar siris e caranguejos num lamaçal próximo, primeiro como se fosse uma distração ou um brinquedo. Mas depois começou a cozinhá-los e fritá--los e assá-los de modo cada vez mais elaborado.

As pessoas que circulavam pelo local, alertadas pelo cheiro maravilhoso daqueles preparados, iam lá experimentar, gostavam e voltavam. E assim Virgínia teve o que chamou de "estalo": com uma ajeitada aqui e outra ali, construiu um puxado em frente ao barraco onde moravam e o transformou numa espécie de boteco, batizado pelos frequentadores como "Buraco da dona Severina", embora na verdade o buraco ali fosse o do Wilson, que, aliás, como se diz em linguagem vulgar, era mais embaixo.

Desse modo, aos catorze anos, graças aos siris e caranguejos que cozinhava e fritava, e aos acompanhamentos que para estes inventava, Virgínia, como todos o chamavam a essa altura, já se tornara meio que famoso. O Buraco foi ampliado, outros pratos de peixes e mariscos acrescentados ao cardápio, a clientela aumentou e se refinou e logo ele pôde comprar uma casa humilde no bairro de São José, onde dona Severina, a essa altura muito doente, viveu seus últimos e tranquilos anos.

A propósito da muito pranteada morte dessa indigitada senhora, devo fazer aqui uma pausa para lhe dizer que, no dia em que se foi, ela pediu a todos que a velavam que saíssem do quarto, pois, como o último ato de sua sofrida e atribulada vida, precisava revelar à "filha" um segredo que havia anos guardava consigo a sete mil chaves. Assim fizeram todos. E da sala, através da porta entreaberta, mesmo os mais curiosos apenas puderam vê-la sussurrar alguns instantes ao ouvido de Virgínia, que depois lhe disse alto o bastante para que a escutassem: "Não faz mal, mãe, eu sempre desconfiei que era filho dele, mas vá em paz, pode ficar tranquila, esse assunto para mim está encerrado".

Entre todos aqueles que nessa ocasião lá estavam, fora dali e à boca pequena, espalhou-se a pergunta: antes de morrer teria a mãe revelado ao filho o nome do seu pai e, o mais importante: seria esse nome o do padre Estevão da Costa Macedo? Nenhum de nós jamais teve a coragem de perguntar ao nosso amigo a respeito — afinal, em matéria de família, cada um de nós guardava seus próprios segredos e todos eles, ainda que de maneiras diferentes, eram terríveis e nefandos.

Virgínia chorou muito enquanto via a mãe morrer. Mas no enterro dela se comportou como se fosse uma pessoa já experiente em questões de morte e não uma criança de quinze anos. E depois do luto natural — que todos os seus conhecidos respeitaram — voltou às suas lides com uma garra de adulto, disposta, como sempre disse a partir daí, a se tornar um cozinheiro ainda melhor e a ganhar cada vez mais fama e mais dinheiro.

Aos dezesseis anos, quando já tinha no Buraco um gerente chamado Aquilino, o qual — diziam, mas não provavam — era também seu namorado, Virgínia Maria da Conceição passou em todos os testes e foi aceita na turma de crianças travessas que se reuniam todas as noites nos jardins do Quem-Me-Quer, ali à beira do rio Capibaribe, e se apresentavam ao público como as arlequetes. Eu era um deles e atendia na turma pelo apelido de Querubina, pois a praxe era que cada um de nós sempre fosse batizado com um nome feminino.

Por que arlequetes, nesse francês de bordel e ainda mais no feminino? Porque éramos meninos que se achavam meninas e que rivalizavam com as arlecãs, a turma de "velhos" que se achavam novos — na verdade, as coitadas só eram velhas aos nossos olhos de crianças, pois não tinham mais que quarenta anos. Todas as noites elas também se reuniam ali perto, usavam paletó, colete e gravata e só se comunicavam em francês e através de metáforas, parábolas ou que diabo fosse aquele jeito de falar, só para deixar bem claro que eram intelectuais e não criaturas vulgares como nós, "que éramos apenas fúteis e escandalosas", tão precoces que — palavras delas — dávamos mais que chuchu na serra.

Escandalosas, sim, e precoces também, sem nenhuma dúvida. E essa nossa precocidade se revelava da maneira mais simples: todas adorávamos ganhar dinheiro à custa de atos praticados apenas até um certo limite e que só com boa vontade poderiam ser considerados de cunho sexual. Para isso, tínhamos uma clientela em renovação constante — homens de mais de quarenta anos que já considerávamos "velhos" e aos quais chamávamos "Petronilos", alcunha usada para todos eles de modo indiscriminado. Cada um de nós tinha o seu Petronilo preferido — ou era, cada um de nós, o preferido de um deles. Eles nos davam dinheiro e nós, além de infernizar de modo sádico suas vidas, lhes dávamos em troca nosso desdém e nosso desprezo, numa relação em que dificilmente se poderia decidir de modo irrefutável quem era o vilão e quem era a vítima ou quem era o paizão ou era o filhinho.

Mas, veja bem, não roubávamos, nem éramos marginais no sentido lato. Apenas dávamos àqueles homens o que eles queriam — algum carinho vago só de vez em quando e quase sempre angústia e desespero. Em troca disso, veja só como a vida é complicada: eles nos pagavam! Mas não que todos nós disso precisássemos. Alguns de nós eram filhos de famílias bem resolvidas que garantiam ótimos colégios e concediam boas mesadas, embora não fosse esse o meu caso.

Assim, explorávamos os Petronilos não apenas por um esquivo senso de justiça, mas também por uma questão de orgulho. Dessa maneira, tínhamos a certeza de que, se muitos nos rejeitavam por causa da nossa "perversão" (está bem, digamos assim), havia alguns que viam méritos nela e até a desejavam. Tanto que nos pagavam para tê-la por alguns instantes e do modo estabelecido por nós, e este incluía infernizar suas vidas à custa de muitas humilhações, ameaças e insultos.

Não que, por causa disso, o desejo deles por nós fosse menos imperdoável. Mas, baseado na minha própria experiência, posso dizer que em relação à maioria deles nossa precocidade nos permitia sempre estar em vantagem. Lembro-me de um Petronilo, de nome Pitágoras Pitiguary (alcunha tão improvável que depois a usei num personagem de uma de minhas telenovelas), ao qual bastava que um de nós dissesse em local público: "Olha que eu fico nua!", para que ele tirasse a carteira do bolso e nos acalmasse com dinheiro.

Entrar na nossa turma não era fácil: "Para isso é preciso ter seios", dizíamos nós, levantando com as mãos nossos dois peitinhos impúberes para criar a ilusão de que eram enormes. Éramos inquietas e atrevidas e desbocadas. Da pá virada. E também éramos corredoras natas, pois precisávamos correr mais que os membros da Turma da Lambreta, frequentadores do mesmo local, que nos perseguiam de modo implacável — e, se um de nós caísse nas mãos deles, levava uma surra, como dizia Virgínia, "de cair os quartos". Quando isso acontecia, a vítima precisava esconder da família arranhões, hematomas e todos os outros sinais da violência sofrida... Ou contar mentiras do tipo "Fui atropelado por uma bicicleta, mamãe", nas quais os nossos ingênuos progenitores — coitados — sempre acreditavam.

Se tínhamos medo do pessoal da Turma da Lambreta? Claro que não. Nossas almas de crianças, sempre dedicadas à mais louca das folias, não nos permitiam temer coisíssima nenhuma na vida. Pelo contrário: considerávamos o ato de fugir e até apanhar daqueles rapazes parte essencial da nossa diversão noturna. Até hoje, quando me lembro daquela época do final da minha infância, percebo em mim os sinais da euforia que sentia ao correr — quase voar — pelas ruas do centro do Recife, com meu coração a bater acelerado, enquanto os rapazes da Turma da Lambreta, gritando insultos furiosos, corriam a apenas alguns metros atrás de mim, mas sem jamais conseguir me agarrar pelo pescoço tal como ansiavam.

Virgínia era mestra em fugir dos lambreteiros, como nós os chamávamos. E nessas ocasiões, de todos nós, era ela a que mais se divertia — deixava que os perseguidores se aproximassem até quase alcançá-la e então acelerava e se mantinha de novo na distância segura, sempre aos gritos e gargalhadas. Os rapazes da Turma da Lambreta a odiavam em particular, mais que a todos nós juntos. Um deles, filho mais velho de um usineiro, que anos depois se destacaria como político em Brasília a ponto de chegar a ministro de alguma coisa inútil e cara, em várias ocasiões deixou claro que, se algum dia a alcançasse, não ia surrá-la apenas — ia levá-la para o terreno baldio ao lado da Escola de Aprendizes Marinheiros e lá torturá-la, matá-la, esquartejá-la e enterrá-la.

"Credo!", disse Virgínia ao saber dessa terrível intenção do tal rapaz. E completou, após um suspiro profundo: "Acho que ele me ama". Sim, porque acabar com a nossa raça — seria apenas isso que o tal futuro ministro de alguma coisa e seus colegas da Turma da Lambreta desejavam? Muitos anos depois me debrucei com mais atenção sobre o assunto e concluí que, tanto em nós como nos moços lambreteiros, havia um forte componente sexual nessa nossa suposta rivalidade. Nas questões de desejo, ainda mais aquele que nunca foi saciado, o buraco, tal como era o de Virgínia, é sempre mais embaixo.

A vida nunca fora fácil para Virgínia. Mas não se pode afirmar que, por causa disso, ela tivesse algum trauma ou guardasse mágoas. Ainda se emocionava quando se lembrava da mãe, da qual dizia que amara mais que tudo na vida. Mas ficava em silêncio quando alguém recordava o modo cruel como o padre Macedo as tratara. Todos nós sabíamos que, quando passávamos saltitantes e soltando gritinhos diante da janela da casa paroquial na qual todas as noites ele se debruçava, seus gritos de "Frango, frango" eram dirigidos a nós, mas quem mais sofria com eles era aquele de nós que talvez fosse o seu filho. De qualquer modo, respeitávamos o silêncio de Virgínia, já que sobre esse assunto tão delicado da sua escusa paternidade ela nunca se pronunciava.

Sim, levávamos uma vida airada e, para a maioria de nós, igualmente dupla. Ou seja, tínhamos família, estudávamos e alguns (como eu) até já trabalhavam. Quase todos obedecíamos durante o dia aos limites da dita normalidade. Mas à noite, como borboletas que saíssem do casulo logo que escurecia para regressar a ele só no final da madrugada, sim: à noite nos transfigurávamos. Éramos dotados de uma outra e mais luminosa existência. Tínhamos a estranha sensação de que a vida, tal como a levávamos, nos seria eterna. Mas, ao mesmo tempo, havia ritos comuns a todos os meninos da nossa idade aos quais precisávamos obedecer, se quiséssemos ter um mínimo de possibilidades no futuro.

Um deles era o alistamento militar obrigatório. Aos dezoito anos todos os rapazes tinham que se apresentar num quartel para participar desse ritual sumário. E, nele, aqueles a quem os olhos cruelmente sagazes dos recrutadores identificavam como gays não eram só rejeitados: nus, como era de praxe para fazer o vexaminoso exame médico, eram ofendidos e humilhados diante dos outros e expulsos daquele lugar — o árido pátio de um quartel — sagradamente reservado apenas para machos.

Havia, inclusive, uma história sobre esse ritual cruel que nos aterrorizava em particular: era o "teste da farinha". Aquele de cuja masculinidade os recrutadores suspeitavam seria obrigado a sentar nu sobre um montinho de farinha de trigo para ver se nesta ficavam gravadas todas as pregas do seu assim chamado ânus. Se faltasse alguma — e o que sempre se dizia era que, se a suspeita tivesse razão de ser, alguma delas certamente faltaria —, o pobre coitado seria expulso dali debaixo de — sei que a palavra é imprópria, mas a escrevo assim mesmo — vara.

Nenhum de nós haveria de escapar a essa terrível provação. Mas Virgínia, um ano mais velha que as outras arlequetes, foi o primeiro. Já falei antes aqui sobre essa sua experiência, mas agora vou dar mais alguns detalhes — ou, melhor ainda: contá-la de outra forma. Com crescente terror ela viu se aproximar a sua data da apresentação e de exame médico no quartel... Até que chegou a véspera daquele dia fatídico. Durante a noite tentamos de todas as maneiras lhe dar forças para cumprir o ritual da manhã seguinte, mas vimos que isso não seria possível — e ela seguiu para casa como se fosse a própria Maria Antonieta a caminhar dramaticamente rumo à cruel invenção do Monsieur Guillotin.

Na noite seguinte chegamos ao Quem-Me-Quer mais cedo, todos ansiosos para ouvir de Virgínia o relato sobre a sua sofrida manhã no quartel do Exército. Mas ela demorou a aparecer e, quando surgiu diante de nós, parecia feliz, radiante e satisfeita, como se tivesse acabado de comer a mais brutal de todas as caranguejadas ao molho de coco feita por ela própria.

"Não me diga que foi aprovada no exame", disse alguém cheio de piedade, pois sabíamos que um ano de Exército para alguém pintoso como ela seria um verdadeiro inferno do qual a maioria de nós sairia com sérios agravos.

Mas ela respondeu que não, pelo contrário. Fora sumariamente dispensada sem ouvir um comentário sequer, pois tivera uma ideia durante a madrugada insone e a pôs em prática com grande sucesso: pegou um aparelho de barbear e raspou-se toda, até que não lhe restasse nem a sombra de um pelo. E quando chegou ao quartel e, sem sequer pestanejar, tirou a roupa no meio dos outros rapazes, estes se afastaram horrorizados, pois ela parecia, segundo suas próprias palavras, "uma rã que tivera o couro arrancado...". E o recrutador, depois de alguns segundos do mais completo estupor, disse apenas que tudo bem para ele, que ela não precisava dar explicação nenhuma: "Já entendi sua mensagem, pode vestir a roupa e ir embora, você está dispensado".

Vale a pena fazer aqui um intervalo que eu diria romântico. Muitos anos depois, quando já éramos mais arlecãs que arlequetes e na verdade nossa turma sofrera uma verdadeira diáspora e nem mais existia, Virgínia, agora um célebre chef de cuisine, atendeu um cliente e este lhe disse: "Eu te conheço de outros carnavais". E contou que estava no quartel, em meio à turma de recrutas, quando ela se expôs nua e sem sequer um pelo no corpo: "Nunca esqueci daquilo, de tão impressionado que fiquei com sua coragem". Essa conversa inicial dos dois evoluiu nos meses seguintes para um namoro e depois um longo noivado ao qual, por fim, se seguiu um casamento do qual resultaram vários filhos que Virgínia jurava ter parido ela própria, embora soubéssemos que tinham sido todos adotados.

Mas isso, como já disse, foi muitos anos depois. E antes, agora, neste exato momento da minha narrativa, chegou a hora mais escura do meu relato, pois preciso revelar o modo como meu amigo Wilson, Virgínia Maria da Conceição para os íntimos, teria premeditado e cometido um homicídio — que não testemunhei, mas, segundo me contaram — cuja indigitada vítima foi um padre que se chamava Estevão da Costa Macedo, o qual, conforme se dizia à boca pequena, era ninguém menos que seu pai biológico.

Já disse que, durante os anos em que morou na tal igreja, a curiosidade de menino levou Virgínia a descobrir e explorar todos os seus desvãos misteriosos. Assim, só ela sabia qual das portas falsas precisava abrir para chegar a uma espécie de vão no qual jazia mumificado o cadáver de um bebê que alguém — talvez, e apenas talvez — lá esquecera de propósito. E sabia muito mais: por onde entrar ou sair no forro e depois andar sobre o telhado; a trilha exata pela qual caminhar para provocar, ao pisar no chão de madeira, um ruído parecido com o agoniado chiar dos ratos; como abrir janelas mínimas onde parecia haver apenas parede e então se debruçar sobre a nave e, assim — como se fosse uma aparição vinda do além —, ser entrevisto pelo sacerdote enquanto este rezava a missa solene. Ou ainda: como fazer o órgão resfolegar, sem ser sequer tocado, e até emitir agudos gritos de dor e desespero.

Isso mesmo: de tanto explorar todos os meandros da igreja durante sua infância solitária, Virgínia passara a conhecê-la nos seus mínimos detalhes, tanto quanto aqueles que, alguns séculos antes, a planejaram de modo caprichoso, cheia de desvios e desvãos e assim, de um jeito misteriosamente singular, a construíram. E foi todo esse conhecimento que usou para destruir o homem que — por ela ser o fruto proibido, maldito e execrado nascido de sua semente — a odiava mais que tudo.

Embora um grande número de fiéis frequentasse a igreja de Macedo e até se confessasse com ele ou lhe pedisse conselhos, desde que o padre tivera um primeiro e mais leve derrame cerebral uma dúvida crescia entre essas pessoas: seria ele alguém que se pudesse classificar de — vamos dizer assim — "normal"? Irascível, quase sempre ríspido ou grosseiro, isso ele sempre fora. Muitas vezes expulsara da igreja aos brados mulheres que, aos seus olhos, usavam roupas consideradas impróprias, ou sussurravam entre si durante os sermões. Homens que se esquecessem de tirar o chapéu ao entrar no templo mereciam de sua parte os maiores desaforos e, sem poupar nenhum, cheio de fúria ele insultava a todos.

Até seu ódio aos "filhos de Sodoma", como chamava os gays nos seus sermões furiosos, parecia exagerado mesmo para seus fiéis mais conservadores. Alguém até já comentara, embora com certa ironia, o fato de que a frase mais pronunciada por ele ao longo daqueles anos todos como pároco seria: "Pra fora da minha igreja, seu frango!".

E aquela implicância com o bando de crianças — sim, estou falando de nós, as arlequetes — que passava à noite diante de sua janela e ouvia dele os maiores insultos sem fazer nada para merecê-los além de manifestar daquele modo tão esfuziante a própria alegria? Tudo bem, quando o víamos debruçado na janela exagerávamos na pinta e na euforia. Reconheço que nos divertíamos em provocá-lo. Caprichávamos nos gritinhos e nos ademanes, mas apenas porque sabíamos que isso o faria perder o controle.

No final das contas, éramos apenas crianças. E ele nos confrontava como se fôssemos criaturas do mal saídas diretamente das ruínas do sal de Gomorra, verdadeiros monstros da perdição, prontos para destruir, com nossos gritos e trejeitos esfuziantes, o precário senso de moral e bons costumes da cidade toda.

Seria isso — hesito em usar de novo essa palavra altamente suspeita, mas, como não consigo achar outra mais apropriada, pergunto aos que me leem: seria aquela reação do padre "normal"? Virgínia tinha uma opinião muito clara quanto a isso: não, o padre Macedo não era uma pessoa normal. Convivera com ele durante muito tempo e, portanto, podia afirmar sua certeza sobre o assunto: o sacerdote era uma pessoa doente. Mas seu maior problema não era esse, segundo ela frisava: ele também era mau. E, como repetia de modo exaustivo em seus sermões — e ela ouvira isso durante anos —, o mal tinha que ser extirpado da alma de todas as pessoas, de preferência com muito sofrimento. Portanto... Ela guardou apenas para si mesma esta que foi a sua conclusão mais secreta: padre Macedo devia ser castigado. Esse castigo teria que ser a morte — com muito sofrimento e de preferência dentro de sua igreja. E, nesse caso, para que fosse feita justiça, não importava que ele fosse seu pai: essa morte só seria realmente um castigo se fosse provocada pela própria Virgínia.

Dizer se essa morte ocorrerá — e como — será o clímax desta narrativa, que por sua vez me foi contada pelas remanescentes da nossa turma, pois a essa altura eu já não morava mais no Recife. Porém, antes de chegar lá, deixe-me, por favor, dizer o que aconteceu na noite anterior àquele dia em que Virgínia, decidida a infernizar a vida do padre Macedo, pela primeira vez em muitos anos — e através das tais portas e passagens secretas — tornou a entrar na igreja da qual fora expulsa por ele.

Apesar de ser um cozinheiro cuja clientela cada vez maior reconhecia e apregoava seus méritos, Virgínia tinha um sonho não de todo secreto: ser bailarino clássico. A essa altura o cossaco Rudolf Nureyev, pouco antes de quase ser levado à força de volta para Moscou e o comunismo, já tinha dado o seu famoso salto para a liberdade no Aeroporto de Orly, em Paris, fato que, durante dias, foi objeto de muitos comentários entre as arlequetes. Logo depois desse acontecimento, no Cine Art Palácio, no Recife, um festival de filmes de balé nos apresentou o suprassumo dessa arte, representado por duas bailarinas russas excepcionais: Galina Ulanova e Maya Plisetskaya, estrelas do Balé Bolshoi, de Moscou.

Nem preciso dizer a comoção que esse festival causou nas nossas pequeninas e airosas almas. Entrávamos no cinema, nos escondíamos nos banheiros durante os intervalos para que não nos expulsassem e lá ficávamos sessão após sessão sem ter que pagar a mais por isso, tudo para apreciar a formidável performance daquelas mulheres e a sonhar — de modo vão, é claro — com o dia em que estaríamos aptos a imitá-las de um modo mais que perfeito.

Os bailarinos não nos causavam grande impressão, a não ser pela maquilagem exagerada e pelas malhas justas demais que usavam. Mas as bailarinas, ah... Plisetskaya em *O lago dos cisnes* a deslizar pelo cenário horrendo no palco do Bolshoi como se fosse o único, verdadeiro e real cisne de todos! Sim, sonhávamos com o dia em que nós, arlequetes, dançaríamos igual àquela deusa. Como isso poderia ocorrer não tinha a menor importância para nós. O que nos importava era sonhar com a glória, a fama e — por que não? — a fortuna que nos viria do balé... E, de todas nós, Virgínia era a maior sonhadora.

Até que um novo modismo chegasse e se transformasse na nossa mais recente fantasia (o próximo foi a nouvelle vague, o novo cinema francês, que nos fez, tal como Jean Seberg em *Acossado*, filme de Jean-Luc Godard, cortar o cabelo *à la garçonne* e sair pelas ruas a gritar: "*New York Herald Tribune!*"), durante duas semanas não andamos apenas, mas deslizamos pelas ruas da cidade como se todas tivessem se transformado num palco. Flutuamos. Dançamos como se fôssemos um bando de cisnes, ou melhor ainda: uma fieira de Plisetskayas que repetissem o passo após passo de sua longa caminhada, ao som de Tchaikóvski, em direção à horrenda lua de papel crepom lá no alto do cenário do Bolshoi.

Para a maioria de nós aquilo não passou de uma fantasia, um frenesi passageiro. Porém Virgínia, muito antes de descobrir as estrelíssimas Ulanova e Plisetskaya, na sua cozinha, nos intervalos entre uma caranguejada e outra, já sonhava em vir a ser um bailarino. Naquela época, no Brasil de um modo geral, e ainda mais no Nordeste, balé não era considerado coisa de homens. E, aliás, ainda há vestígios dessa crença entre nós até hoje. Qualquer rapaz que esvoaçasse num palco ao som de música clássica — ainda mais se fosse de Tchaikóvski! — só podia ser uma coisa: um frango. Um baitola. Um fresco. Um veado. Essa era a regra e não havia como contestá-la.

Quer dizer, havia alguém que lá no Recife a contestava: era Alcides Muniz, o bailarino clássico oficial e único da cidade, que todos os sábados, no horário nobre, dançava na TV Rádio Clube um conturbado pas de deux com a bailarina Gerluce Amorim, sua eterna *partner*.

Gerluce e Alcides eram alunos da escola de balé de Flávia Barros e Ruth Rosenbaum, duas senhoras solteiras que se haviam dedicado, aliás com grande sucesso, ao ensino da arte da dança, mas apenas a meninas, pois nenhuma família permitiria que seus filhos homens se dedicassem a tão condenável mister — preferiam, antes que eles o fizessem, mandá-los para o colégio interno ou pior ainda: para o tratamento psiquiátrico e para as injeções de hormônios de jabiraca.

Mas Virgínia não teria esse problema, pois, embora fosse menor de idade, era também órfão e, graças às suas mágicas mãos de cozinheiro, dono do próprio nariz. Assim, depois de ensaiar incríveis passos de dança no Quem-Me-Quer, para desdém das arlecãs e ataques de violenta fúria dos lambretistas, ela decidiu fazer do sonho uma realidade e se apresentou na escola de Flávia e Ruth para se matricular no curso de dança clássica.

A bailarina Flávia Barros e a pianista Ruth Rosenbaum eram duas pessoas evoluídas. Tanto eram que, solteiras e na qualidade de sócias e amigas de longa data, viviam juntas, o que, aliás, despertava algumas suspeitas (até onde eu sei, não comprovadas). Ainda assim, Virgínia foi demais para elas. Alcides Muniz tinha uma qualidade etérea que o fazia, mesmo com algumas restrições, ser aceito pela sociedade recifense como seu bailarino oficial, a ponto de convidá-lo para dançar em aniversários de quinze anos. Já Virgínia, não: era bruta, direta, tinha um corpo que não se aquietava, reclamava espaço o tempo todo — era um Nureyev, embora sem nenhum vestígio do imenso talento do bailarino russo. Assim, as duas mestras, depois de muito pensar sobre o efeito que a presença daquele possível novo aluno provocaria entre as alunas e respectivas famílias, decidiram que não o aceitariam em sua prestigiada escola.

Diga-se em favor de Flávia e Ruth que elas hesitaram um pouco antes de rejeitar a entrada de Virgínia em sua escola de dança. Afinal, mais um bailarino homem era tudo de que elas precisavam naquela trupe de meninas. Mas essa hesitação durou apenas até o instante em que a mãe da aluna mais rica disse a elas, de um modo definitivo: "Ou sai essa aberração da natureza ou sai minha filha. E se minha filha sair da vossa escola de balé, eu posso lhes garantir que também sairão todas as outras coleguinhas dela".

E assim, não pela vontade das professoras, mas por causa da pressão de forças poderosas, elas acabaram por dizer um definitivo "não" ao candidato a aluno.

Mas essa rejeição veio tarde demais, pois para a nossa amiga já não havia volta — sim, ela era uma bailarina daquelas que jamais caíam das pontas. E ia provar isso no que depois chamou de A Dança da Morte: aquela que executou, de modo estonteante, diante da casa paroquial, com o padre Macedo — perplexo e pela primeira vez mudo de espanto — a acompanhar suas evoluções cheias de drama.

No dia em que isso aconteceu, todas nós, as arlequetes, fomos alertadas por nossa amiga: devíamos comparecer à noite, numa certa hora aprazada, à praça em frente à igreja e lá, do modo mais discreto possível, sem reagir a possíveis insultos do padre, tínhamos que aguardar sua chegada. O tom de mistério nos fez aderir de imediato a qualquer possível causa. Por isso, à hora marcada, com o padre em sua janela a estranhar nosso silêncio e nossa calma, lá estávamos todas.

Virgínia marcara a hora exata da chegada. E foi pontualmente nela que desceu de um táxi vestindo uma malha colante e um bolero de pedrarias, com um véu negro a lhe cobrir o rosto e nas mãos um aparelho de som portátil, que, sem maiores delongas, pôs no chão, ligou... E dele, após a chiadeira inicial cheia de sombrios presságios, saíram os primeiros acordes do *Bolero*, de Ravel, ao som dos quais ela arrancou o véu do rosto, deixou que ele flutuasse em câmera lenta até o chão e depois disso, de forma dramática — e para pasmo nosso, dos que passavam pela praça e principalmente do padre em sua janela —, executou a sua Dança da Morte, que ia ficando mais trágica a cada repetição obsessiva que a música lhe proporcionava.

Todos pensamos que aquela sua mais elaborada tentativa de enlouquecer o padre terminaria ali. Mas estávamos enganados — ela era apenas o começo, a ouverture da sinfonia de horrores que seria depois executada. Assim, na manhã seguinte após a dança, sem que ninguém a visse, Virgínia entrou na igreja onde vivera sua infância e começou, de modo lento, mas irreversível, a fazer primeiro o padre Estevão Macedo perder o controle de si próprio e enlouquecer; e depois, no *gran finale* de sua obra, vê-lo morto, engasgado no fel que, durante anos, se acumulara dentro dele, produzido que fora pelo seu ódio.

A Dança da Morte de Virgínia foi um sucesso. Até pessoas que em geral circulavam pela área, e normalmente nos atirariam frutas podres apanhadas nos balcões dos vendedores ambulantes, naquela noite se renderam ao seu improviso e a aplaudiram entusiasmados. Mas ela não perdeu tempo com agradecimentos. Apenas voltou-se para o padre, que continuava estatelado na janela, fez-lhe uma longa e elaborada vênia, depois pegou o véu e o som portátil, entrou no táxi que ficara parado a esperar por ela e, sem dar qualquer explicação para o que fizera, simplesmente foi embora.

Ficamos nós ali, pasmos. Naquele resto da noite, até que voltássemos para casa e, no seio das nossas famílias, retomássemos nosso canhestro disfarce de crianças iguais às outras, não paramos de falar em outra coisa senão na Dança da Morte. Mas não chegamos a nenhuma conclusão sobre ela: para que servira aquilo? Tudo bem, não poderíamos negar que a performance de Virgínia fora perfeita aos nossos olhos. Mas não passou pela nossa cabeça nenhuma explicação lógica para que nossa amiga tivesse dado aquele espetáculo. Ainda mais gratuito, ou seja, sem nenhum Petronilo a financiá-lo.

No meu caso, só muitos anos depois, quando as fichas todas se juntaram e tudo que restava do padre Macedo eram os ossos, já longe do Recife e afastado daquela minha turma de velhos amigos, é que cheguei a uma conclusão: com aquela exibição diante da igreja da qual um dia fora expulsa, Virgínia enviou a mensagem ao sacerdote que este não captou e nós muito menos: fora humilhada e ofendida durante anos por ele, que — isso mesmo — era seu pai. Mas o desprezo e a crueldade só a fortaleceram até que chegasse o momento de lhe dar o troco. E ele estava próximo.

Diz o senso comum que a vingança é um prato a ser comido frio, pelas beiradas e do modo mais lento que se possa. Baseado nisso, imagino o quanto Virgínia sonhou primeiro com sua vingança e depois tratou de esmiuçá-la em todos os detalhes até se considerar apta a concretizá-la. Foram dias e dias de planejamento antes que chegasse a hora em que, afinal, ela sentisse que estava preparada, e então...

Naquela manhã, ela deixou o Buraco por conta do seu gerente, Aquilino, a quem disse, sem dar maiores detalhes, que ia fazer uma viagem. Depois, munida de uma pequena valise com roupas e objetos pessoais que incluíam sua caixa de maquilagem, foi de táxi até a zona do cais do Recife, onde se hospedou na Pensão de Ótima, um senhor mais velho que a Sé de Olinda, segundo diziam, que alugava quartos por dia e por hora sem jamais perguntar o que os inquilinos, sozinhos ou acompanhados, iam fazer neles.

Tudo isso Virgínia fez sem avisar ninguém sobre o seu novo paradeiro ou, mais importante ainda, dizer o que pretendia aprontar nos próximos dias: nem mesmo nós, que éramos seus amigos fiéis e mais chegados, fomos informados disso. Assim, à noite, quando ela apareceu no Quem-Me-Quer com o bom humor de sempre, nenhum de nós sequer desconfiou do que ela já tinha feito.

E o que ela já tinha feito? Primeiro, tinha entrado muito cedo na igreja, não pela porta principal ou a dos fundos, mas por uma abertura lateral que só ela conhecia. Depois, avançara pelos túneis secretos que se estreitavam cada vez mais até chegar ao teto falso de uma espécie de plataforma sobre a qual fora instalado o órgão. Havia muito tempo ninguém o tocava — desde que o antigo organista morrera de velho. E assim ele servia apenas de enfeite e, com suas centenas de tubos de todos os tamanhos, era apenas uma antiguidade a mais na igreja.

Bem no centro da parede sobre a plataforma do órgão existia, esculpida em madeira, a cara gorducha de um anjo, que na verdade disfarçava um posto de observação do qual se podia ver toda a nave. O padre Macedo, sempre que chegava ao auge da missa — rezada em latim e de costas para os fiéis —, quando afinal se voltava para eles e erguia nas mãos o cálice com a Eucaristia, adquirira o hábito de olhar em direção à cara do anjo lá no alto e pronunciar o *Ite, missa est* (Ide, a missa acabou) como se, no auge da elevação mística que a cerimônia lhe provocava, buscasse a aprovação apenas dele. Mas naquela manhã, quando olhou para o alto e antes de pronunciar a frase, em vez do rosto gorducho do anjo a espreitá-lo, o que ele viu foi a cara de Virgínia a exibir um enorme sorriso irônico, digno daquele gato que é personagem de *Alice no País das Maravilhas*.

O susto foi tão grande que o padre interrompeu o latinório no meio, titubeou e por pouco não deixou cair o cálice, pois teve o que no Nordeste, naquela época, chamavam de "passamento", palavra que hoje podemos traduzir por "vertigem". Horrorizado com aquela visão que lhe pareceu vinda diretamente do inferno, ele fechou os olhos. E quando os abriu de novo e olhou para o alto, o que estava lá não era mais o rosto de Virgínia — quem o encarava era outra vez o anjo.

Não preciso dizer que, depois disso, Macedo só conseguiu encerrar a missa aos trancos e barrancos e mal teve forças para caminhar rumo à sacristia, sempre a olhar de esguelha para o alto, de modo a se certificar de que estava lá não a cara tão odiada de Virgínia, mas o rosto angelical. De tão perturbado que estava, suspendeu até a sessão de confissões com as quais se ocupava depois da missa das manhãs — aos fiéis que notaram a sua perturbação e se mostraram preocupados, ele disse que não fora nada, tivera apenas uma súbita enxaqueca, mas, claro, com a graça do Senhor ela passaria logo.

Quando se viu a sós, tratou de subir na plataforma e examiná-la centímetro por centímetro, mas lá não encontrou nada de errado. Porém, quando afinal concluiu que apenas tivera uma alucinação e se dirigiu de novo à sacristia para tirar os paramentos, ouviu lá, de novo com o mais puro horror, o som do órgão, que, durante alguns segundos, tocou o que se poderia considerar com boa vontade uma bachiana alucinada. Ele próprio alucinado com aquele som, voltou correndo à plataforma na qual o órgão jazia de novo silenciado e constatou, outra vez, que lá não havia nada nem ninguém.

A partir dali e durante quase um mês, o padre não teve mais sossego. A qualquer momento, sempre refugiada nos desvãos, túneis e passagens secretas da igreja, Virgínia podia dar um jeito de se manifestar diante dele, aparecer como uma assombração nos lugares mais improváveis, ou lhe mandar mensagens, que podiam ser sua risada ou um sofrido choramingo que, mesmo sem querer, o padre reconhecia, pois era daquele jeito que ela chorava pedindo o peito da mãe quando era um bebê de colo.

A vingança de Virgínia durou um mês, período no qual (e todos os fiéis o notaram) o padre se converteu em outra pessoa: transfigurado, emagreceu, adquiriu uma miríade de tiques nervosos, passou a manifestar um tremor que o impedia de segurar de modo apropriado o ostensório, apresentava um ar visivelmente desvairado. E tão estranho ficou que deixou de nos hostilizar quando passávamos diante da janela onde continuava a se debruçar todas as noites — ao nos ver, ele simplesmente recuava e a fechava com toda a força.

Todos notamos essa mudança de comportamento dele e entre nós a comentamos: o que estaria acontecendo, por que o padre mudara tanto?, nos perguntávamos. Virgínia foi a única que apresentou uma explicação plausível para isso: "Ouvi dizer que ele tem um câncer na próstata que já está muito adiantado e é inoperável", comentou, de modo sumário.

Mas no atestado de óbito, emitido um mês depois da primeira aparição de Virgínia, não é um câncer que aparece como o motivo da morte do padre. Afinal, ela foi vista por dezenas de testemunhas, pois Macedo faleceu quando rezava a missa de maior plateia — a do domingo às dez horas da manhã. Ao erguer os olhos para o enorme Cristo de prata que ocupava lugar de destaque no altar-mor, quem ele viu não foi o Filho de Deus, e sim Virgínia — seu próprio filho —, que estava lá, crucificado e já na vasca da morte, a olhar para ele como se lhe implorasse perdão por ter nascido e como se esse fato fosse um terrível pecado.

O enterro do padre Macedo foi, como disse o sisudo *Jornal do Commercio* na sua primeira página do dia seguinte, "uma cerimônia triste e inesquecível". Não apenas por conta da presença de grande parte dos seus fiéis — e entre estes se incluíam autoridades de todos os calibres —, mas também porque, a meio do longo e emocionado discurso do prefeito, saiu de trás de um túmulo uma dama ricamente vestida de preto, com um chapéu de abas enormes do qual pendia um véu negro a lhe cobrir o rosto, a qual, para horror dos presentes, com uma voz esganiçada, mas visivelmente masculina, aos gritos de "Meu pai, meu pai!", atirou-se sobre o caixão já dentro do túmulo e, em prantos, implorou: "Me enterrem junto com ele!".

Foi preciso que os soldados da guarda de honra a retirassem de lá e a arrastassem pelas alamedas até o portão do cemitério, de onde a atiraram na rua. E eu nem preciso dizer quem era a sofredora dama de negro, pois, claro, você que me lê já sabe que se tratava de Virgínia.

Se aquele sofrimento todo era verdadeiro? Claro que não. Suas gargalhadas, quando ela arrancou o chapéu da cabeça e o atirou fora enquanto se afastava do cemitério, mostraram que estava apenas se divertindo.

Selvagens na motocicleta

Sodoma e Gomorra às margens do Capibaribe.

Quem não tem cão caça com gato, não é mesmo? Por isso, os membros da mitológica Turma da Lambreta de minha infância no Recife, no final dos anos 50 do século passado, já que não podiam ter uma Triumph Thunderbird de 650 cilindradas igual à que Marlon Brando pilotava no filme *O selvagem* (e que na vida real pertencia ao próprio ator), se conformavam com as maquininhas mais baratas e de menor potência que deram nome à sua turma: as tais lambretas de fabricação italiana.

Conta a história que o protótipo daquelas engenhocas foi feito a partir do lixo metálico herdado pelos italianos após perderem a guerra, a dignidade e todo o resto — incluindo a donzelice de ambos os sexos —, primeiro para os alemães e depois para os americanos. Mas o fato é que, mesmo improvisadas, elas fizeram grande sucesso: tornaram-se altamente populares no mundo e, quando chegaram no Brasil, durante muito tempo foram um objeto de consumo apenas de pessoas que tivessem bastante dinheiro.

Entre essas, claro, estavam os "filhos de usineiros", como eram chamados no Recife todos os jovens nascidos em famílias de muitas posses. Cada um deles ostentava com o maior orgulho seu modelo mais recente de lambreta ou de sua irmã mais enfeitada e possante que foi lançada anos depois: a Vespa. Todas as noites eles se reuniam num determinado ponto do Recife — o Quem-Me-Quer, ali na rua da Aurora, às margens do rio Capibaribe, que por acaso também era o ponto de reunião de nossas duas turmas, a das "velhas" arlecãs e a das "jovens" arlequetes.

É claro que aquela divisão do mesmo território entre grupos tão diferentes não podia dar certo. A convivência pacífica entre eles era impossível. Nós, as arlequetes, éramos de fazer escândalo, mas, no fundo, queríamos viver em paz. As arlecãs gostavam de bancar os "senhores de muito respeito" — e alguns o eram efetivamente, pois usavam como disfarce o fato de serem casados e terem filhos, embora, como dizia Tonha dos Milhões, nome de batismo Antônio, de quem vou falar daqui a pouco, "gostassem mesmo era de mijar fora do penico".

Quanto à Turma da Lambreta... Assim como os motoqueiros liderados por Brando no filme hoje clássico, eram o terror absoluto da área, no caso o centro do Recife, onde se reuniam a menos de cem metros das arlequetes, sempre dispostos a comprovar, à base da violência, que aquele poleiro era demais para dois grupos tão diversos. Nós éramos crianças de não mais de dezesseis anos e todos eles já tinham passado dos dezoito. Eram filhos de gente muito rica e nós, de famílias apenas remediadas. E, amparados pela força dos seus sobrenomes, eram violentos, coisa que nós não conseguíamos ser, embora já fôssemos capazes das mais terríveis artimanhas para não perder aquela guerra. Portanto, nossos confrontos terminavam sempre com nossa turma a correr da turma deles, pois, se eles conseguissem apanhar um de nós, ninguém o salvaria de levar a maior surra.

Mesmo assim, em nossos confrontos com os lambreteiros nem sempre éramos os perdedores. Por exemplo: quando encontrávamos alguma de suas máquinas sem um deles por perto, tratávamos de arranhá-la com pregos ou quebrávamos seus faróis com pedras. E, se não era da nossa natureza ser violentos, ainda crianças já sabíamos ser terrivelmente cruéis, como prova a história que vou contar agora.

Um dos membros da mitológica Turma da Lambreta de minha infância no Recife tinha apenas a metade de um braço e era o mais cruel daquele bando de homofóbicos desenfreados. De sua garganta é que saíam de modo mais terrível os gritos de "frango". Sempre que nos via, do meio dos seus pares motorizados era sempre ele quem liderava o coro: "Bota água no fogo pra pelar o frango!", gritava. E nós, as pobres crianças perdidas na floresta, apenas tentávamos, ainda que inutilmente, nos mostrar imunes àquela crueldade. Fingíamos que a onda de insultos passava por nós e ia morrer afogada no rio em cujas margens as duas turmas se enfrentavam. Mas, no fundo, cada um de nós guardava dentro de si aqueles agravos e sofreria os efeitos deles no futuro.

Porém, nesse nosso confronto de quase todas as noites com os lambreteiros, não eram esses insultos o que nos poderia resultar de mais terrível. Havia as surras que eles nos davam. Ou, pior ainda: as chamadas "curras", executadas no terreno baldio ao lado da Escola de Aprendizes Marinheiros, lá em Olinda, para onde levavam, como prisioneiro, algum de nós que caísse em suas garras.

Nessas ocasiões, Tonha dos Milhões, de modo supostamente altruístico, sempre se apresentava para tomar o lugar da futura vítima. Ainda não é hora de falar sobre ela, por isso vou apenas citá-la nesse contexto: não se tratava de altruísmo — Tonha adorava apanhar. E quanto mais apanhava, mais se divertia. A reação dos lambreteiros a isso era da mais pura histeria. Havia uma espécie de concurso entre eles para ver quem conseguiria ser tão cruel a ponto de fazer Tonha implorar piedade, porém, por mais que aumentassem a dosagem da violência, nenhum deles chegava nem perto disso.

Assim, a ouvir os gritos de Tonha — "Batam mais, seus frouxos, batam mais!" —, eles acabavam por desistir e iam embora, deixando-a lá caída e seriamente machucada. Eu mesmo fui substituída por ela certa vez em que os lambreteiros me alcançaram na correria. Quando eles já se preparavam para me levar até o local das torturas, Tonha se aproximou e disse: "Me levem no lugar dessa lesa porque ela não é de aguentar porrada, vejam só: já está toda mijada!".

Se, além de Tonha, alguma de nós gostava de apanhar? Claro que não. Mas esse era um dos preços que pagávamos pela nossa tão precoce liberdade. Corríamos dos lambreteiros às gargalhadas… E éramos surradas de modo violento se fôssemos alcançadas.

Essa parecia ser a ordem perpétua do nosso universo. Até que um dia… Ah, um dia! Até na vida de um assim chamado "frango" há sempre o dia da virada… Nem que seja na grelha do churrasco. E ela aconteceu para nós quando um dos membros da nossa turma de crianças, Otacília, nome de batismo Fernando, resolveu confrontar o maneta de forma irreversível. Foi numa noite em que, ao virarmos uma esquina da rua da Imperatriz na maior algazarra, demos de cara com a Turma da Lambreta emboscada à nossa espera.

Já nos preparávamos para retroceder a correr e às gargalhadas, quando, ao primeiro grito de "frango" entoado pelo tal maneta homofóbico, Otacília parou, virou-se para ele e disse, na maior calma: "Sou frango, sim. Mas olha só o que eu faço". Com as duas mãos, bateu palmas e concluiu: "Agora quero ver você fazer igualzinho". E foi embora, dessa vez sem correr, com todos nós a segui-la, deixando para trás a turma de lambreteiros pela primeira vez paralisada.

Mesmo depois dessa noite traumática a Turma da Lambreta continuou a nos perseguir cruelmente. Mas o tal maneta homofóbico nunca mais participou dos atos de violência contra nós... Assim como nunca mais se ouviu sua voz a gritar — ou mesmo sussurrar — a palavra "frango" quando nós passávamos.

A situação só mudou quando Fogão entrou nas nossas vidas e virou nosso anjo protetor. Certa noite, atendendo aos nossos pedidos de socorro, enfrentou sozinho a Turma da Lambreta, quebrou várias de suas máquinas sem que eles se atrevessem a tentar impedi-lo tal era a sua fúria e, antes de nos arrebanhar e nos levar embora debaixo de suas asas de anjo, deixou o aviso: "Agora só quebrei suas lambretas, mas da próxima vez toco fogo em vocês todos!".

Os lambreteiros se tornariam todos cidadãos ilustres, casados e com filhos e, assim, viriam a ocupar postos de mando e prestígio no devido tempo, pois o fato é que em Pernambuco, seja qual for a tendência ideológica que prevaleça na política do momento, são sempre as mesmas famílias que lá mandam. Um dos lambreteiros, talvez o mais notório, como eu aqui já disse, fez carreira na política — foi deputado federal e acabou comandando alguma coisa lá em Brasília. Ninguém mais se lembra dele. Nem mesmo eu. Já Fogão morreu e virou uma lenda que, enquanto eu viver, jamais deixarei que seja esquecida.

Quanto a nós, as meninas arlequetes, por mais incrível que pareça — já que nos considerávamos, tal como o lendário Peter Pan, crianças eternamente inquietas e travessas —, no final tivemos que aceitar o fato de que envelhecemos e, de modo que eu diria radical, o transcorrer das nossas vidas nos afastou até que deixamos de ser da mesma turma. Durante alguns anos mantive contato com parte dos seus antigos membros e nos víamos sempre que eu ia ao Recife. Foi através de um deles que certo dia recebi a triste notícia: Fernando Maysa se matara. Como foi isso? Tentarei contar depois sem derramar nenhuma lágrima. Até que, por fim, perdi o contato com todas. Já não sei o que fazem ou por onde andam e nem mesmo se ainda estão vivas.

Porém...

Se Otacília ainda estiver por aí, eu lhe mando este recado por conta do que fez na noite em que confrontou o maneta homofóbico: obrigado, Ota, nunca esquecerei aquele belo momento de nossas então pequeninas vidas.

Ópera das rainhas-mães

Minha mãe, minha vida: sempre protetora.

A esta altura, você que me lê já deve estar um tanto espantado com esse universo puramente masculino que até agora descrevo e, portanto, se perguntando: "Mas não havia mulheres na vida dessas crianças?".

Claro que havia. Além das nossas mães, que — perdoe-me o sacrilégio — eram tão fiéis aos filhos desvirtuados quanto o foi para o desvirtuado Jesus Cristo a Virgem Maria, houve nessa fase furiosa de nossas vidas algumas mulheres inesquecíveis.

Quanto às mães, primeiro vou contar um segredo sobre elas: todas percebem quando o filho é diferente dos outros desde o instante em que ele, mal vem à luz, dá o primeiro vagido; sabem, já a partir daí, que aquela pobre criatura precisará de proteção e de amor extras da sua parte; e decidem que, desde que isso não seja absolutamente necessário, jamais permitirão, com atos ou palavras, que seu rebento perceba o quanto elas sabem que ele é diferente dos outros.

Por mais que já se tenha escrito a respeito — e foi muito —, o amor das mães pelos filhos é indescritível... E é ainda mais quando elas percebem que eles são gays. E nem é preciso falar aqui sobre o amor absoluto que todo filho gay sente pela sua mãe amantíssima. Porque, no seu mais íntimo, ele também sabe que ela conhece o seu segredo. Embora não precisem falar um com o outro sobre isso — e às vezes não o façam nunca —, serão sempre cúmplices na vida.

Minha mãe, minha vida

Sim: minha mãe me protegeu de todas as formas da crueldade do mundo enquanto teve forças para isso. Quando precisei partir para viver longe dela, deixou que eu fosse sem me dar sequer um conselho — além de um "Se cuide" após o qual não deu nenhuma explicação mais detalhada sobre o que significava a advertência. Mas, tal como acontecia quando ainda estávamos juntos, continuou sempre atenta a tudo que me dizia respeito. Mesmo à distância, pelas notícias que lhe mandava, sabia quando me sentia feliz, assim como percebia quando estava sofrendo, embora nunca me cobrasse a razão disso.

Quando eu ainda era criança ela queria que me tornasse padre, pois achava que na Igreja, mesmo sendo diferente, estaria protegido da maldade do mundo. Porém, por absoluta vocação, eu quis ser escritor. E isso me levou a sentir na pele todos os sofrimentos que ela, com seu amor de mãe, queria a qualquer custo impedir que me atingissem.

Quanto a mim, mesmo após ter deixado minha família para trás e ido embora do Recife aos vinte anos, a minha mãe, ainda que em pensamento, nunca deixou de estar comigo. A última vez que a vi, já numa cama de hospital depois do derrame que acabou por levá-la deste mundo, seu último lampejo de vida se deu quando entrei no quarto e me debrucei sobre ela. Seus olhos brilharam, ela meio que sorriu e murmurou, na medida do possível, o apelido que me dera quando eu ainda era criança: "Guina!". E foi assim a nossa despedida.

Eu fora sua luz e ela era a minha — e a luz dela, aos meus olhos, até hoje brilha.

Marlene, a amiga mais querida

Além das nossas mães — que sabiam o quanto seus filhos desviados podiam ser vítimas da maldade do mundo e, mesmo à distância, tentavam nos proteger de todos os perigos —, havia outras mulheres em nossas vidas de meninos. No caso das arlequetes, em geral elas pertenciam à categoria das "mulheres da vida". E quase todas eram mães de filhos aos quais não podiam revelar o fato de exercerem uma profissão considerada maldita. A eles davam apenas explicações vagas sobre o porquê de saírem sempre à noite para trabalhar. E, só por curiosidade: em geral, a explicação mais comum era que exerciam a profissão de enfermeira.

Uma dessas nossas mães adotivas, chamada Marlene de tal, acabou por me escolher como seu filho preferido. No começo de sua carreira como "mulher da vida" ela chegou ao requinte de comprar um uniforme de enfermeira, com o qual saía vestida de casa para seu turno da noite. Levada por um vizinho que também trabalhava à noite e lhe dava carona, ia para o hospital, onde entrava enquanto ele ia embora. Lá dentro, no banheiro, trocava sua "farda" pelo vestido que levara na bolsa e que era mais apropriado ao seu verdadeiro trabalho noturno. Durante anos a "enfermeira" Marlene de tal seguiu essa rotina — menos aos domingos, seu sagrado dia de folga —, até que alguém no hospital se deu conta de suas injustificadas idas e vindas noturnas e a direção do local proibiu a sua entrada.

Essa história da Marlene "enfermeira" eu usei em *Senhora do Destino*, uma de minhas novelas de televisão, na personagem que acabou por se tornar icônica e figura universal de memes na internet: Nazaré Tedesco. Diferentemente desta, Marlene não era má. Era, como Nazaré, o que os homens de sua época chamavam de "um pancadão" — uma mulher de corpo tipo violão, cujas carnes fartas pareciam sempre querer saltar de dentro do vestido, e às vezes até saltavam, como vou contar a seguir.

Mal nos conheceu, Marlene nos adotou. Chegava a dizer que tinha nascido mulher porque a natureza cochilara na hora do seu nascimento, pois a verdade é que deveria ser como nós, ou seja, "um frango". Era, portanto, o que as arlecãs, nossas vizinhas no Quem-Me-Quer, chamavam de "mulher bicha". Tão dedicada era a nós, as suas "meninas", que às vezes enjeitava clientes só para ficar de conversa com o nosso bando.

Na verdade, numa possível escala social da profissão, Marlene estava um degrau acima das assim chamadas putas e outro abaixo das mulheres desquitadas, que, na época, eram consideradas pela moral então vigente como "quase perdidas". Além disso, mesmo vestida com o inocente uniforme de enfermeira, ela não conseguia esconder seu jeito de mulher fatal, que lhe transbordava por todas as costuras do traje. Mas o fato é que, se na maioria dos ambientes sociais ela era vista com suspeita e se ressentia disso, no nosso meio se sentia à vontade. Ela nos queria a todos e era por todos nós querida. Tanto que, certa noite, para acalmar as queixas do meu irmão, segundo o qual eu só andava com homens e não tinha namorada e nem mesmo amigas mulheres, decidi convidar Marlene para ir comigo a uma festa em que estaria presente minha família.

Era a festa de aniversário do Clube Português do Recife, do qual meu irmão era sócio. Haveria comes e bebes, orquestra e fogos de artifício e nela estaria presente boa parte da sociedade tradicional de lá. A bem da verdade, devo dizer que Marlene resistiu o quanto pôde ao convite para ser minha acompanhante no evento. "E se a sua família perceber que sou puta?", foi esse o seu argumento mais forte.

Mas eu lhe disse que bastava ela ser discreta e não haveria esse problema. Otacília, Fernando de batismo, que estava ao nosso lado na noite em que tentei convencer Marlene a ir comigo à festa, bem que avisou — aquela era uma péssima ideia e não podia dar certo. Porém, tanto insisti que nossa amiga e "madrinha" acabou aceitando o convite.

Na noite da festa ela me apareceu com um vestido preto, de alças e ainda por cima de veludo, dentro do qual seu corpo ameaçava escapar por todos os lados. Discretamente maquilada, com os cabelos tingidos de louro presos num coque, pareceu-me deslumbrante... E era isso mesmo que ela estava. Tanto que, quando fizemos nossa entrada triunfal no Clube Português, não houve um homem sequer que não a olhasse, mesmo que fosse de soslaio, disfarçando, tentando não dar na vista... E todos esses olhares eram de desejo e cobiça.

Eu, nos meus dezesseis anos, de braço dado com ela, me senti triunfante. Caminhamos até a mesa onde estavam minha mãe, meu irmão, a namorada dele de então e sua família, com todos os demais a olhar para nós, até que, justamente ao chegar diante da nossa mesa, Marlene tropeçou no tapete, caiu de joelhos... e um seio lhe saiu pelo decote.

Alguém de preferência da minha idade ainda deve se lembrar daquela música obsessiva da época que acabou se tornando uma assim chamada "cantiga de roda". Era assim: "Terezinha de Jesus / de uma queda foi ao chão / acudiram três cavalheiros / todos três chapéu na mão / O primeiro foi seu pai / o segundo, seu irmão / o terceiro foi aquele / que a Tereza deu a mão".

Pois foi exatamente o contrário disso o que aconteceu com Marlene após a queda. Ela ficou lá, de joelhos no chão, com as pessoas todas a olhar para ela sem mover sequer um dedo. E eu é que tive de reunir todas as minhas forças para ajudá-la a se levantar, esconder o seio que ainda estava à mostra e seguir em frente. É claro que, quando a apresentei à minha família e seus convidados como "uma grande amiga", eles a cumprimentaram com muita educação, porém gelidamente.

Só depois dessa apresentação olhei em torno e então percebi que nenhuma das mulheres presentes olhava para nós — era como se aquele monumento de mulher que era Marlene, com seu vestido preto de veludo, mesmo estando ali, fosse invisível. E quanto aos maridos delas, ah... Mais tarde, aos prantos, Marlene me confessou que numa rápida olhadela pôde notar a presença de pelo menos uns dez com os quais já tinha saído em troca de dinheiro e que agora, tal como suas esposas, fingiam não a ver — e conhecer, menos ainda.

Claro que não demoramos no Clube Português mais do que o necessário para que Marlene se recuperasse da queda, do vexame e da consequente humilhação. Para isso, ela teve que beber duas doses de uísque no bar, o que serviu para aumentar a visível indignação dos que achavam sua presença ali um verdadeiro ultraje. Assim, quando saímos de lá, foi tal como Adão e Eva ao serem expulsos e deixarem o paraíso, ou seja: com os respectivos rabos entre as pernas.

Depois de sair do clube, pegamos o primeiro táxi e seguimos direto para o Bar Capibaribe, que ficava num prédio nos confins da rua da Aurora, no qual o proprietário permitia a entrada de menores, desde que acompanhados de adultos que estivessem dispostos a pagar o dobro pelas bebidas. Isso me permitiu certa vez, aos dezesseis anos, passar a noite de Ano-Novo lá com três fuzileiros navais americanos da Operação Unitas — mas isso é outra história. Portanto, voltemos a Marlene.

Naquela noite, minha amiga bebeu todas e mais algumas e eu, solidário, fiz questão de acompanhá-la. E então pela primeira vez ela me falou do marido, que a abandonara com dois filhos, da mãe viúva, que segundo ela ficara "caduca" — possivelmente vítima da doença que só muitos anos depois viria a ser reconhecida como mal de Alzheimer —, dos irmãos que não lhe dirigiam a palavra nem sequer olhavam para ela havia três anos — desde quando descobriram que, para sobreviver, se tornara puta, profissão que, acabou por confessar, adorava de tal forma que nunca mais aceitaria exercer qualquer outra.

Sim, sob a supervisão do proprietário do Bar Capibaribe, cujo nome esqueci e que, na verdade, queria comê-la, Marlene bebeu todas e depois, já fora de si, saiu dali correndo, atravessou a rua da Aurora em meio aos carros e ameaçou se jogar nas águas enlameadas do rio, mas foi contida a tempo por dois catadores de siris (que se aproveitaram da confusão para apalpá-la toda).

Horas depois, mais calma e já com os vapores do álcool se desvanecendo, ela me pediu desculpas pelo vexame, inclusive pela queda lá no clube diante da minha família. Eu me ofereci para levá-la em casa, mas ela recusou — apenas permitiu que a ajudasse a entrar num táxi. Durante um bom tempo não a vi — nem eu, nem ninguém da nossa turma, o que nos causou alguma apreensão. Mas, quando finalmente reapareceu, era a Marlene de sempre. Eu lhe perguntei se naquela noite chegara bem em casa e ela reagiu com um sumário "Que noite?". Percebi que não queria abordar o assunto e então nunca mais toquei nele.

O que aconteceu com Marlene? Um dia ela nos disse apenas um "Até amanhã", foi embora… e nunca mais apareceu. E como não tínhamos nada de palpável que a lembrasse, nem mesmo uma foto, foi como se nunca tivesse existido.

Antonieta, a boa da vida má

Mas, se Marlene, uma das mulheres icônicas da minha época de arlequete, é apenas isso que pude lembrar neste texto, de outra tenho lembranças mais concretas: uma foto que serve de registro da minha última noite como morador do Recife. Ela foi tirada no Texas Bar, nosso ponto de encontro preferido na zona do cais, entre outras coisas porque ficava perto da Pensão de Ótima, sobre cuja proprietária também vou falar neste capítulo, e que era o local aonde levávamos nossos clientes noturnos, os Petronilos.

A foto foi tirada na noite de 10 de junho de 1964. No dia seguinte, às onze horas, tomei um avião que me levou até aquilo que eu chamava de futuro e que agora, nestas mal traçadas linhas, é apenas esse passado que me perdoa. Se algum dia este livro for publicado, gostaria muito que a tal foto estivesse na capa. Se apareço nela? Sim. Digamos que ela esteja aqui, diante de você que me lê: sou aquele garoto magro lá atrás, que se achava muito parecido com uma Miss Brasil e quase Miss Universo chamada Adalgisa Colombo. Além de mim, lá estão mais quatro pessoas. E é de uma delas — a senhora de olhar plácido à minha direita — que vou falar agora.

Ela se chamava Antonieta. Já andava aí pelos seus quarenta anos. Tinha uma cicatriz, provavelmente feita por navalha, no lado esquerdo do rosto. Sim, exercia a chamada vida airada. Porém, ao contrário das outras mulheres da zona do cais, não andava pelas ruas à procura de clientes — usava as mesas do Texas Bar como uma espécie de escritório e sempre lia livros enquanto esperava que algum homem solicitasse seus serviços. Que tipo de livros Antonieta lia? A mais alta literatura. Flaubert certa vez, outra Balzac e, numa terceira, um autor brasileiro cuja linguagem para mim era então impenetrável — acho que é até hoje: Guimarães Rosa.

Foi ela quem, na noite em que lhe disse o quanto eu queria ser escritor, me perguntou na bucha: "Você já leu William Faulkner?". E me mostrou o livro que estava lendo — era uma edição portuguesa de *Palmeiras selvagens*: obra de um dos maiores escritores do século passado, aliás, ganhador do Prêmio Nobel, e até hoje, pelo menos para mim, de leitura fascinante, mas extremamente difícil.

Sim, Antonieta era uma leitora contumaz e por causa disso teve alguma influência na minha formação literária. Porém, antes de falar dela, voltemos à foto, para que eu possa relembrar essa que foi minha última noite como frequentador da zona do cais e morador do Recife.

O rapaz de pé com um cigarro na mão e um ar levemente irônico é Otacília, Fernando de batismo, um irmão para toda a vida que, depois do fechamento da *Última Hora*-Nordeste, o jornal onde eu trabalhava — o que me deixou na miséria —, me "bancou" durante três meses. À frente, sentados e tão juntos quando a decência permite, estão o legendário Guilhermina Peixe-Espada (sim, é ele, aquele narigão não engana) e um Petronilo qualquer — um dos senhores que pagavam as nossas contas e se sentiam felizes só com isso.

"Já que é sua última noite aqui na zona, então vale tudo", proclamou Otacília.

E Guilhermina, que já exercera seus poderes secretos sobre o Petronilo algumas vezes, acrescentou: "Se vale tudo, então vamos beber uísque!".

E foi isso que fizemos — menos Antonieta, que tinha três filhos em casa esperando por ela e, para não ser roubada no pagamento pelos presuntivos clientes, só bebia Grapette, porque, na época, graças a uma propaganda muito popular, todos nós sabíamos: "Quem bebe Grapette, repete!".

Foi uma noite muito louca, à qual não faltaram momentos de tensão, sendo o mais tenso deles quando os irmãos Wu, uns rapazes filhos de chineses e peritos em lutas marciais, chegaram em suas motos. Eles eram o que a gente chamava de "bofes revertérios", ou seja, eram dados a violências extremas. Mas, daquela vez, ao que parece nem sequer nos viram.

Eu não sabia o que seria de mim, aos vinte anos e a me mudar para o Rio de Janeiro, uma cidade que considerava "desconhecida" — só estivera lá uma vez, aos dezesseis anos, para o lançamento do meu primeiro livro. Mas aquela não era a hora certa para pensar sobre isso, pois era a noite da minha despedida não só da cidade, mas também dos meus amigos. Afinal, embora jornalista e já com livro publicado, ainda me considerava uma arlequete, pois nunca deixara de ser fiel à nossa precoce turma de meninos.

Assim, em meio a juras de amizade imorredoura, bebemos e bebemos. E tão bêbados ficamos que, a certa altura, eu, Fernando e Guilhermina tiramos a roupa e no meio da rua, vestidos apenas com ínfimas zazás, dançamos "Hit the Road Jack" ao som de Ray Charles, cuja voz aliciadora saía da eletrola Wurlitzer.

Claro, aquilo foi um escândalo até mesmo para a zona do cais do Recife. Assim, alguém chamou a radiopatrulha, que chegou em poucos minutos disposta a acabar com nossa farra e nos levar presos. Já me via perdendo o avião do dia seguinte quando, como se fosse um extra a nós oferecido naquela noite mágica, aconteceu o que um roteirista (de verdade) chama "reversão da expectativa": o chefe da guarnição era o cabo Santana, que, bem... Quando estava de folga e muito sigilosamente, era um dos nossos mais fiéis Petronilos.

Ao nos reconhecer, o militar conteve os subordinados, que já queriam nos levar presos, perguntou qual era a razão do escândalo e eu lhe disse: é que ia embora "para sempre" no dia seguinte e aquela era a minha despedida. Ao ouvir isso, Santana nem pensou duas vezes e proclamou: "Então, aproveite, meu filho!". E tratou de ir embora depois de arrebanhar seus patrulheiros.

Foi então que Antonieta caminhou até a eletrola, colocou outra ficha e Ray Charles cantou mais uma vez, como se me apontasse o caminho: "*Hit the road, Jack*", pegue a estrada! E foi o que fiz: na manhã seguinte, com a maior ressaca de toda a minha vida, a bordo de um avião da Panair, deixei minhas queridas arlequetes para trás e fui embora do Recife disposto a correr atrás daquela coisa vaga que alguns chamam de "destino".

Porém...

Adoro quando chego a esse "porém".

É das mulheres de nossa vida de arlequetes que agora estou falando e Antonieta é a da vez, portanto. Não vou poupar você que me lê de nenhum detalhe sórdido.

Já disse que Antonieta tinha no rosto uma cicatriz, talvez de navalha. Teria sido ela feita por uma rival no amor, por um homem ciumento ou um marido traído? Certa vez, quando conversávamos sobre *Madame Bovary*, não resisti: abordei a questão da navalhada e, como ela permanecesse em silêncio, levantei essas três hipóteses. Mas sua resposta continuou sendo o silêncio absoluto. E este durou longos minutos até que me toquei e lhe pedi desculpas, pois percebi que ela não queria falar sobre esse assunto.

Convivi com Antonieta durante uns três anos e para mim ela foi sempre um mistério. Quando lhe perguntei por que gostava de ler, ela, que era capaz de falar durante meia hora sobre o estilo peculiar de Faulkner ou a sofisticada "secura à Matisse" de Hemingway, respondeu: "Para passar o tempo e não ficar entediada nos intervalos entre um freguês e outro".

Nesse caso, insisti, por que não lia autores mais leves, menos herméticos? E ela, sem pensar duas vezes: "Porque esses ou me deixam deprimida ou me dão sono".

Falei sobre Antonieta com Newton Farias, jornalista meu amigo e mentor, que se mataria com um tiro no ouvido uma semana após o golpe militar de 1964 e a quem dediquei meu primeiro livro. Ele ficou curioso e uma noite decidiu ir conhecê-la. Depois de duas horas de conversa na mesa do Texas Bar, só interrompida quando lá apareceu um freguês e Antonieta se levantou para ir atendê-lo, meu amigo jornalista, ele próprio um leitor voraz e proprietário de uma biblioteca vastíssima (que foi quase toda apreendida pelos militares), deu o seu veredito sobre Antonieta: "Ela não só entende de literatura. É especialista no assunto. E aqueles críticos literários de bosta que escrevem lá no jornal não chegam sequer aos pés dela".

A foto à qual me refiro neste texto, que serve de registro daquela que posso chamar de "minha última noite como arlequete" — repito a data — , foi tirada no dia 10 de junho de 1964 e ficou perdida durante mais de vinte anos. Até que a encontrei dentro do exemplar de uma velha edição de bolso de Les Fleurs du mal, *de Charles Baudelaire, que Fernando Maysa expropriou numa das nossas visitas à casa de Newton Farias e depois me ofereceu com a seguinte dedicatória: "Para Aguinaldo Silva, o meu amigo número um, esta lembrança de nossa bela e eterna juventude".*

Na mesma casa de Newton Farias, e em outra tarde, eu e Maysa fizemos um pacto: onde quer que estivéssemos, ao completarmos 35 anos nos mataríamos. Tínhamos só dezesseis e estávamos os dois bêbados, por isso, é claro que não levei aquilo a sério. Porém ao completar 35 anos o dito Fernando Antônio van der Stoven, na verdade Fernando Antônio Pessoa de batismo ou, mais apropriadamente, Fernando Maysa, depois de libertar das gaiolas as centenas de pássaros que criava num sítio, matou-se com um tiro no ouvido.

Glyce, a mentora informal

E já que falei da importância que a dita Antonieta, prostituta e leitora contumaz, teve na minha formação literária, não posso deixar de citar outra mulher, essa de vida completamente regrada, que teve a mesma importância. Seu nome era Glyce. Já não lembro mais seu sobrenome. Morava na casa vizinha à minha na rua do Cupim, bairro dos Aflitos, Recife. Era de uma família rigorosamente presbiteriana, mas o seu pai, um homem que, segundo pude perceber, ocupava um alto cargo na Justiça, tinha uma vasta biblioteca na qual cabia tudo, desde *Os lusíadas*, de Camões, a *A filosofia na alcova*, de Sade, passando por *Os cantos de Maldoror*, de Lautréamont, e outras obras literárias que sua religião certamente consideraria condenáveis.

Da minha casa, paredes-meias com a de Glyce, se subisse num caixote podia ver o escritório do pai dela, no qual havia várias estantes recheadas de livros. E muitas vezes fiquei lá, trepado no caixote a cobiçá-los, até que ela notou isso e me interrogou sobre a causa do meu interesse. Eu lhe disse: "Os livros do seu pai. São tantos…". Então ela me perguntou se queria ler algum deles. Eu, que nessa época tinha onze anos, lhe respondi que sim e disse mais ainda: se pudesse, leria todos.

"Você terá uma vida inteira para fazer isso", ela comentou. E depois foi até uma estante e de lá retirou o primeiro volume dos muitos que, durante dois anos, me emprestaria. Esse primeiro foi *Menino de engenho*, de José Lins do Rego, um clássico da nossa literatura infelizmente hoje lido bem menos do que deveria. A partir daí, a cada semana tive acesso a um novo livro emprestado por Glyce. Li todos, em geral trepado numa goiabeira no quintal da nossa casa, que era um dos meus locais preferidos. Aliás, foi trepado nesse pé de goiabeira que vi pela primeira vez, como já relatei aqui, um homem inteiramente nu — um dos estudantes universitários que foram morar lá depois que a família de Glyce se mudou.

Quanto aos livros que Glyce me emprestava, sua escolha era sempre aleatória. Nela não parecia haver nenhum método. Assim, eles iam me chegando ao acaso e sem nenhuma censura. O tal *Os cantos de Maldoror* foi um dos que entraram na fila. Já o acesso a *A filosofia na alcova* ela me recusou — disse de modo bastante discreto que seu famoso autor, o Marquês de Sade, emitia "conceitos muito pessoais sobre a vida íntima dos adultos, tão pessoais que uma criança como eu não devia ter acesso a eles antes de poder, talvez, entendê-los". Ao longo dos anos ouvi diversas considerações sobre a obra, o estilo e a vida do marquês, mas nenhuma delas foi tão neutra e tão discreta como a da sempre equilibrada e tranquila Glyce... Que Deus a tenha em seu seio.

Os livros me eram passados sempre por cima do muro que dividia nossos quintais. Antes de me entregá-los, ela, que já tinha lido todos, me fazia uma ligeira exposição sobre o que achava deles. E depois, quando eu os devolvia, me pedia que fizesse o mesmo, ou seja, lhe dissesse o que descobrira, além do que mais gostara na leitura. Tudo isso era feito de modo absolutamente informal, sem que eu percebesse que ela estava não só me encaminhando para o hábito da leitura, que marcaria toda a minha vida, mas também me incentivando a ter uma percepção crítica daquilo que havia lido.

Assim, graças àquela moça baixinha, de voz suave, cabelos muito arrumados e sempre de óculos, a criança solitária que eu era se tornou não apenas um leitor voraz, mas também um tão grande amante dos livros que logo começou a criar histórias em sua própria mente. Nesses anos todos, sempre que pensei nessa minha viagem precoce pelo mundo dos livros guiado por Glyce, eu me perguntei se já havia o escritor dentro de mim ou se foi ela quem o fez aflorar. De qualquer modo, eu não teria lido tanto nem começado a escrever tão cedo se não fosse ela.

Lembro-me do seu comentário a propósito de um dos últimos livros que me emprestou e cuja leitura, aos meus olhos de criança, se revelou difícil, quase impossível: foi uma edição de *Os lusíadas*, de Camões, ricamente encadernada e ilustrada.

"Não consigo entender nada", choraminguei. E ela me disse: "Então, concentre-se nas gravuras — elas também falam".

Essa minha aventura pelo universo dos livros junto com Glyce terminou quando o pai dela foi transferido para, sei lá, outra cidade ou comarca. Do meu posto de observação, assisti ao encaixotamento dos livros e à desmontagem das estantes, e estava à porta da minha casa quando tudo aquilo, depois de alçado para um caminhão, foi levado embora. Aquele foi o último dia em que vi Glyce, a quem dou agora o título de "minha fada das leituras". Depois que sua família se mudou, nunca mais soube dela. Porém, cada vez que reli algum dos livros que antes ela tinha me emprestado, lembrei-me dos comentários que fez, quando o devolvi após aquela minha primeira e tão precoce leitura.

Ótima, a esfinge devoradora

Ótima não era propriamente mulher. Mas também não era homem. Era, na verdade, uma figura meio mítica: um *hermafrodita*. Os homens que lhe prestavam favores íntimos — e eram muitos — não comentavam nada sobre isso. Mas as mulheres que iam almoçar em sua pensão na rua do Bom Jesus diziam que, sim, ela tinha "as duas coisas", embora ambas fossem atrofiadas: "Uma xoxota e um pipiu, mas bem mínimos".

Seria isso verdade? Não posso responder a essa pergunta, pois nunca a vi nua. O que devo dizer é que todas as histórias sobre Ótima eram incertas e ela contribuía para isso. Vestia-se quase como mulher, mas sempre usava pesados sapatos de homem. Maquilava-se de modo tão exagerado que, quando ficava imóvel, lembrava mais uma boneca de pano que uma criatura humana de carne e osso. Era muito eficiente na gestão do seu negócio, que funcionava de duas formas: durante o dia ela servia refeições aos estivadores que trabalhavam no porto e às mulheres que ficavam recolhidas nas pensões de putas. E à noite alugava quartos por hora, todos decorados de forma exageradamente cor-de-rosa e sempre a amantes do mesmo sexo.

Durante o dia o salão tinha suas portas escancaradas e seus clientes acessavam livremente as mesas. Mas quando caía a noite a sala de refeições era fechada. E o acesso aos quartos só era permitido depois que ela, sempre maquilada de forma exagerada, observava longamente através de uma portinhola quem lá batia, até decidir se devia ou não abrir a porta.

Nunca provei da comida de Ótima, sobre a qual estivadores e putas diziam de forma unânime que era deliciosa. Porém, quanto aos seus quartos cor-de-rosa, separados apenas por frágeis tabiques, esses eu usei muito, especialmente durante a Semana Santa em que dividi um deles com um marinheiro grego de nome Chrysto Xantoupoulos, o homem mais belo que vi em toda a minha vida e que, no conto que escrevi intitulado "O amor grego", virou personagem meu junto com Ótima.

Quanto aos gays que frequentavam a hospedaria como seus clientes, Ótima era curta e grossa: "Detesto essa raça!". Ela disse isso a mim, que era um deles. E então lhe perguntei: "Mas você também não é como nós?". Ela respondeu enfaticamente que não, ou pelo menos não se considerava. O fato de preferir homens para seus momentos íntimos não bastava para que se enquadrasse no grupo de "colegas" nossas. E também não se achava uma mulher, mas sim uma criatura única: "Por mais que procure, você nunca vai achar outra pessoa que seja igual a mim no mundo".

Na época, tive dúvidas. Mas hoje, sim, concordo: ela era absolutamente única. Desde o primeiro instante em que a vi, soube que, descrita de várias maneiras, Ótima seria um personagem das minhas histórias. E então passei a cortejá-la. Demorei muito até conseguir que ela me aceitasse em sua corte de esfarrapados e, de vez em quando, me concedesse a honra de ouvir uma de suas histórias. Assim, numa noite em que me ofereceu "uma dose de cicuta" — na verdade, uma cachaça curtida durante muitas décadas —, ela me confidenciou que tinha mais de cem anos e que chegara na zona do cais do Recife, já adulta, "aí por volta do ano de 1890, logo depois que foi proclamada a República".

Se você que me lê acha difícil acreditar nessa história, é porque nunca viu Ótima em carne e osso. Se a deitassem num sarcófago e lá ela ficasse inerte, poderia ser facilmente confundida com uma múmia. Mas ao mesmo tempo, durante uma conversa, às vezes parecia quase infantil no modo como se entusiasmava. Quando se acostumou a conversar comigo, em geral depois que meu "cliente" da noite ia embora e eu lá ficava, Ótima me contou muitas histórias e todas tinham o mesmo clima — eram mágicas. Não estarei mentindo se lhe disser que algumas delas eu recriei nas minhas novelas cujo estilo era o realismo fantástico. Nelas Ótima aparece disfarçada na Mulher de Branco ou no Cadeirudo. E no meu conto "O amor grego" morremos todos — eu, Chrysto Xantoupoulos e a própria Ótima — num incêndio que ela ateia e do qual, propositalmente, também se torna vítima, porque, segundo diz, "o nosso amor era grande demais e por isso devia ser consumido pelas suas próprias chamas".

Mas na vida real, vinte anos depois da minha saída do Recife — e enquanto pude receber notícias dela mesmo estando longe —, Ótima continuava viva, embora, a crer na sua própria cronologia, já tivesse mais de 150 anos àquela altura.

O que de verdade havia na história de Ótima? Tinha mesmo aquela idade? Era, como diziam as mulheres com quem convivia (mas não seus homens), *hermafrodita* mesmo, ou isso não passava de uma das lendas a seu respeito que ela própria fomentara? Não posso responder. Posso apenas colocá-la na lista de mulheres inesquecíveis dessa primeira fase da minha vida numa participação especialíssima. E dizer que, ao menos em minhas lembranças, é como se tivéssemos conversado ainda ontem. Portanto, para mim até hoje ela continua viva.

LM, a salvacionista

Desde que a vi pela última vez, em 1965, nunca mais tive notícias dela. Assim, não sei se casou ou constituiu família, e, caso isso tenha acontecido, não quero magoá-los ao revelar sua traumática participação na minha vida. Por isso não vou chamá-la aqui pelo seu próprio nome, mas por duas iniciais vagas que não correspondem à verdade: LM. E, antes de detalhar nossa breve, mas intensa, história, vou falar sobre algumas mulheres que são raras, mas existem e, em relação a alguns tipos de homens, inclusive os gays, costumam agir como ela.

Eu as chamo de "salvacionistas". São mulheres que, por razões talvez altruísticas — e insisto aqui no *talvez* —, na própria vida sentimental só escolhem homens que possam ser resgatados de algum erro, falha ou crime, de preferência nefando. Elas costumam ir buscá-los até mesmo nas cadeias, onde conseguem entrar pelas portas travessas e lá conhecer presos condenados, com os quais namoram, noivam e até casam, sempre sob a justificativa de que assim terão a chance de levá-los a se arrepender do que fizeram de errado e, portanto, salvá-los.

Veja bem, estou falando de uma minoria ínfima de mulheres, pois é isso que são as salvacionistas: apenas uma minoria entre as pessoas do seu sexo, porém sempre muito ativas no seu campo de ação — basta que um fora da lei tenha seus crimes postos em destaque no noticiário ou na mídia e logo surge uma delas em sua vida. Algumas, que são advogadas, primeiro se apresentam a eles como tal e depois acabam se tornando suas namoradas, noivas e esposas. Essa ideia de que seu amor será tão forte e decisivo a ponto de resgatar de sua vida de crimes homens extremamente perigosos é romântica e ingênua. E pior: equivocada e muito arriscada. E, assim, em geral suas histórias acabam em drama e até em tragédia.

Mas as salvacionistas, essas mulheres — repito — que são raras e bem-intencionadas, insistem em acreditar no poder redentor do amor altruístico e, se fracassam num caso, logo partem para outro, pois nada abala sua convicção de salvadoras.

Salvacionistas também podem ser consideradas as mulheres que se acreditam imbuídas da missão de reverter a situação de homens que se tornaram gays, porém — na opinião delas —, através do verdadeiro e puro amor de uma mulher de verdade, podem se tornar héteros. E LM, a pessoa sobre quem agora escrevo, era uma dessas.

Como eu, ela também era escritora. Quando nos conhecemos, no Rio de Janeiro, cada um de nós já tinha livro publicado — eu nacionalmente, ela no âmbito da cidade onde morava e sem maior destaque. Foi ela quem me procurou e acabou me achando num bar, perto do sobrado no qual eu morava e que ocupava um andar inteiro na antiga Lapa. Até então vivendo na casa de parentes no bairro da Tijuca, ela me convenceu a hospedá-la num dos quartos da minha casa. Aceitei, achando que aquele seria o começo de uma grande amizade. Tínhamos um forte interesse comum — a literatura. E no começo da nossa relação, era sobre ele que dia e noite falávamos.

Havia mais duas pessoas em nossas vidas, dois homens — JG, um escritor, e FR, um psiquiatra. O primeiro, tal como LM, se achava um gênio incompreendido nesse campo sempre tão competitivo da literatura. Morava em Nova Iguaçu e estava sempre a nos rondar na Lapa. Podia ter sido realmente um grande escritor, mas por acaso era fanático por Lima Barreto e, como este, acabou se perdendo na bebida. O segundo vivia no Recife, mas fazia viagens frequentes para o Rio, onde queria ao mesmo tempo comer LM e ser meu amante, o que o colocava no patamar, aliás bem comum, das pessoas altamente complicadas.

Nos primeiros dois meses de convívio, minha vida com LM foi perfeita. Fazíamos tudo juntos, conversávamos até altas horas sempre sobre literatura e, às vezes, até sobre essa coisa chata e inútil chamada política, assunto então na moda porque vivíamos nos primeiros anos da ditadura. Em geral discordávamos nas nossas preferências quando se tratava de livros e filmes. Ela era uma radical pesquisadora da linguagem em seus escritos, achava que em meus livros eu devia ser "mais radical e menos naturalista". JG concordava com ela, ou seja: achavam que, embora de nós três só eu tivesse alcançado algum sucesso, minha escrita era de menor importância quando comparada à deles.

Confesso que a percepção disso me incentivou. E nessa fase produzi um livro de linguagem altamente poética, mas pedante, chamado *Primeira carta aos andróginos*, de cuja elaboração, sempre que o releio, sinto vergonha e remorso.

Só a partir do terceiro mês de convívio LM começou a me dar sinais de que pretendia ser mais que apenas minha amiga. Primeiro de modo muito sutil. Um toque mais demorado, uma entonação de voz, um gesto carinhoso. Até que, numa noite em que rejeitou uma proposta mais direta de FR, o que gerou uma discussão após a qual ele foi embora, quando eu tentava acalmá-la me disse, sem maiores rodeios: "É você que eu quero!".

E partiu para cima de mim disposta ao tudo ou nada.

Bom, eu tinha sido entronizado muito cedo na confraria das arlequetes, com tudo de experiências e certezas que isso trouxe para a minha vida. Sabia muito bem o que eu próprio queria. E de LM o que eu queria era apenas uma saudável amizade. Assim, quando me vi literalmente acuado contra a parede pela minha suposta amiga, não fraquejei como ela esperava, não me entreguei à redenção com a qual me acenava, pois já me sentia condenado aos homens e deixei isso bem claro em tudo que então lhe disse.

Pode não parecer aqui, mas toda a situação foi terrível... E para ambos os lados. Eu, no entanto, esperava que, depois de ter sido tão claro sobre minhas expectativas em relação a LM, no dia seguinte fingiríamos que nada tinha acontecido e o assunto estaria encerrado. Mas, quando amanheceu, descobri que ela tinha simplesmente ido embora sem levar nada de seu. Preocupado, procurei seus parentes na Tijuca, mas eles também não sabiam do paradeiro dela. E só alguns dias depois fomos informados de que, após um surto psicótico em plena rua, ela fora levada para a Casa de Saúde Dr. Eiras, que era o manicômio do Rio de Janeiro na época.

Fui vê-la só uma vez enquanto esteve lá. A visita durou uma hora, durante a qual ela sussurrou apenas duas frases. A primeira foi: "Você está errado!". E a segunda: "Eu sou sua última esperança!". No final eu lhe disse apenas: "Vou pensar seriamente nisso tudo". Mas a verdade é que fui apenas cortês — o que eu queria mesmo era esquecer aquilo o mais depressa possível. Assim, aquela foi a última vez que nos vimos.

Soube depois que, após receber alta do Dr. Eiras, ela voltou para a cidade onde nascera. Isso foi em 1965. Desde então, nunca mais me deu notícias e eu também não procurei por elas. Sei que sua literatura altamente sofisticada não vingou. Talvez ela tenha deixado de exercê-la, ou então a sofisticou mais ainda, o que a tornou hermética demais para que viesse a ser publicada. Era alguns anos mais velha do que eu, o que significa que, a esta altura, se viva for já terá passado alguns anos dos oitenta.

Ou seja: para o bem ou para o mal, aquele intenso sofrimento pelo qual nós dois passamos, corroído e amenizado pela ação do tempo, perdeu a força e já não tem mais a menor importância.

Consuelo, aquela sem consolo

Claro, além das que aqui destaquei, houve outras mulheres que marcaram essa minha passagem da infância para a vida quase adulta. Uma delas se chamava Consuelo, era a solteirona oficial da rua do Cupim, onde eu morava, e tinha uma obsessão (que eu diria mórbida) em me flagrar com algum colega de infância ou mesmo um homem adulto num delito de sexo. Quando ela o conseguiu, teve que guardar segredo, pois foi ameaçada de morte cruel pelo meu parceiro: um senhor, casado e com dois filhos já quase da minha idade, chamado Deolindo — ou "seu" Deolindo, como eu respeitosamente o chamava mesmo quando navegava em seus braços tal como um barco sem rumo.

Consuelo às vezes me levava ao cinema, pois, segundo dizia, não era de bom-tom que uma mulher, embora de meia-idade, mas ainda solteira como ela, flanasse por aí sozinha. Lembro-me de que certa vez fomos ver juntos *Quando o coração floresce*, um filme com Katharine Hepburn que era ambientado em Veneza e tinha como galã um ator italiano chamado Rossano Brazzi. Cada vez que o ator aparecia na tela Consuelo dava dolorosos beliscões no meu braço e, agoniada, murmurava: "Meu Deus, que homem lindo!".

Consuelo vivia obcecada pela minha sexualidade. Queria saber a qualquer custo como era a "coisa" entre dois homens. Nunca me interrogou diretamente, mas sempre achava meios de me fazer falar sobre o assunto. Eu, que não era trouxa, percebia isso e sempre lhe dava a volta, ou seja, falava, mas não falava, o que a deixava à beira da loucura — fronteira que afinal ela cruzou, como veremos daqui a pouco. Era uma espécie de jogo que nós dois jogávamos. Até que ela se cansou dele e aí se tornou minha inimiga mortal. Foi nessa nova fase que passou a me vigiar e me seguir, até me dar o maior flagrante no momento em que "seu" Deolindo e eu estávamos os dois de calças arriadas — na verdade sem elas —, atrás de um monte de pó de serra, após o expediente na serralheria do Arnaldo.

Tudo que posso dizer a você é que essa não foi uma bela cena. Totalmente transtornada, Consuelo partiu para cima do pobre homem aos gritos: "O senhor é um homem casado e pai de filhos, quero ver o que sua mulher vai dizer quando souber disso!".

E já ia saindo da serralheria aos brados, disposta a gritar aos quatro ventos o que testemunhara, quando "seu" Deolindo, depois de vestir rapidamente as calças, correu atrás dela, interceptou-a já no portão, segurou-a pelo pescoço e lhe disse ao pé do ouvido: "Se disser uma palavra sobre o que viu eu juro que te mato, te corto em mil pedaços e dou de comida aos porcos do meu cunhado!".

Sim, porque Deolindo não só era muitíssimo bem-casado e pai de filhos, como ainda por cima tinha um cunhado, irmão de sua mulher, que criava dezenas de porcos num chiqueiro.

Assim como eu, Consuelo acreditou que, para salvar a própria reputação, Deolindo seria bem capaz de cumprir aquela ameaça. E ali mesmo, sempre com o homem a lhe apertar o pescoço, jurou que, sim, mesmo que não pudesse esquecer nunca mais a cena terrível que presenciara havia pouco — "um homem comendo o outro!" —, ela guardaria segredo eterno sobre aquilo.

Claro, para fazer isso teria que pagar um alto preço a si mesma. Assim, um ano depois, quando já não conseguia dizer coisa com coisa — mas sem jamais fazer referência ao assunto que a deixara transtornada —, teve que ser internada pela família no que chamavam, de modo discreto, uma "casa de saúde", que, na verdade, era pura e simplesmente um asilo para pessoas tidas como malucas ou caducas.

Consuelo, coitada, morreu assim como nasceu e viveu: virgem. Quanto ao "seu" Deolindo, continuou casado e teve mais dois filhos, porém — embora de vez em quando tentássemos com grande empenho — nenhum deles comigo.

Djanira e suas meninas

Também não posso deixar de fazer referência aqui às meninas de Djanira, a dona da "boate" então mais falada e frequentada de Boa Viagem, o bairro que naquela época, além da avenida à beira-mar e algumas ruas transversais ou paralelas, era apenas um pântano, bem diferente da verdadeira cidade cosmopolita em que se transformou. A Pensão de Djanira na verdade ficava na fronteira entre Boa Viagem e outros dois bairros então ainda em formação, a Imbiribeira e Piedade. Era para lá que íamos, depois que passei a trabalhar no jornal *Última Hora*-Nordeste (mas ainda a frequentar a turma das arlequetes), com outro jornalista, a quem vou chamar apenas pelo apelido — Frida —, que era gay como eu, mas com um estigma a mais: nascera numa família judia, aliás muito rica.

Frida, que foi jornalista, mas depois se formou engenheiro, um dia me contou, em meio a ataques de riso, o que lhe aconteceu no dia em que fez dezoito anos, quando seu pai o levou de carro até uma mansão no bairro do Espinheiro e lhe disse: "No dia em que você casar esse palácio será seu!".

Infelizmente — para seu pobre pai esperançoso —, Frida não caiu no conto do palacete. Em vez disso, abandonou o jornalismo e foi estudar em Israel, onde o alojaram num kibutz. Mas lá não ficou muito tempo, pois lhe deram como tarefa servir o jantar no restaurante comunitário. E já no primeiro dia, ao ver que o prato principal era à base de galinha — uma comida que abominava —, ele se recusou a cumprir a tarefa, que era obrigatória, o que provocou sua remoção para um alojamento em Tel Aviv.

Frida nunca pertenceu à turma das arlequetes. Mas, na turma das arlecãs, havia, sim, um judeu já entrado em anos cujo nome não digo, mas digo o apelido: era conhecido como Sally Langor. Tinha uma, digamos assim, amizade íntima com um jovem e muito belo estudante de música, que o acompanhava por toda parte e do qual foi o mentor, ou, dizendo melhor ainda, seu guia turístico pelo país divino da Grande Música e seu subterritório denominado Sodoma... Ou Gomorra.

O rapaz, realmente muito talentoso e sempre sob a orientação de Sally, conseguiu uma bolsa para estudar num conservatório de música na Suíça, no qual se destacou de tal forma que em poucos anos se tornou um maestro famosíssimo. Acabou por casar com uma musicista belga — e uma, nesse caso, era *uma*, mesmo, *uma mulher* — e nunca mais deu sequer notícias à pobre arlecã que o orientara — e também acarinhara — de modo zeloso no começo de sua promissora carreira.

Antes que o casamento do rapaz se consumasse, como este já mostrasse sinais de que estava apagando todos os traços de sua velha relação com Sally, numa última e desesperada tentativa de evitar o rompimento ela vendeu tudo que tinha e foi em seu encalço na Suíça. Mas ele, pelas mais diversas e sempre estapafúrdias razões, nunca chegou a recebê-lo pessoalmente. Sobre essa viagem, a única que fez até a Europa que tanto amava, Sally Langor, sempre que bebia demais, puxava conversa com algum vizinho de mesa no Bar Savoy e acabava por falar mal dos suíços: "Aquela gente horrorosa. Nunca olham uns para os outros. Caminham pelas ruas como se cada um estivesse sozinho no mundo e ninguém mais existisse!".

Essa indiferença radical dos suíços levou-a, certo dia, a subir num poste e cantar a plenos pulmões uma canção de ninar em iídiche. Até que veio um policial e a aconselhou a parar com aquela exibição, do contrário seria presa e, sendo estrangeira como parecia, acabaria deportada para Israel, seu país de origem. Seu diálogo com o policial, que a cada vez ela repetia como se estivesse ocorrendo naquele exato momento, foi mais ou menos assim:

Sally: "Eu não sou de Israel, caramba, sou brasileiro!".

Policial suíço: "Então não é judeu, mas é negro!".

Embora, depois de se convencer de que seu antigo pupilo nunca mais a procuraria, não tenha passado recibo do trauma que essa rejeição provocou em sua vida, Sally nunca mais foi a mesma. Começou a beber além da conta, a esquecer que numa cidade tropical como o Recife o banho diário é essencial para que uma pessoa não adquira um pertinaz e notório mau cheiro... Em suma: a sensível especialista em música que ela era se tornou uma criatura amarga, decadente, malcheirosa e quase sempre bêbada.

Quanto a Frida, uma última e pitoresca história. Ela tinha uma avó à qual chamava de Bobe e que, na presença de gentios, só falava iídiche. Sempre que o neto me levava em sua casa Bobe ficava, com a maior cara de poucos amigos, a circular pelos corredores e a repetir, aos brados e em iídiche, uma frase que a mim assim soava: *"Er is a Fricher! Er is a Fricher!"*.

Pelo tom exaltado da avó do meu amigo, eu percebia que aquilo só poderia ser um insulto dirigido a mim. Mas tanto Frida quanto suas irmãs e sua mãe — que tinha o porte aristocrático de uma verdadeira rainha de Sabá — se recusavam a atender aos meus pedidos para ouvir a tradução da frase. Até o dia em que, morto de curiosidade e após algumas doses de uísque num bar chamado Canavial, pressionei meu amigo de tal forma que ele afinal cedeu e abriu o jogo. A frase que Bobe ficava repetindo toda vez que me via, se fosse literalmente traduzida para o português claro e sem maiores rodeios, seria: "Ele é um fresco! Ele é um fresco!".

Claro que não me senti ofendido nem me dei por achado. Apenas, a partir daí, passei a chamar a avó do meu amigo de *"Er is a Fricher"*. E assim, até ela morrer, passaram a chamá-la todos, entre os quais o neto.

Porém, de volta à Pensão de Djanira, vale a pena explicar que não íamos lá para fazer o mesmo que outros homens — ter intimidades com as meninas. Íamos, sim, para bebericar e conversar com elas. E elas adoravam a nossa presença. Tanto que, quando lá estávamos, chegavam a inventar pretextos para não atender os clientes, o que provocava ataques de fúria na cafetina, que só não nos expulsava porque, no final das contas, eu já era um escritor meio que famoso e, assim como Frida, jornalista.

Certa vez o carro do meu amigo — um Fusca — atolou no lamaçal em frente à casa e as meninas convenceram os clientes que lá estavam — entre eles um grupo de oficiais da Marinha americana, devidamente fardados — a ir lá no pátio empurrá-lo para fora do atoleiro. A operação, cumprida com êxito, virou uma farra e terminou com todo mundo nu — menos a excelsa senhora dona Djanira, é claro — a se livrar da sujeira num banho coletivo de mangueira.

Quando saí do Recife, já era o feliz proprietário de um lote de terra no então baldio bairro de Piedade. Conseguira comprá-lo com o meu salário de jornalista, que era muitíssimas vezes maior do que aquele que recebia no meu primeiro emprego. Mas, para poder viajar, precisei vendê-lo por qualquer dinheiro. Dez anos depois já poderia tê-lo vendido por, sei lá, cem vezes mais do que então me pagaram. E hoje, no loteamento baldio onde ele ficava, existe um condomínio luxuoso. O que fiz com o dinheiro que ganhei na venda? Ah, como então se dizia, deixei que "me saísse todo pela urina": meses depois, quando já estava no Rio de Janeiro e afinal me pagaram pela venda, caí na esbórnia e, de farra em farra, gastei tudo em poucos meses.

Órfão perdido na tempestade

Jovem repórter em busca de furos.

Apesar de todos os nossos esforços — que foram utilizados com o maior empenho a certa altura —, nenhum de nós jamais conseguiu descobrir onde Tonha morava ou de quem era filha. Até seu nome ganhar destaque numa notícia de primeira página do *Jornal do Commercio* — pelos motivos torpes que vou relatar daqui a pouco —, não sabíamos sequer seu sobrenome e até tínhamos dúvidas sobre se ela realmente se chamava Antônio, conforme descobrimos depois, sendo Fernandes do Amaral seu sobrenome. O fato é que, quando procurou a nossa turma e deixou claro que desejava fazer parte dela, apenas nos disse seu primeiro nome. E assim ficou, batizada como Tonha, até que, por conta da pérfida história policial na qual ela se viu envolvida, ganhou entre nós aquilo que se poderia chamar com certa boa vontade um sobrenome: "dos Milhões". E assim, como Tonha dos Milhões, é que passou a ser conhecida e nomeada cada vez que ouvíamos falar de mais um dos seus golpes em alguma pessoa ou na praça, todos, em geral, infalíveis.

Pois Tonha era mestra na arte de ludibriar incautos. Sobre estes, sempre que lhe perguntávamos por que era tão fácil para ela enganá-los, respondia de modo curto e grosso: "Porque tudo que eles querem na vida é ser enganados, meu bem... E eu me especializei em satisfazer essa vontade deles".

Na verdade, ela ouvira isso de certo vigarista veterano que a iniciara muito cedo na arte e que, um belo dia — debaixo de um frondoso jacarandá, a caminho de mais um criativo golpe no qual ela, na aparência uma criança inocente, teria participação importante —, teve um súbito infarto e morreu nos seus braços... Uma história que ela contava de forma dramática, mas sem se perder em maiores detalhes.

"Ele foi o pai que não tive", Tonha dizia, sempre que repetia essa história. E essa era a única parte de sua vida pregressa por nós conhecida: ainda criança tivera um mestre na arte da vigarice até se tornar ela própria uma emérita representante da classe.

Se, além de mestre, ele fora também seu amante? Quanto a isso, Tonha nada revelava — apenas deixava escapar um sorriso vago. E era esse seu sorriso que fazia certa classe de homens se apaixonar por ela, pois, embora fosse mais velha que nós — e também nunca soubemos sua idade exata —, Tonha parecia um garoto de treze anos e, pasme: da última vez que a vi, já em São Paulo, mais de vinte anos depois dos fatos que agora narro, ainda continuava com aquela mesma aparência infantil.

Já contei que Tonha gostava de apanhar e por isso, para ela, a violência com que a Turma da Lambreta nos atacava era um prato feito. Mas ela mesma se dizia adepta da não violência. Quando se tratava de aparar algum golpe ou apenas se defender de um deles, era incapaz de levantar sequer um dedo. Tinha um jeito de falar aliciante, muito carinhoso, sedutor às vezes e com um toque quase infantil, meio à Marilyn Monroe, que levava à loucura determinada classe de homens. Mas, estranhamente — e acho que apenas eu cheguei a notar isso no começo —, tinha um certo ar sinistro.

Muitas vezes, depois que ela virou manchete dos jornais e soubemos de mais detalhes sobre a sua vida secreta, eu me perguntei se a história do tal vigarista que morreu debaixo do jacarandá frondoso era mesmo verdadeira. Afinal, embora nunca tivesse dado a ninguém um único dia de trabalho, mesmo antes do golpe que a levou às manchetes dos jornais, Tonha já tinha dinheiro. Onde o conseguia é que era o mistério, pois não tinha família — ou pelo menos não falava sobre isso — e também não se entregava a nada que pudesse ser considerado ou sequer parecesse um trabalho.

De qualquer modo, nós, as arlequetes, quando aceitávamos alguém na nossa turma, não lhe fazíamos perguntas, só esperávamos que esse alguém se revelasse, mesmo que fosse aos poucos. E Tonha nunca fez isso. Assim, quando o escândalo estourou e ela foi a vítima e principal testemunha do processo que condenou o empresário suíço de nome Bernard G. à cadeia é que o seu lado mais secreto afinal se revelou. Porém, como ela já era uma de nós, não a condenamos nem sequer a julgamos, pelo contrário: ficamos do seu lado, ainda mais porque, depois daquela confusão toda, ela ficou com os milhões que afinal lhe renderam, para começo de conversa, o codinome. Que história foi essa? Vou tentar contá-la a você que me lê do modo mais simples.

Tonha dos Milhões tinha um jeito de criança que atraía certa classe de homens, e Bernard G. era um deles. Suíço, de ascendência judaica, dedicava-se ao que ele próprio chamava de "garimpo", ou seja: comprava e vendia pedras preciosas. Mas não de forma legal, pois, em suas constantes viagens ao Brasil, após algumas misteriosas visitas a ermos locais de garimpo, quando voltava para a Suíça as levava de contrabando. Naquela época não havia a vigilância que hoje há nos aeroportos. E nos aviões de carreira, desde que se tivesse uma aparência que não despertasse suspeitas, podia-se transportar de tudo.

Oficialmente, Bernard G. era um empresário de muitas posses que vinha ao Brasil "a negócios". No Recife, hospedava-se no luxuoso Grande Hotel, o melhor e mais prestigiado da cidade. Fazia suas refeições no Leite, restaurante de grã-finos. Dava ricas gorjetas a quem o servia e, por conta disso, nesses locais onde costumava aparecer era bastante festejado. Depois que conheceu Tonha e supostamente por ela se apaixonou, fez dela a sua companhia oficial em tais lugares — apresentava-a como um seu sobrinho brasileiro e, embora a maioria das pessoas que o serviam não acreditasse nesse parentesco, ninguém ousava contestá-lo.

Assim, Tonha se tornou sobrinho de mentira e amante oficial do mafioso. Tão íntimos ficaram que ela passou a frequentar, como se fosse hóspede, o Grande Hotel do Recife quando o amante lá estava. E, no quarto em que dormia com o suíço, acabou por conseguir decorar o código do cofre dentro do qual ele guardava todas as pedras preciosas que comprava e também os dólares — milhares — que trazia consigo para consumar suas transações.

Depois que tudo terminou — com um final feliz para Tonha e o acréscimo dos "milhões" ao seu nome —, ela se ajoelhou diante de nós e jurou pela própria mãe que não planejara nada. Fora tudo um rompante que lhe dera: tivera um ataque de ciúmes ao ver Bernard G. olhar para um garoto qualquer na rua com olhos de cobiça. Se roubou tudo que ele guardava no cofre e ainda por cima o denunciou por pedofilia à polícia, foi apenas por conta do desespero de um dia vir a ser abandonada, pois concluíra que o suíço acabaria por trocá-la por outro mais jovem e mais bonito.

Mas nenhum de nós acreditou nessa história — já conhecíamos Tonha o suficiente para perceber que esse fora apenas mais um dos seus muitos golpes. E, aliás, este até que fora bem simples. De posse do código que lhe permitiria abrir o cofre, num dia em que Bernard G. viajou rumo ao interior do estado para mais uma rodada de compra ilegal das pedras preciosas, ela foi à polícia e deu queixa dele — disse, com a cara mais deslavada, que tinha apenas dezesseis anos e que Bernard G. a seduzira e violentara. Assim, quando o suíço retornou ao Grande Hotel com o valioso produto de sua viagem, elementos da polícia já o esperavam. E, depois que revistaram sua mala, ele foi preso não apenas pela acusação inicial — estupro de menor —, mas também por posse ilegal de pedras preciosas.

Depois que a polícia saiu com o suíço preso, a gerência do hotel, profundamente chocada com o desenrolar da história, solicitou a Tonha que também se retirasse. Ela disse que sim, faria isso sem nenhum problema, precisava apenas arrumar suas coisas. O hotel lhe concedeu cinco minutos a sós no quarto. E esse tempo bastou para ela abrir o cofre, recolher não só os dólares, mas também as pedras preciosas que lá ainda estavam, e depois sair do Grande Hotel com o suficiente para justificar o sobrenome "dos Milhões" que logo seria acrescentado ao seu primeiro nome.

O que veio a seguir não podia ser de outra forma: a prisão de Bernard G. vazou para a imprensa e se transformou num escândalo. Contrabandista de gemas preciosas, corruptor de menores e ainda por cima judeu suíço? O ex-homem das belas gorjetas e agora criminoso preso em flagrante se viu simplesmente execrado em praça pública. Não ficou preso por muito tempo, graças à intervenção do sr. Marcel Morin, então cônsul honorário da França, que era seu amigo e, como ele, amante dos bons vinhos — mas, é bom deixar claro, não de crianças.

Uma vez solto, Monsieur G. foi convidado a se retirar do Brasil no prazo de 24 horas. Foi sob escolta policial que entrou no avião que o levaria de volta para a Europa. E, para que se tivesse certeza de que não retornaria ao Brasil, teve seu nome acrescentado à lista de viajantes de outros países que nos aeroportos eram barrados como pessoas não gratas.

Disseram as más línguas, na certa incentivadas pela própria Tonha, que, antes de partir e ainda na prisão, Bernard G. teve um último encontro com ela, no qual a perdoou e lhe declarou de novo o seu amor, que seria "eterno apesar de tudo". Mas, na época, como esse encontro ao que parece não teve testemunhas e sua única versão foi relatada pela própria, não mereceu maiores créditos a não ser daqueles da nossa turma que eram doentiamente românticos.

Eu, que era mais prático e sempre me rendia às exigências da minha imaginação de ficcionista, imaginei Bernard a chorar atrás das grades e a perguntar a Tonha: "Por que você fez essa maldade comigo?".

E ela a responder, tal como o escorpião o fez ao sapo, de modo certeiro e inflexível: "Porque a maldade faz parte da minha natureza".

Meses depois, no entanto, por acaso travei relações, digamos assim, pecaminosas com uma testemunha desse encontro: o soldado Helvécio B., do Batalhão de Radiopatrulha de Pernambuco, que fazia a segurança no Cine Art Palácio e lá também prestava serviços a certas criaturas nos banheiros masculinos. Foi num destes que ele me contou: tinha ido à delegacia onde Bernard G. estava preso e lá ouviu, sem que o pressentissem, o que Tonha e o suíço disseram um ao outro. Segundo ele, primeiro o suíço insultou Tonha de todas as formas possíveis, e ela só ficou repetindo: "Sim, pode me xingar, eu mereço!", até que começou a chorar e se entregou ao desespero. Tonha o abraçou e disse a ele: "Vai passar, meu querido, vai passar…".

E, aos poucos, Bernard G. se acalmou e então, de modo bem prático, aconselhou à ex-amante: "Pelo menos procure um dentista e trate dos seus dentes, já que agora tem dinheiro".

O que pude concluir depois de ouvir a narrativa do soldado Helvécio B.? Primeiro, que, apesar do terrível golpe que Tonha lhe aplicara, o suíço não deixara de gostar dela. E, segundo, que, por mais dinheiro que tivesse, Tonha dos Milhões não iria tratar dos dentes, como não o fez realmente e, assim, acabou por perdê-los.

Segundo — e de novo — as más línguas, naquela noite em que Bernard G. embarcou sob escolta no avião da Air France para nunca mais voltar, Tonha estava lá, escondida atrás de uma coluna no Aeroporto dos Guararapes, pois, pela última vez, queria vê-lo. Mas ela própria tratou de desmentir essa história durante uma discussão com todas nós, as outras arlequetes, na qual prometeu que nos pagaria sundaes na Confeitaria Confiança desde que nunca mais falássemos o nome de Bernard G. na sua frente.

Agora rica, Tonha não mudou uma vírgula sequer nos seus hábitos — apenas acrescentou alguns itens mais caros ao seu vestuário. No mais, continuou simples e frugal como sempre fora. Andava de ônibus, não bebia álcool, comia pouco, sumia durante semanas, em que apenas podíamos imaginar que golpes ela estaria praticando, e, quando voltava, fingia não ouvir nossos apelos para que, com todo o dinheiro que roubara do suíço, fizesse um tratamento dentário ou pelo menos nos pagasse alguma coisa. Mas ela dizia sempre "não" a qualquer proposta que a levasse a gastar um centavo que fosse e explicava que, se não economizasse, dali a pouco estaria na miséria e aí teria que recomeçar com seus golpes de novo.

E assim, frugalmente, viveu durante algum tempo, não apenas entre nós, mas como uma de nós, até que um dia, sem se despedir de ninguém — tanto que só descobrimos depois —, viajou para São Paulo. E foi lá que a revi, após muitíssimos anos, quando meus cabelos já começavam a ficar grisalhos e ela ainda tinha a mesma cara de garoto inocente e travesso. Nesse nosso reencontro fui esfuziante e ela, discreta. Eu lhe pedi um contato, ela me deu um número de telefone que, descobri depois, fora desligado por falta de pagamento. Sem nenhuma outra pista que me permitisse achá-la de novo, durante semanas voltei ao local do nosso encontro na esperança de revê-la. Mas nunca mais tive notícias da arlequete trambiqueira.

Lembranças da menina Maysa

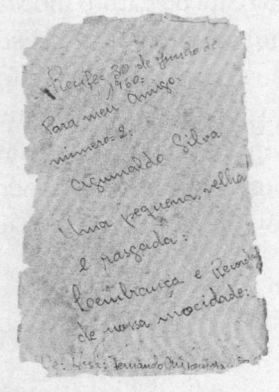

Baudelaire e amizade: dedicatória de Maysa.

E assim chegou a hora de falar sobre Fernando Antônio van der Stoven, ou Fernando Antônio Pessoa, ou "a menina Maysa", como a chamava carinhosamente nosso protetor Fogão: a criança com quem fiz um pacto que só ela cumpriu. Como, por uma dessas artes do destino, tínhamos a mesma idade e nascêramos no mesmo dia, cada um de nós, na data em que completássemos 35 anos, estivesse onde estivesse deveria se matar, pois essa seria a melhor maneira de tornar eterna a nossa juventude.

Já falei sobre esse pacto, feito na casa de Newton Farias após uma tarde de bebedeira. Assim como também deixei claro que foi Maysa quem me apresentou à turma de arlequetes, numa outra tarde em que nossos destinos se cruzaram em torno de um sundae na Confeitaria Confiança, lá no Recife... E lá demonstrou para a criança inocente que eu era, de modo irrefutável, que minha preferência sexual não era um fardo que me cabia carregar sozinho; como eu, havia muitos outros e todos eles, mesmo que à sua maneira peculiar, tinham o objetivo comum às outras pessoas — queriam ser felizes.

Fernando Antônio falava alemão com a facilidade de quem diria em bom português "Vou ali e já volto". Isso nos parecia natural, já que, como se tornara do nosso mais amplo conhecimento, era filho de família germânica, o que também ficava claro no seu sobrenome — era nada menos que "Van der Stoven". Embora seu português não tivesse nenhum sinal de sotaque, sempre que por alguma razão ele se irritava, passava a argumentar de modo escorreito na sua língua supostamente nativa o que, aos nossos ouvidos incapazes de entender sequer uma palavra dela, soava como se um cão estivesse a ladrar de modo incontrolável e perigosamente furioso.

Todas as noites, após explorarmos mais um Petronilo e já com dinheiro no bolso, pegávamos um táxi e cumpríamos o roteiro que nos levaria cada um à segurança de nossas casas. Como habitava numa mansão de portão e muros altos no bairro de Boa Viagem — era de família rica e alemã, é bom repetir isso —, Maysa era o primeiro a ser desembarcado. O ritual era sempre o mesmo — ele descia do táxi e ficava parado no portão a nos enviar adeuses e beijinhos, enquanto nós, os pobres e remediados da turma, íamos embora rumo às nossas casas mais modestas.

Maysa fazia muito sucesso entre os Petronilos, mas não se apegava a nenhum deles. Além de mim, era o único que, durante as visitas infernais que fazíamos à casa de Newton Farias, além de beber e fumar cigarros fedorentos perdia tempo a vasculhar sua extensa biblioteca, a qual seria mais tarde apreendida pela ditadura militar e sumiria para sempre. Foi dela que ele surrupiou uma lembrança, que me dedicou e que guardo até hoje — um exemplar em francês de *As flores do mal*, de Charles Baudelaire, no qual ele escreveu esta dedicatória: *"Para Aguinaldo Silva, o meu amigo número um, esta lembrança de nossa bela e eterna juventude"*.

Para ele foi eterna — sim, já que cumpriu o pacto que fizemos e se matou aos 35 anos. A mim, o que me coube foi deixar de cumpri-lo de modo a poder aqui, 45 anos depois de sua morte, lembrar meu nunca esquecido amigo Fernando Antônio.

Crianças que éramos, nunca nos detivemos sobre alguns pequenos fatos de Fernando que podiam ser considerados inexplicados ou, pelo menos, misteriosos. E um deles tinha que ver com a família dele, sobre a qual falava sempre de modo geral (mãe, pai, irmãos), mas sem nunca se deter nos detalhes, como, por exemplo, seus respectivos nomes.

Foi outro Fernando, o Matos, nome de guerra Otacília, quem primeiro chamou nossa atenção para isso: numa certa noite, depois de deixarmos Maysa do lado de fora do portão de sua casa a esperar que o táxi nos levasse embora, malandrona que era, Ota, como a chamávamos, perguntou por que ela não entrava logo em casa em vez de ficar ali parada. A suposta filha de alemães foi pronta na resposta: "Porque gosto de ver vocês indo embora e me deixando em paz, sua chata".

Essa explicação para aquele seu costume de todas as noites não podia ser mais vaga. Tanto que não satisfez à desconfiada Otacília, que passou a repetir, sempre na ausência de Maysa, que nas histórias familiares por esta contadas havia, sim, alguma coisa que parecia errada... E nós precisávamos descobrir o que era. Tanto insistiu no assunto que afinal concordamos com um plano traçado por ela: bater na porta da mansão dos Van der Stoven e pedir para falar com o filho deles quando tivéssemos certeza de que ele não estaria em casa.

E assim foi feito. Certa noite, quando sabíamos que àquela hora Maysa devia estar chegando no Quem-Me-Quer, batemos no portão da casa daquela tal riquíssima família germânica. Quem saiu da casa e veio nos atender foi uma senhora de cabelos louros e ar de valquíria que, muito educada e sem mostrar nenhum sinal de estranheza por conta de nossa aparência — afinal, éramos um bando de crianças suspeita e exageradamente efeminadas —, perguntou o que desejávamos.

"Falar com Fernando", despejou Otacília, ao que a senhora respondeu: "Que Fernando?".

Otacília explicou: "Van der Stoven, madame. Fernando não é o nome de um dos seus filhos?".

A senhora, sempre educadamente, retrucou que devia haver algum engano: "Meu sobrenome é Van der Stoven, sim. Mas não tenho filhos e nesta casa não mora nenhum Fernando".

Otacília, afirmativa como era, ainda insistiu: "A senhora tem certeza do que está dizendo?".

Isso foi demais, mesmo para uma senhora tão bem-educada. Pressentindo que havia ali alguma coisa muito estranha, depois de nos examinar um a um mais atentamente, reagiu: "Afinal de contas, por que vocês vieram assim, em caravana, bater na minha porta?".

Otacília já ia retrucar... Mas então foi minha vez de reagir com um sumário "Já chega, frango!", após o qual pedi desculpas à senhora e lhe disse que tínhamos batido no portão errado e aquilo tudo "não passara de um lamentável engano".

E, agora sob o olhar cheio de suspeita da tal senhora, tratei de arrebanhar os outros e sair dali o mais rapidamente possível, todos com os respectivos rabos entre as pernas, mas certos de que Maysa mentira o tempo todo para nós sobre seu endereço, sua verdadeira identidade e até mesmo sobre o idioma no qual de vez em quando se expressava.

Claro que, com Otacília agora a se armar em justiceira — ou vingadora, ou o que fosse —, saímos dali diretamente à cata de Maysa para cobrar dela uma explicação para o engodo. Afinal, éramos todas arlequetes, tínhamos sido batizadas com nossos nomes femininos numa cerimônia durante a qual juramos fidelidade eterna à nossa turma e prometemos que entre nós nunca haveria traições nem segredos, portanto... Teríamos que tirar satisfações com Maysa e enquadrá-la o mais rapidamente possível nas nossas regras.

Fomos encontrá-la numa mesa do Texas Bar, na zona do cais do Recife, onde ela — aos quinze anos, imagine a cena — bebia uma dose de gim que um Petronilo lhe pagara juntamente com um prato de tremoços. Ao nos ver, reagiu indignada: "Suas traidoras! Saíram para a caça e não me chamaram! Onde é que se meteram?".

Otacília, aproveitando a deixa, foi direto ao ponto: "Fomos à sua casa!". E, antes que a outra entendesse o que lhe estava acontecendo, despejou: "Falamos com madame Van der Stoven, sua suposta mãe. Ela disse que não tem porra de filho nenhum e que lá não mora nenhum frango pintoso e viciado em gim chamado Fernando!".

Foram necessários alguns eternos segundos antes que Maysa percebesse o que aquela frase de Otacília significava... Até que ela reagiu jogando o conteúdo do copo no rosto da outra aos gritos: "Você não tinha o direito de meter esse seu nariz de porca prenha na minha vida!". Sua reação foi tão violenta que Otacília, flor de pessoa que era, imediatamente se deu conta de que Maysa estava certa e, aflita, lhe implorou: "Me desculpa, me desculpa!". Mas a outra assim não o fez. Virou-se para o Petronilo e lhe disse: "Preciso de cem mil-réis!". Ele sacou da carteira e deu-lhe o dinheiro e ela — aos gritos no seu suposto e já agora desmentido idioma alemão — saiu do bar, atravessou a rua por entre os carros que passavam, dobrou a esquina mais próxima e sumiu, como se fosse num filme B de Hollywood, na escuridão do cais.

Não vimos Maysa durante cinco intermináveis noites — os dias, para nós, não contavam, já que nestes gastávamos nosso precioso tempo tentando parecer criaturas ditas "normais" da nossa idade. Até que, na sexta noite, quando Deus já deveria estar exausto e cheio de remorsos por conta dos erros que cometera na criação do mundo, Fogão nos procurou e anunciou, com aquele seu jeito sempre lacônico: "A menina Maysa quer falar com vocês".

"Vocês" éramos nós, as arlequetes, e mais o próprio Fogão, o guardião da nossa segurança, que Maysa incluíra na lista dos que estavam autorizados a ouvi-la. Fomos todos encontrá-la no lugar por ela marcado — o Bar do Grego, na rua do Bom Jesus —, ansiando por grandes e devastadoras revelações, além de um pedido de desculpas pela sucessão de mentiras que nos impingira. Mas tudo o que ela disse foi menos de meia dúzia de frases sumárias: "Não falo alemão, mas sinto que falo alemão. Não pertenço àquela família, mas sinto que sou filho dela. E como amo vocês todas, sinto, do mais profundo do meu coração, que não quero perdê-las".

E foi nada mais que isso. Ali mesmo nos abraçamos todos e sorrimos e choramos e gritamos e ameaçamos tirar a roupa toda e sair correndo pelas ruas enquanto Fogão, a apreciar com um meio sorriso aquilo tudo, ao nos ver daquele jeito, outra vez tão felizes, proclamou: "Pronto, tudo na santa paz do Senhor de novo. É assim que Ele gosta".

Ainda vivi muitas aventuras com meu amigo Fernando Maysa. A última delas, em 2 de abril de 1964, o dia seguinte ao golpe militar, quando procuramos refúgio, junto com outras pessoas, num convento de frades em Olinda. A essa altura, sem nunca deixar de ser arlequete, eu tinha publicado meu primeiro livro e me tornara jornalista e, assim como Maysa, participava dos movimentos de esquerda, mas só na categoria de "simpatizantes", a única que os "capas pretas" do Partido Comunista, todos preconceituosos, permitiam a gays notórios como nós. O jornal no qual eu trabalhava, a *Última Hora*-Nordeste, fora invadido e empastelado na manhã do dia 1º, e muitos membros de sua redação, cada um por si e para evitar a prisão que nos parecia iminente, em busca de esconderijo, foram parar no convento dos beneditinos, em Olinda, cujos bondosos e politizados frades trataram de abrir as portas aos fugitivos.

Maysa já estava lá quando cheguei, porém ficou por pouco tempo. Pois insistiu em ensinar aos frades mais jovens sua ideologia pessoal, que tinha a ver menos com o socialismo e mais com o sexo. Deve ter sido uma das raríssimas vezes que um religioso adulto foi assediado por uma criança, e não o contrário. E assim, depois de dois dias, ela foi convidada a se retirar pelos frades mais velhos, que consideraram o seu comportamento inconveniente e perigoso. Eu consegui suportar durante três dias a cela ínfima, o catre menor que eu, o colchão duro, os corredores frios e as sessões intermináveis de oração e cantoria gregoriana ou que diabo fosse aquilo, até preferir a liberdade ou a prisão, mas desde que fosse fora do convento.

Dois meses depois, sob o novo regime que se tornaria cada vez mais duro nos anos seguintes — a ditadura militar —, parti rumo ao Rio de Janeiro em busca de emprego e alguma liberdade. Lá fui acolhido por uma arlequete tardia — meu eterno e grande amigo Francisco Carlos Alves de Sousa, aliás Mão de Urso, aliás Chiquita Paff e aliás Daniela Bianchi, sua identidade final, que ela adotou depois de viver alguns anos em Paris e se tornar uma mulher deslumbrante. E assim continuei na longa, exaustiva, porém sempre gratificante, caminhada que me levaria a ser a pessoa que hoje finalmente sou e que agora — com vísivel prazer — escreve estas memórias.

A última vez que vi Fernando Maysa, numa das minhas cada vez mais raras visitas ao Recife, foi devidamente documentada em fotos que tenho até hoje. Num bar rústico, uma palhoça na praia do Janga, acompanhadas de um pescador que depois nos levaria para um passeio de jangada, eu e ela, com uma garrafa de cerveja e dois copos sobre a mesa, e o mar, quase tão esverdeado quanto os olhos dela, ali no fundo.

Depois disso, nunca mais a vi. Apenas soube que vivia isolada num sítio comprado com o dinheiro que ao morrer lhe deixara sua mãe adotiva, no qual criava pássaros, dezenas, centenas deles em gaiolas que mantinha penduradas nos galhos de uma árvore. Até que, em junho de 1978, no dia do nosso aniversário, coube a Otacília me informar que nosso querido amigo Fernando Antônio Pessoa, aliás Van der Stoven, porém tornado lendário sob o nome de Maysa, depois de soltar todos os pássaros que mantinha presos nas gaiolas, aos 35 anos se matou com um tiro de pistola.

"Esse merdinha aí escreveu um livro?"

A paixão mais perdurável: a literatura.

"Sou um caso raro de precocidade e intuição": essa frase abria a carta que enviei à Editora do Autor, em maio de 1961, junto com os originais do meu terceiro romance inédito, *Redenção para Job*, e tinha um propósito: chamar a atenção dos donos da editora — Fernando Sabino, Vinicius de Moraes, Rubem Braga e Paulo Mendes Campos — para "a minha imodestíssima pessoa".

Tinha eu então apenas dezessete anos. Durante o dia exercia a função de datilógrafo num cartório e estudava à noite — fazia o curso clássico. Tudo isso além de me dedicar com todo o afinco às aventuras que vivia junto com os outros meninos da turma das arlequetes. Não pensava no futuro, nem tinha vocação para nada. Meu pai sonhava em me ver advogado, minha mãe me queria padre, mas eu só gostava mesmo de fazer duas coisas: ler e principalmente escrever romances. E não via em nenhuma delas a possibilidade de se tornar uma futura profissão — para mim, escrever não era uma vocação, mas apenas um brinquedo de criança.

Lembro-me das noites em que chegava do Colégio Salesiano e não saía para a farra; ficava em casa martelando as teclas da minha Smith-Corona jurássica que um tio abastado me dera de presente — e pela qual depois cobrou —, enquanto os vizinhos ao lado reclamavam do barulho. Sim, escrever para mim era um brinquedo... Até o dia em que um jornalista, depois de ler os originais de outro livro meu jamais publicado, *Um pálido silêncio*, me disse que, ao escrever aquelas 178 páginas — "primorosas", segundo ele —, eu não estava brincando, e sim exercendo, já com a segurança digna de um veterano, o meu futuro ofício de ficcionista.

Como se verá a seguir, até que me tornasse jornalista, quase todas as pessoas que interferiram em minha vida ou me influenciaram nessa fase inicial exerciam essa mesma profissão... E Madame Gertrudes, aquela que traz de volta a pessoa amada em três dias, se consultada a respeito certamente veria nisso algum tipo de predestinação ou de fado, ou seja: destino.

O nome desse primeiro jornalista que conheci era Newton Farias, que já foi citado aqui em capítulos anteriores. Ele era o editor do *Jornal do Commercio* do Recife e se matou com um tiro, no dia 10 de abril de 1964, depois que a polícia invadiu a casa dele no bairro de São José pela quarta vez e retirou de lá, "para averiguação e exame", mais uma leva dos seus livros, alguns raros e todos muito queridos. Newton era um grande jornalista e um leitor voraz. A ele dediquei *Redenção para Job* quando este foi publicado, pois o tom arrogante da minha carta causou o efeito desejado e vinte dias depois de recebê-la Fernando Sabino foi ao Recife assinar um contrato de publicação comigo.

Mas não foi pelas minhas belas-letras que cheguei a Newton, e sim pelos meus belos olhos... Ou, dizia o próprio, "pelas minhas belas pernas". Pois ele tinha uma preferência da qual não fazia segredo: gostava de garotos. Assim, em sua casa éramos todos menores de idade e éramos muitos. E, hoje sinto remorsos em dizê-lo, fazíamos de sua vida um inferno. Íamos nas horas mais impróprias à redação do *Jornal do Commercio* acossá-lo com nossas loucas demandas, invadíamos a casa de vila onde ele morava no bairro de São José e escandalizávamos, com nossos cruéis jogos infantis, seus indignados vizinhos... Mas o fato é que, embora se mostrasse às vezes furioso e nos expulsasse de sua vida de vez em quando, Newton gostava muito daquela confusão que fazíamos. No fundo, éramos os semifilhos meio malditos daquele homem solitário e extremamente bondoso — éramos a sua estranha, deslocada e viciosa família.

Recordo as tardes modorrentas de domingo na casa dele, com pelo menos meia dúzia de garotos seminus a ocupar todos os cantos daquele espaço exíguo, movimentando-se como se flutuassem em meio à fumaça dos cigarros que ele fumava — muitos, às vezes dois ao mesmo tempo. Se fechar os olhos agora, verei diante de mim Fernando Maysa, que tinha esse apelido porque seus olhos pareciam os da cantora e mãe do diretor Jayme Monjardim. E nessas lembranças é como se eu estivesse no centro mesmo daquele dia em que disse para Newton Farias, numa hora em que estávamos todos amontoados na sua cama, que "brincava de escrever" — e ele replicou: "Então me mostre os seus brinquedos".

Antes de prosseguir, deixe-me mais uma vez fazer justiça a Newton Farias. Ele era um grande, imenso jornalista. Formara várias gerações de profissionais — e para isso nem todos tiveram que passar necessariamente pela casa dele e deitar na sua cama. Com alguns cheguei a trabalhar durante meus tempos de profissional lá no Recife, e de todos só ouvi palavras de profundo respeito sobre aquele de quem foram discípulos. Sua morte, poucos dias após o golpe de 1964, quando eu trabalhava na *Última Hora*-Nordeste — que fora invadida na madrugada do dia 31 de março e tivera suas instalações destruídas antes de ser fechada —, fora o meio que ele achara para dizer "não" ao que estava acontecendo e — palavras dele, talvez as últimas que me disse — "a tudo de horrível que está para acontecer no belo país em que vivemos".

Mas o suicídio dele não chegou a ser pranteado e seu enterro quase não teve acompanhantes, pois a notícia só nos chegou aos poucos. Eu mesmo só a recebi dias depois, quando passava alguns dias escondido no convento dos beneditinos, em Olinda. Lá também estava Fernando Maysa, um esquerdista fanático que, tal como Vladimir Palmeira costumava fazer no Rio, subia em postes no Recife para fazer discursos cheios de som e fúria, mas completamente despidos de significado. Eu fiquei mais algum tempo no convento, porém Maysa, como aqui já relatei (desculpe, às vezes me repito), foi expulso depois de criar situações que os religiosos consideraram impróprias e, bem... após tentar converter os frades à sua própria religião, que, para alguns deles — mas apenas alguns, é bom frisar —, era abominável. Mais tarde ele seguiria pelo mesmo caminho de Newton Farias: debaixo de uma árvore na qual, como um improvável personagem de Gabriel García Márquez, criava dezenas de pássaros aprisionados em gaiolas de bambu, Fernando Maysa se matou com um tiro no quintal de sua casa.

Mas deixemos para trás essas histórias de depressão e loucura. Quando entreguei a Newton Farias os originais de *Um pálido silêncio*, ele estava bem vivo. E estava mais ainda depois de o ler e me dizer, entusiasmado, no elevador do prédio do *Jornal do Commercio*: "Achei melhor que os primeiros livros de Jorge Amado". A cantora Isaurinha Garcia, que também estava no elevador a discutir com o ascensorista, de nome Hércules — o rapaz dormira com ela na noite anterior e por alguma razão a deixara profundamente insatisfeita —, ao ouvir isso interrompeu a discussão e perguntou a Newton: "Esse merdinha aí escreveu um livro?". A resposta de Newton: "Um grande livro". E o comentário final de Isaurinha, depois de me olhar de cima a baixo: "Duvido".

Quanto à comparação com "os primeiros livros de Jorge Amado", preferi ignorá-la, pois nunca lera nada do futuro criador de Gabriela e Tieta. Sem ninguém que orientasse minhas leituras juvenis, eu pulara de Monteiro Lobato direto para os russos. Para disfarçar minha ignorância, disse-lhe que já estava escrevendo outro livro (que seria *Redenção para Job*) e ele exigiu: "Acabe o quanto antes e me traga, eu quero ler primeiro".

Foi então o que fiz. Newton leu o livro e, numa morna e bela noite de abril daquele feliz 1961, enquanto comíamos um chambaril no Cais de Santa Rita, depois de beber duas cachaças (e eu também), ele proclamou: "Você é um escritor do caralho e precisa ser publicado".

Desde que Newton descobrira meu talento para a escrita, eu já deixara de ser um dos seus meninos e ele passara a me tratar como um igual. Mais igual ainda quando, pouco mais de um ano depois, eu me tornei jornalista. Folguedos em sua casa nunca mais; passamos a ser colegas, amigos, irmãos da mesma fraternidade, e assim ficamos até o fim da sua vida.

Mas se ele me aconselhou a publicar o livro, não me indicou o caminho para isso. E, quando lhe perguntei como fazê-lo, não me deu maiores pistas, apenas disse: "Não sei, se vira".

A essa altura eu já sabia que Recife era uma colmeia cheia de autores meio famosos, mas ainda inéditos. Como fazer para não me tornar mais uma daquelas abelhas sem edição nas boas casas do ramo? Passei dias e dias sem ter a menor ideia.

E foi então que, numa bela tarde de festa, o bando formado por Fernando Sabino, Vinicius de Moraes, Rubem Braga e

Paulo Mendes Campos desembarcou no Recife para o lançamento da recém-criada Editora do Autor e dos seus quatro primeiros livros, com direito a autógrafos dos autores (que eram eles próprios). E lá fui eu. Nunca antes tinha chegado perto de qualquer escritor "de verdade". E, ao ver a fila interminável que coleava diante dos quatro em busca de autógrafos, disse para mim mesmo: "Nem padre, nem advogado, muito menos vagabundo... É isso que eu quero pra minha vida — ser escritor e vender muitos livros".

Mas como chegar ali? Para a assim chamada intelectualidade pernambucana, aqueles quatro eram verdadeiros deuses saídos diretamente do Olimpo ipanemense para um breve safári às margens do Capibaribe. E, embora alguns autores ditos "locais" tivessem seu valor (o poeta Audálio Alves bradava seus versos no Bar Savoy e era aplaudido), a essa altura eu já me via como um "nacional", no que parecia um sonho impossível. A não ser...

E foi ali mesmo, depois que a tarde de autógrafos entrou pela noite e afinal terminou, sentado no Quem-Me-Quer — a mureta de proteção do rio Capibaribe na rua da Aurora —, que tive a ideia da carta. Infelizmente não tenho mais os originais dela: assim como outros papéis importantes, eles se perderam em uma das minhas mudanças ou foram levados pela polícia numa de suas visitas às minhas casas. Mas reproduzo aqui a orelha de *Redenção para Job*, meu romance lançado em novembro de 1961, escrita por Fernando Sabino, na qual deixa claro o quanto a leitura da minha missiva foi determinante para que prestasse atenção no romance que ela apresentava:

"Sou um caso raro de precocidade e intuição", confessou o Autor, numa carta aos editores, remetendo o seu livro que, escrito aos dezesseis anos, era "o terceiro da minha imodestíssima pessoa".

"É um bom romance. Fala sobre gente pobre, sobre revolta e beleza, e creio que se assemelha um pouco na sua estrutura ao poema de Vinicius de Moraes 'O operário em construção'."

E acrescentava:

"Sim, e tenho certeza que a Editora do Autor anda precisando disso. Afinal, o que foi que vocês publicaram até agora? Os três livros de crônicas eram três inutilidades..."

E para arrematar:

"Não, não riam, nem joguem os meus originais na cesta do lixo; leiam-nos antes, e deixem para comentar depois. Acho que dentro de algum tempo seremos grandes amigos... Ou inimigos."

Atendendo à sugestão, lemos o livro. Chegamos a acreditar que se tratasse de obra ainda inédita, da mocidade de algum escritor já consagrado, oculto sob pseudônimo. É um caso raro de precocidade e intuição, conforme afirmava a "imodestíssima pessoa". Extraordinário como romance, constituirá, sem dúvida, a revelação de um grande escritor.

Aguinaldo Silva é do Recife, onde vive; tem atualmente dezoito anos e exerce o cargo de datilógrafo num cartório; estuda à noite, não tem tempo para ler, não entrou em contato com escritores, nem se iniciou na vida literária. Trata-se, pois, de uma autêntica estreia — das mais importantes dos últimos tempos, se considerarmos o grande futuro que tem ainda pela frente a sua irresistível vocação de romancista.

Futuro em que, então, certamente, já seremos grandes amigos, a partir de seu primeiro livro publicado, num lançamento da Editora do Autor.

A notícia da minha "descoberta" como escritor (acrescida do comentário de que, quando *Redenção para Job* fosse lançado, eu me tornaria o romancista mais jovem do Brasil) foi publicada por Newton Farias na primeira página do *Jornal do Commercio*. Logo o *Diário de Pernambuco* mandou alguém me entrevistar sobre o assunto. Hélio Polito também fez uma alusão ao "novo autor, aliás, novíssimo", no programa de entrevistas *Encontro Marcado*, que ele fazia, numa época pré-videoteipe, pelo Brasil afora, inclusive na TV Rádio Clube do Recife. E essa minha súbita notoriedade foi crucial para que meus pais abdicassem dos planos que tinham para o meu futuro e aceitassem o fato de que eu seria "apenas isso, porque assim o queria", ou seja, um autor de livros.

Na casa de Newton Farias minha súbita ascensão provocou traumas entre os outros garotos (houve quem dissesse que era ele que tinha escrito meu livro) e deixei de ir lá. Não tinha importância, agora era na própria redação do *Jornal do Commercio* ou então nos botequins da madrugada frequentados por jornalistas que eu e ele nos encontrávamos e falávamos sobre o meu "glorioso futuro".

Naquele momento os bastidores da política pernambucana, reflexo do que acontecia no país — Jango e toda aquela balela sobre a tal "república sindicalista" —, já ferviam. Mas eu não me importava com isso. Na lista das minhas possíveis preocupações só havia lugar para uma delas: o meu "glorioso futuro", quando deixasse de ser um mero datilógrafo de cartório e me tornasse um escritor notório.

Redenção para Job foi enviado à Editora do Autor em maio de 1961. Em novembro ele era lançado com grande estardalhaço na Livraria Eldorado, *point* de todos os intelectuais em Copacabana, no Rio. Antes disso, ainda em maio, Fernando Sabino foi ao Recife para me conhecer e providenciar minha assinatura no contrato de edição, que na verdade não tinha valor, pois eu era menor e não podia assinar coisa nenhuma. Essa visita do escritor famoso, que mereceu cobertura de rádios e jornais, para mim aconteceu na hora mais imprópria — eu, também precoce nesse terreno, tinha pegado numa das minhas noitadas o que pensava ser gonorreia (felizmente não era).

Disposta a me ver enfatiotado como ela imaginava que seria um escritor famoso, minha mãe foi à Camisaria Aliança, na rua da Palma, e me comprou um terno de tropical, tecido muito em voga na época, o qual, depois que vesti, me pareceu uma câmera de tortura de tanto que me pinicava o corpo todo. O terno, a sensação de culpa por causa da suposta gonorreia (apenas uma irritação, mas que me causava profundo desconforto), minha timidez quase doentia, tudo contribuiu para que meu encontro com Fernando Sabino (na casa de Joel Pontes, um crítico literário pernambucano de muito prestígio) fosse um fiasco. A certa altura, muito sabiamente, o autor de *O encontro marcado* sugeriu que mudasse meu sobrenome para Lins; mas me recusei a fazê-lo. E quando ele fez alusão à minha altura, de modo brusco sugeri: "Quem sabe eu não devia esquecer esse negócio de literatura e me tornar um jogador de basquete?".

Pouco nos falamos depois que ele fez o elogio ao livro. Não tínhamos muito o que nos dizer — ele era um adulto famoso e eu, uma criança perdida no meio de um redemoinho, só conseguia pensar na hora, cada vez mais próxima, em que deveria procurar um médico que, sadicamente, me receitaria dolorosas injeções de Benzetacil. Assim, antes mesmo que meu "encontro marcado" com Fernando Sabino terminasse, eu já concluíra que fora um desastre.

"Depois disso, é claro que ele não vai mais publicar meu livro", disse a Newton Farias, naquela mesma noite, num boteco do Cais de Santa Rita, sem lhe explicar por que pela primeira vez me recusara a provar o gole da cachaça que ele sempre me oferecia (eu sabia que penicilina e álcool não combinavam). E só na manhã seguinte, quando o médico riu dos meus temores e disse que, para o que eu tinha, bastava usar com certa moderação uma pomada chamada Hipoglós (ou seja, nada de dolorosas injeções de Benzetacil), é que recuperei o ânimo de novo e pensei que, afinal, eu era apenas uma criança; e apesar do meu ridículo terno de tropical quadriculado, Fernando Sabino certamente levaria isso em conta e não daria maior importância ao "apagão" que eu tinha sofrido diante dele.

E foi o que aconteceu. A Editora do Autor não desistiu de publicar o livro, mesmo que o autor lhes parecesse desinteressante. E, nos meses que antecederam o lançamento, outra vez aconselhado por Newton Farias, tratei de incorporar alguns detalhes à minha figura (como usar óculos escuros à noite) que me tornaram, digamos assim, à falta de outra coisa, alguém mais interessante. De todo modo, a longa espera até a noite de autógrafos para mim foi uma espécie de vestibular: quando ela aconteceu, a mocinha arlequete que eu ainda era já se tornara uma celebridade pernambucana.

Minha ida ao Rio de Janeiro se deu naquele mês de novembro. Fui a bordo de um Constellation, numa viagem que fazia várias escalas e durava seis horas. Isso só foi possível depois que meus pais me colocaram sob a responsabilidade de Hélio Polito e Luís Jatobá, dois jornalistas que seguiam no mesmo voo. Eu, que nunca entrara num avião, lá estava, ao lado de Jatobá — que cantarolava as músicas de Frank Sinatra enquanto consumia uísque o tempo todo —, metido outra vez no meu tenebroso terno de tropical quadriculado (eu o queimei meses depois, após uma discussão terrível com minha mãe, da qual me arrependo até hoje), a tomar de vez em quando uns goles oferecidos à sorrelfa pelo meu vizinho de poltrona e a pensar que, meu Deus, minha vida nunca mais seria a mesma depois daquilo...

Até que desembarquei no antigo Galeão e ouvi de Otto Lara Resende, que era grande amigo dos editores e fora encarregado de me receber no aeroporto, que o voo atrasara e nós tínhamos que correr, pois a essa altura a noite de autógrafos já estava quase terminando.

Não vou falar dessa minha primeira travessia noturna do Rio de Janeiro, com Otto Lara Resende a me apontar uma coisa aqui e outra ali sem que eu realmente as visse, porque não me lembro de nada. Aliás, me lembro, sim, pelo menos de duas coisas: não havia as favelas que hoje ocupam mais de um terço da cidade, que era, pelo menos aos meus olhos, ao contrário do Recife, pouquíssimo iluminada.

Do que me lembro mesmo, e tenho certeza de que não me esquecerei até a morte, foi entrar na Livraria Eldorado superlotada e logo ver uma mulher, quase uma extraterrestre de tão linda, sentada numa escada a me olhar com dois verdes olhos críticos. Perguntei a Fernando Sabino, que a essa altura já se aproximara, "quem era aquela" e ele respondeu: "Clarice Lispector. Está louca pra te conhecer, ficou esperando até agora".

Ele me levou até a mulher, que desceu da escada, estendeu para mim a mão mais sedosa que já apertei em toda a minha vida e disse, com uma voz única: "Muito prrrrrrazerrrrr querrrrrido...". E mais baixo, bem próxima do meu ouvido: "Tem cerrrrrrteza que você não é uma menina?".

E essa foi apenas uma das muitas loucuras daquela longa noite. Dei algumas dezenas, sei lá, talvez centenas de autógrafos, mesmo dividindo as glórias do evento com outro romancista, Autran Dourado, que lançava seu livro *A barca dos homens*. E também cometi todas as gafes a que tinha direito. Por exemplo: não saber quem era Lêdo Ivo; aceitar o convite de um desconhecido para me hospedar em sua casa (na verdade, fiquei no Hotel Ipanema, que ficava no lado do Leblon, no Jardim de Alah, e não existe mais); e dizer, numa entrevista a Darwin Brandão que seria publicada no *Correio da Manhã* com grande estardalhaço, que achava Graciliano

Ramos um chato e não conseguira passar da décima página de *Angústia*.

Ou seja: sem que fosse de propósito, fiz todo o necessário para que minha passagem pelo Rio se tornasse notória. Tanto que, três dias depois do lançamento, de novo levado por Otto Lara Resende, que fazia o papel de cicerone e meu motorista oficial com o maior gosto, atendi a um convite que, segundo ele, "seria o equivalente a ter uma audiência com o papa": fui almoçar com Adolfo Bloch no restaurante da revista *Manchete*, na rua Frei Caneca.

Participaram do almoço várias pessoas notórias — alguém a quem chamavam de ministro, outro de deputado... Uma grande e bela atriz também estava lá, não sei se Tônia Carrero ou Maria Della Costa, mas Adolfo deu a todos a mesma atenção. Até a mim. Tanto que, a certa altura, com aqueles olhinhos de gavião a olhar dentro dos meus olhos, perguntou: "Você não quer ficar comigo?". Já em pânico por conta da proposta — afinal, Adolfo Bloch não era nenhum Marlon Brando —, olhei para Otto, e este, para que não me restasse dúvida nem receio, tratou de esclarecer a natureza do convite: "Seu Adolfo está perguntando se você quer trabalhar aqui na revista *Manchete*".

Aliviado, respondi que não, me achava muito jovem, ainda não tinha chegado a hora de sair da casa dos meus pais... E nem acabara o curso clássico!

Não sei se o convite de Adolfo Bloch era para valer. E muito menos sei se, de temperamento mercurial como ele era, suportaria durante muito tempo a minha presença (anos depois, aos gritos, ele expulsou o jornalista Fernando Zerlotini da redação da revista *Manchete* só porque o coitado — que, não por acaso, era gay — tirou o paletó e o colocou sobre o espaldar da cadeira). Mas eu fora sincero quando lhe disse que era muito jovem. Só que, três anos depois, eu continuava jovem, porém, impulsionado pelos assim chamados ventos da História, me mudara para o Rio de Janeiro, onde passei a morar sozinho e, já como jornalista, fui trabalhar no jornal *Última Hora*.

Mas antes...

Minha volta ao Recife foi no mínimo tumultuada. *Redenção para Job* se tornou um sucesso. E na cidade em que eu morava o livro esgotou em apenas um dia, quando um professor da Faculdade de Medicina — notório radical direitista — entrou na Livraria Moderna, comprou todos os exemplares lá expostos bem na porta e os lançou com grande estardalhaço no rio Capibaribe diante de uma dezena de jornalistas que ele mesmo havia convocado e aos quais explicou que tudo que fora escrito por mim naquele livro não passava da "mais pura imoralidade".

Escândalo! Num editorial redigido por Newton Farias, o *Jornal do Commercio* lembrou ao indigitado catedrático que os nazistas tinham sido os últimos a destruir livros em praça pública. Durante alguns dias o jornal deu voz a mim e a ele para que travássemos um debate que logo se transformou numa troca de insultos e na primeira de muitas das brigas que tive — e vale a pena dizer que, embora algumas tenham me dado dores de cabeça, na média geral me divertiram muito. A Livraria Moderna providenciou uma nova compra de exemplares do livro, que dessa vez não foram parar no fundo do rio Capibaribe, e sim nas mãos de leitores ávidos por saber se ele continha ou não as imoralidades que o tal professor apregoava... E quais.

Virei best-seller e figurinha descolada em minha própria terra sem deixar, ao mesmo tempo, de ser fiel à irmandade das arlequetes, mas essa notoriedade durou só alguns meses. Para evitar a ressaca, continuei a trabalhar como datilógrafo no cartório, onde me dividia entre os traslados e a redação de *Cristo partido ao meio*, que seria o meu segundo livro publicado, dessa vez pela editora Civilização Brasileira. E voltei à velha rotina, até que — de novo — Newton Farias, diante de um chambaril, no botequim de sempre do Cais de Santa Rita, certa noite me perguntou: "Já ouviu falar em Samuel Wainer?".

Não, eu nunca ouvira falar na tal criatura, mas talvez soubesse vagamente da existência do jornal *Última Hora*. Newton me disse em rápidas palavras quem era Samuel e adiantou: "Ele está com planos de criar um jornal novo aqui no Recife, a *Última Hora*-Nordeste, para isso vai formar uma equipe nova, e, quer saber? O cara que escreveu *Redenção para Job* pode muito bem se tornar um belo de um repórter".

Até 1962, ser jornalista nunca me passara pela cabeça. A mesma coisa posso dizer em relação à minha profissão atual, de escritor de novelas para a televisão. Até 1978, quando deixei o jornalismo e fui trabalhar como roteirista na TV Globo, nunca assistira a uma novela completa. Saía muito tarde das redações e, em geral, só acompanhava as novelas quando ficava em casa nas minhas noites de folga, mas sem jamais me interessar muito por elas. Mas Newton Farias tinha razão. Nos dezesseis anos em que exerci a profissão, se tem uma coisa de que posso me orgulhar é do fato de que fui o que ele previu: um bom jornalista, não só quando trabalhava nos jornais como agora, quando faço extensas reportagens enquanto finjo que estou escrevendo novelas.

Mas o fato é que, apadrinhado por Newton e por causa do conteúdo considerado político do meu livro, caí nas boas graças de Milton Coelho da Graça e Múcio Borges da Fonseca, escolhidos entre a mais fina flor do jornalismo paulista e carioca para lançar no Recife a *Última Hora*-Nordeste. E foi assim que a menina arlequete, agora já uma mocinha, ingressou na profissão que, a partir daí, seria sempre a sua do coração: a de jornalista, na qual posso dizer que, na medida do possível, combati sempre o bom combate e, portanto, não fiz feio.

2.
Esta não é uma profissão para mariquitas

*Corria o mês de outubro do aziago ano de 1964 quando, numa
certa noite, meu amigo Chiquita Paff, nome de batismo Francisco
Carlos, com quem eu dividia um andar inteiro de um sobrado na
Lapa, resolveu me ensinar a andar de salto alto. Mas atenção: não
era um salto qualquer, era um doze, sobre o qual ela caminhava
como se fosse um pássaro a flutuar nos ares. Eu relutei, mas me en-
quadrou de modo sumário: "Deixa de ser veado!". E me obrigou
a ficar só de sunga zazá, ou seja, quase nu, pois, segundo ela, as
roupas tolheriam meus movimentos: "Não faz sentido obrigar um
pássaro a usar meias", frisou.*

*Depois de alguma hesitação e até choramingos, calcei os sapa-
tos de tamanho 42 que ela mandara confeccionar num famoso sa-
pateiro carioca especialmente para seus pés nada femininos e que,
quase irmãos gêmeos que então éramos, couberam nos meus como
luvas, se é que você me perdoa o trocadilho.*

*Calçar os sapatos foi fácil. Ficar de pé sobre os saltos doze
se revelou apenas um preâmbulo do que viria depois — minhas
pernas tremeram. E o "depois" foi rápido — mal dei o primeiro
passo e já caí de joelhos. Meu amigo Chiquita, que depois se tornaria uma mulher deslumbrante autobatizada Daniela Bianchi, ao me ver seminu, ajoelhado no chão e de saltos altos, teve
a reação de sempre: soltou uma gargalhada daquelas de se ouvir até na esquina, disse que eu estava parecendo uma galinha
choca e, quando conseguiu ficar séria outra vez, ordenou: "Tenta
de novo!".*

Tentei e tentei... E fracassei muitas vezes. Meus passos sobre os saltos agulha, mesmo que trôpegos, provocavam um toc-toc cada vez mais forte no assoalho de madeira, para desespero dos vizinhos do andar de baixo, que começaram a reclamar do barulho, mas silenciaram ao ouvir a reação de Chiquita — que além de linda era ótima de briga e, a certa altura, lhes gritou: "Se eu descer e bater aí na porta, se preparem, porque não vai prestar...".

As reclamações cessaram e eu, sob a fiscalização de Chiquinha (era outro codinome dela), continuei, em cima dos saltos doze, com meus toc-tocs, que foram ficando cada vez mais firmes, até que consegui dar um pivô como faziam as modelos e as misses de antigamente, e então meu amigo proclamou: "Pronto. Agora você já sabe andar de saltos altos e está pronto pra enfrentar a vida!".

E não é que Chiquita Paff estava certa, gente?... Porque, nos anos todos que se seguiram e até mesmo agora, aos oitenta, por mais que me tenham surgido obstáculos pelo caminho, a verdade é que eu nunca mais caí dos saltos.

Quando o fato beira a ficção

Jornalista sem medo do mundo cão.

Dia desses — há pouco menos de uma década —, tentando fugir do trânsito caótico do Rio de Janeiro, enquanto seguia pelo Alto da Boa Vista entrei numa rua secundária. E fui parar numa favela cujas vielas foram se estreitando até que meu carro ficou entalado numa delas, sem que eu conseguisse manobrar. Um amigo que seguia comigo no carro entrou em pânico e perdeu o controle: "Essa favela é perigosa, vão achar que a gente é da polícia, vão nos fritar no micro-ondas, vão nos matar!".

Dei-lhe, no melhor estilo dos filmes de Hollywood, um tapa na cara para que ele se acalmasse... E logo depois vi quando um garoto saiu de um dos barracos e ficou parado ali na porta a nos observar.

"Aquele merdinha é um olheiro!", começou a gritar meu amigo, mas parou quando levantei a mão outra vez e ameacei lhe dar outro tapa. Enquanto o garoto, observado por mim pelo retrovisor, depois de fechar com o maior cuidado a porta de casa, saiu correndo pela viela através da qual havíamos chegado àquele impasse até sumir lá no fundo do beco sem saída.

"Ele foi chamar os soldados do tráfico!", disse o meu amigo. E, ali com meu carro entalado na viela, não tive como discordar.

Esqueci de dizer que era véspera de Natal, fazia um dia lindo de verão carioca e cheguei a pensar que — não era justo! — aquele não era o melhor dia, nem aquela a hora certa para morrer. Antes de ver pelo retrovisor que o garoto estava de volta, agora com quatro adolescentes armados de fuzis.

Mal chegaram junto de nós, um que parecia ser o "comandante" da tropa ordenou que eu abrisse o vidro e, claro, obedeci. Depois de olhar para dentro do carro, ver meu amigo a morder os beiços de pavor ao meu lado e os pacotes de presentes sobre o banco traseiro, ele me perguntou: "Que é que tá pegando, vovô?".

E então, tentando ignorar o fuzil que apontava direto para o meu peito, olhei para ele e, como o velhinho frágil que na verdade sou, aflitamente lhe disse: "Eu errei o caminho e me perdi, meu filho, e agora preciso de ajuda, não consigo manobrar meu carro pra sair daqui!".

O rapaz do fuzil ficou a me olhar por um instante sob a expectativa do garoto e seus companheiros... Até que me disse: "Dá pro vovô descer?".

Obedeci e, sob a mira dos fuzis dos outros, fiquei ali de pé, enquanto o rapaz entrava no Volvo XC-60 e assumia o volante com uma intimidade de quem o dirigia havia anos — com meu amigo do seu lado a se fingir de morto. E numa sequência de manobras rápidas e peritas, conseguiu pôr meu carro de frente para a saída, depois desceu dele e me disse: "Agora o vovô já pode ir".

Agradeci acho que um milhão de vezes. Depois entrei no carro, olhei para o meu amigo e me certifiquei de que ele ainda estava vivo, embora parecesse morto. E já ia dar partida quando o rapaz que manobrara se adiantou e, apontando em direção ao banco traseiro, perguntou: "E aqueles presentes, hem, vovô?".

Talvez você que me lê não desse a mesma resposta que eu numa hora dessas. Mas a minha longa vida como jornalista policial me ensinou a ser safo e rápido no gatilho, além de cínico quando fosse necessário; por isso, respondi da única maneira que aquele rapaz consideraria correta: "São todos pra você".

O rapaz mandou que seus companheiros recolhessem as sacolas todas e depois que eles terminaram a tarefa ainda me disse: "Vai com Deus".

Ao que arrematei: "Que Ele fique com nós todos".

E dei partida no carro, sem a menor pressa, com um sorriso beatífico nos lábios.

Nesses anos todos, agora já passados, em que me envolvi com tipos e situações relacionados com minha profissão de jornalista de assuntos policiais, nunca me veio à cabeça a pergunta que agora, enquanto escrevo este texto, me faço: Como é que não morri? Por que não amanheci, como tanta gente, num local ermo, numa vala qualquer, "com a boca cheia de formigas", como se dizia na época sobre os que tombavam vítimas da violência?

Talvez porque, enquanto produzia esses textos, eu nunca parasse para pensar e ter medo. Apenas fazia o que me pediam, que era relatar, de modo pessoal, aqueles fatos terríveis. Não, nunca tive medo, como tenho agora de sair nas ruas de Copacabana, por exemplo, com um relógio no pulso, por mais barato que ele seja.

O que isso significa? Que aqueles fatos, que então me pareciam terríveis, eram apenas o ensaio do que hoje se considera a rotina do Rio de Janeiro, esta que é vivida por seus moradores sem maiores espantos. Nos anos 1970, 1980, tudo que os jornais noticiavam parecia o pior em matéria de ações criminosas... Mas esse era apenas o começo.

"Sensacional: Marilyn Monroe morreu!"

Quando uma reportagem dava errado,
ganhava a literatura.

Dia 5 de agosto de 1962. Enquanto dedilhava a velha máquina
de escrever do jornal *Última Hora*-Nordeste — no qual fora
admitido havia pouco tempo como repórter —, vi quando
Múcio Borges da Fonseca, editor-chefe, levantou o corpo
enorme da cadeira e se dirigiu à sala dos teletipos. Era uma
ação que ele repetia compulsivamente de hora em hora, à qual
ninguém na redação dava maior importância, e da qual voltava sempre decepcionado e a resmungar que "além da droga
de um furacãozinho na Jamaica, não acontecia nada na porcaria desse mundo".

Mas dessa vez sua reação seria diferente, e dela resultou
a primeira grande lição que aprendi sobre o jornalismo: não,
senhores, esta não é uma profissão para mariquitas. Ainda na
sala dos teletipos, Múcio soltou um berro terrível: "Sen-sa-
-cio-nal!", gritou, estendendo o quanto pôde cada sílaba, e ar-
rematou: "Já temos a manchete!". E a seguir saiu de lá e anunciou para a redação inteira, a essa altura paralisada: "Marilyn

Monroe tomou uma porrada de pílulas e se foi desta pra melhor... A deusa do sexo está morta e acabada!".

Múcio Borges da Fonseca não era sempre assim tão cínico — quando não estava em pleno ato de criar uma boa manchete para o jornal que editava, era a mais gentil das criaturas. E foi assim que me pareceu quando, a seu convite, me coloquei diante dele na redação da *Última Hora*-Nordeste para ouvir uma proposta de emprego. Meses antes fora publicado *Redenção para Job*, meu primeiro romance. Mas, de volta do lançamento no Rio de Janeiro, achei que nada mudara em minha vida e, assim, retomei meu emprego de datilógrafo no cartório. O que eu não sabia era que, apadrinhado por Fernando Sabino, Rubem Braga, Vinicius de Moraes e Paulo Mendes Campos, donos da Editora do Autor, que lançara meu livro, e recomendado por Newton Farias, que era editor do *Jornal do Commercio* do Recife, me tornara candidato a uma vaga na sucursal pernambucana do periódico de Samuel Wainer, para a qual, naquele nosso primeiro encontro, Múcio me convidara.

Talvez por conta de tanto apadrinhamento, não senti durante nossa conversa maiores entusiasmos da parte dele em relação a mim. À minha pergunta se já tinha lido meu livro, ele respondeu de modo curto e grosso: "Ainda não tive tempo". Eu mesmo não estava tão empolgado com aquela possibilidade de mudar de emprego, já que me sentia muito bem datilografando traslados e escrituras lá no cartório e ganhando muito bem por isso. Mas Milton Coelho da Graça, o segundo na hierarquia do jornal, que a certa altura entrou no papo, depois de ouvir duas ou três frases titubeantes da minha parte encerrou o assunto ao proclamar: "Você vai trabalhar no turno da noite e, para começar, vai cobrir o aeroporto".

E aí tudo ficou mais interessante. De jornais eu só tinha a pouca experiência das leituras. Minha única referência sobre o comportamento de um repórter era a atuação de Kirk

Douglas no filme de Billy Wilder *A montanha dos sete abutres*. Mas o Aeroporto dos Guararapes era quase meu território privado. Era para lá que ia com meus amigos arlequetes muitas noites e onde ficava até o dia amanhecer sempre em busca de novidades. Depois da zona de prostituição, era o lugar que eu mais frequentava. Dele conhecia todos os buracos e havia muito me tornara íntimo de grande parte dos seus personagens noturnos.

Graças à facilidade com que me movimentava pelos desvãos do Aeroporto dos Guararapes, não era difícil para mim saber quem chegava ou saía nos voos, nem impossível descobrir o que os levava ou trazia se fossem figuras conhecidas. Ou, se desconhecidas, quem eram e por que estavam jantando àquela hora no restaurante enquanto falavam aos sussurros ou visivelmente conspiravam. Um garçom que se aproximava da mesa na hora certa era a melhor fonte... E também o era a atendente de balcão, que sabia quem pedira para viajar ao lado de quem durante os voos da madrugada.

Assim, como reconheceu Milton Coelho da Graça, após dois meses como setorista noturno do aeroporto "saí melhor que a encomenda". Tanto que já no segundo mês de trabalho levantei uma história que se transformou num grande escândalo.

Ainda que sob a vigilância permanente da ditadura, do ponto de vista da resistência cultural vivíamos tempos muito interessantes. E neles se incluía o crescente prestígio do chamado Cinema Novo. Entre as estrelas que este lançara havia uma negra belíssima: Luiza Maranhão, gaúcha de nascimento, mas baiana de adoção, tivera sua estreia em *Barravento*, primeiro filme de Glauber Rocha, e agora era o principal nome feminino de *O assalto ao trem pagador*, o megassucesso de Roberto Farias.

Luiza era também cantora. E como cantora viera se apresentar num programa de variedades da TV Rádio Clube, segundo me disse após descer do avião, quando a abordei enquanto esperava que trouxessem sua bagagem. A emissora tinha reservado para ela um quarto no Hotel Guararapes, no centro da cidade. Quando seguiu para lá, tratei de ir atrás na esperança de, naquela noite mesmo, entrevistá-la. Luiza, tão negra quanto a mais africana de todas as princesas núbias, entrou no hotel e apresentou o voucher que lhe dava direito a um quarto ali reservado com antecedência. Mas o recepcionista, depois de a olhar de cima a baixo, disse que ela não podia ficar lá.

"Porque sou negra?", ela perguntou, na bucha. E o recepcionista disse que não: "Porque é mulher, porque está sozinha, e só depois porque é negra... E, portanto, não vai ficar aqui nem morta".

Eu sei, é difícil de acreditar, mas naquele tempo mulheres que se hospedassem sozinhas num hotel não eram bem-vistas pelos próprios, ainda mais se escrevessem em suas fichas de hospedagem, no item "estado civil", que eram solteiras.

Quando saiu do Hotel Guararapes arrastando sua mala, Luiza me disse: "Eu não vou chorar". Mas as lágrimas já lhe escorriam pelo rosto. Eu a coloquei num táxi e segui com ela para outro hotel, o São Domingos, com o qual a *UH*-Nordeste tinha um acordo. Expliquei o caso na recepção e ela foi aceita como hóspede. Deixei-a no seu quarto, fui direto para a redação e escrevi a matéria, que rendeu minha primeira manchete na edição do dia seguinte. E a exclusividade na cobertura da passagem de Luiza pelo Recife, incluindo a inevitável sessão de fotos dela, de biquíni, na praia de Boa Viagem.

Como disse Milton Coelho da Graça ao sugerir a Múcio, numa alusão sutilíssima a Federico García Lorca, um título meio poético para a minha matéria (que, aliás, foi recusado): "Racismo é simples de madrugada". E é, sim — para o candidato a repórter que eu ainda era, perto do que enfrentaria nos próximos anos aquela história de racismo contra Luiza Maranhão não era nada.

Meses depois, no meu dia de folga, Múcio me mandou a ordem através de um mensageiro (telefone naquela época era coisa rara): "Trata de arrumar a mala e vem correndo pra redação". É que eu fora escolhido para acompanhar a comitiva de Miguel Arraes que, naquela noite mesma, partiria para a campanha do sertão, onde — Milton proclamou aos berros quando lá cheguei — "na próxima eleição vai ser o tudo ou nada".

O sertão: eu nunca fora além de Garanhuns (localizado na zona temperada) e dele só sabia o que tinha lido em livros que nunca me empolgaram. Porém passaria a saber muito mais agora, por conta de uma viagem difícil e bastante tumultuada. Miguel Arraes entendia que nunca poderia conquistar a simpatia dos coronéis do sertão, e menos ainda os votos de cabresto que eles administravam. Mas teria pelo menos que conseguir acalmá-los. Sem prometer coisa nenhuma, devia passar para donos da região a impressão de que, mesmo ganhando, "os comunistas não mudariam nada". Mais do que parte da campanha eleitoral — embora estivessem programados comícios —, e embora Arraes não o reconhecesse, a viagem seria vista pelos coronéis que mandavam na região como uma espécie de discreto beija-mão.

Para o candidato a repórter que eu ainda era, foi tudo muito difícil. Uma rede de proteção se armara em torno de Miguel Arraes — cada um dos que o cercavam tinha sua própria ambição futura e enxergava sinais de perigo em qualquer outro que dele se aproximava.

Além disso, aos dezoito anos eu era só um garoto solto de paraquedas no meio daquele ninho de ratos disfarçados de cobras. E, por mais que me esforçasse, nunca estive à altura da importância da missão que Múcio me confiara. Escrevia meus textos à mão, mas às vezes tinha de partir de uma cidade e viajar duzentos quilômetros antes de achar um portador de confiança pelo qual pudesse mandá-los. Para desespero do meu editor-chefe, minha cobertura da "tomada do sertão" sempre chegava à redação atrasada.

Além disso, minha visão pessoal do que estava acontecendo não combinava com o que o jornal de antemão idealizara: o relato de uma jornada épica e, sem dúvida, vitoriosa. Eu falava do que via; e a descrição fiel do que via — a longa espera de Arraes e seus acompanhantes até que o coronel da vez decidisse recebê-lo para uma conversa rápida que beirava a hostilidade, ou os comícios improvisados aos quais comparecia menos de uma centena de pessoas arrebanhadas às pressas, e todas muito assustadas —, nada disso era o que o jornal desejava.

No final de um dos meus textos, escrito às pressas numa cidade chamada Cabrobó e entregue a um motorista de ônibus, que o levaria em sua viagem até o Recife e lá o entregaria a um funcionário do jornal, depois de narrar o modo como Arraes fora praticamente ignorado pelo coronel local, dei-me ao luxo de fazer um comentário pessoal: "Estou triste". Soube depois que, ao ler isso, Múcio saiu a arrancar os cabelos pela redação enquanto proclamava: "Triste estou eu, porra!".

Meses depois, quando me associei ao colega de redação Aron Mandel e à atriz Aurora Duarte, e juntos criamos o Teatro de Equipe de Pernambuco, que fez com grande sucesso uma remontagem de *Auto da Compadecida*, de Ariano Suassuna, sempre que Aurora entrava no palco e proclamava: "A atriz que vai fazer o papel de Nossa Senhora se declara indigna de tão alto mister...", eu me lembrava do meu fracasso na cobertura da "tomada do sertão" por Miguel Arraes e corava de vergonha, pois, sim, na ocasião eu fora indigno daquele tão alto mister.

Mas se o jornalista incipiente que eu ainda era não se saiu bem nessa sua primeira "grande missão", a verdade é que ela rendeu bons frutos ao ficcionista. Pois 42 anos depois, no prólogo pernambucano da telenovela *Senhora do Destino*, eu resgataria as minhas lembranças de Belém do São Francisco, primeira cidade do sertão que visitei com a comitiva de Arraes durante a histórica e malfadada viagem. Foi lá que conheci o motorista de caminhão que, na pele do ator Rodrigo Hilbert, dá carona a Carolina Dieckmann e seus filhos.

Na vida real, o tal motorista acompanhava o comício da boleia do caminhão, e eu subi no estribo deste para ver melhor enquanto Arraes falava para uma centena de gatos-pingados. A certa altura, não resisti e expressei minha vontade e meu desejo: "Ele tem que ganhar essa eleição", eu disse. Ao que o motorista murmurou, de modo a não deixar a menor dúvida: "Ele vai ganhar... Mas não vai ficar muito tempo no poder e aí a gente perde tudo".

Quem era ele para afirmar uma coisa dessas com tanta certeza?, perguntei. E ele respondeu: "Alguém que se acostumou a prestar atenção no que vem pela frente... Um motorista de caminhão que também é cigano".

O único tom possível para contar como foi o dia 7 de outubro de 1962, data da eleição em Pernambuco, seria o épico. Nós, os repórteres da *UH*-Nordeste, representantes do jornal criado especialmente para apoiar a campanha de Miguel Arraes a governador, já estávamos em nossos postos a partir de seis horas da manhã e muitos — eu entre eles — ficamos durante três dias sem dormir, a perambular pelos corredores do Tribunal de Justiça, onde a interminável e tumultuada apuração ocorria.

No final, Arraes ganhou de João Cleofas, o candidato da direita, com pouco mais de 48% dos votos, mesmo perdendo feio no sertão. A vitória foi comemorada nas ruas num carnaval improvisado no qual todos nós do jornal de Samuel Wainer nos despimos de nossa capa de imparcialidade e nos misturamos como cidadãos comuns à multidão para participar do coro puxado por José Wilker e Terezinha Calazans, que cantava: "Burguesia saiu da pista/ a vez agora/ é dos comunistas".

Novos tempos, grandes esperanças. Que infelizmente logo se desvaneceram. Mas, enquanto duraram, vivemos a liberdade como nunca. Nós, jornalistas da *UH*-Nordeste, sem sofrer nenhum tipo de restrição, entrávamos e saíamos como se fôssemos moscas do Palácio do Campo das Princesas, onde o governador passara a morar no dia 1º de janeiro de 1963, quando tomara posse. E certa vez, quando atravessava um dos seus corredores tarde da noite, dei de cara com o próprio Arraes, sentado em seu gabinete, com os pés sobre a mesa... De chinelos e pijama. E, ao testemunhar essa cena naquele local tão solene, pensei: "Isso, sim, é a liberdade".

Era tudo tão novo, tão intenso e belo, só se falava de arte, o que se respirava era cultura. Mas, ao contrário do motorista cigano lá de Belém do São Francisco, a gente não aprendera a ver o que vinha pela frente. Meses depois, na madrugada do dia 1º de abril de 1964, tal como ele profetizara (e mesmo sem saber disso ainda), nós perdemos tudo. Na noite anterior, quando saí da redação em meio à preocupação geral por conta das notícias sobre a movimentação de tropas militares em Minas e no Rio, não podia imaginar que nunca mais voltaria lá; horas depois o local seria invadido pelos militares e a *Última Hora*-Nordeste ganharia na história da chamada revolução de 1º de abril uma nota de pé de página como o único jornal do país que teve suas instalações destruídas. Sua sede funcionava num sobrado, no fundo de uma rua residencial sem saída, e, segundo me disseram — preferi não ver com meus próprios olhos —, desde o empastelamento o local nunca mais foi ocupado e hoje está em ruínas.

Antes do amanhecer do dia 1º de abril de 1964, Múcio Borges da Fonseca e Milton Coelho da Graça já tinham sido presos. Mas depois que amanheceu e durante boa parte do dia, enquanto Arraes, cercado pelos militares no Palácio do Governo, se recusava a renunciar "para não trair os que o elegeram", nós, jornalistas, falávamos em reagir, ir para o sacrifício, fazer o que fosse preciso, talvez lançar uma edição clandestina da *Última Hora*-Nordeste, nem que fosse mimeografada. E para isso — santa ingenuidade —, enquanto alguns, comandados por Anderson Campos, redigiam textos candentes conclamando o povo à resistência, um mimeógrafo foi providenciado: o do Sindicato dos Jornalistas, surrupiado e depois levado, até hoje não sei como, para a minha casa.

No fim da tarde, e sem jamais concordar com a renúncia, Arraes foi preso e levado para um quartel. E os "resistentes", que, para desespero dos meus pais, tinham feito da minha casa uma espécie de QG, se dispersaram, deixando para trás o mimeógrafo, que lá ficou durante meses escondido num buraco no forro como uma prova viva do crime de rebelião que não havíamos cometido. Até que um dia meu pai se livrou dele da maneira mais simples. Levou-o, depois de embalado, ao Sindicato dos Jornalistas numa hora em que tinham todos saído para o almoço e disse ao humilde funcionário que lá estava: "Mandaram entregar aqui esta encomenda". E foi embora sem sequer ser identificado.

Sim, os textos da tal "edição clandestina" chegaram a ser redigidos no calor da hora, mas logo foram destruídos. E assim deixou de ser mimeografada a última edição da *Última Hora*-Nordeste, destinada a ser a mais candente de todas e que hoje seria lida como um documento histórico. Os profissionais que nela atuavam (eu entre eles) foram proibidos pelos militares de trabalhar em outros jornais ou agências de publicidade. E então deu-se o êxodo: partimos todos.

Éramos jovens, éramos bons no que fazíamos, por isso nunca levamos a proibição dos militares a sério — teríamos empregos garantidos em outros lugares. Alguns viraram estrelas do jornalismo, como Anderson Campos e Eurico Andrade. Outros desistiram da profissão, como Aron Mandel, que assumiu suas raízes e foi para Israel viver num kibutz. E alguns poucos se recusaram a partir e tempos depois, afinal absolvidos, puderam retornar à profissão com o mesmo brilho, como foi o caso de Ronildo Maia Leite, para mim um verdadeiro deus do jornalismo brasileiro, que morreu, sempre no Recife e sempre na ativa, no dia 6 de julho de 2009.

Dos que partiram, fui um dos últimos. Fiquei uns tempos escondido no convento dos beneditinos, depois um bom período sem sair de casa, com medo de que a qualquer momento a polícia chegasse. Durante muito tempo ficamos paranoicos. Até que comecei a sair às ruas, fingindo ser um cidadão normal, embora sempre sentisse um frio na espinha ao cruzar com um dos carros patrulhas dos militares. Voltei a me encontrar com meus amigos da turma das arlequetes, agora quase todos adultos, e um deles, Fernando Matos, mostrou-se um grande, inesquecível amigo, pois bancou, sem exigir nada em troca, os meus três meses de desemprego.

Deixei o Recife apenas em junho de 1964, com emprego garantido na sucursal de São Paulo da *Última Hora*. Mas, quando o avião fez escala no Rio de Janeiro, eu me lembrei da minha noite de autógrafos e de Clarice Lispector a me perguntar: "Tem cerrrrrrteza que você não é uma menina?".

E resolvi descer ali mesmo e, na tal Cidade Maravilhosa, tentar a sorte não apenas no trabalho, mas também no amor, é claro.

Só depois que retirei minha bagagem do avião e este seguiu viagem rumo a São Paulo é que descobri que não tinha onde morar. Porém isso não chegou a me preocupar — um telefonema para Fernando Mello, outro dos garotos que conheci na casa de Newton Farias (que depois ficaria famoso como autor da peça de teatro *Greta Garbo, quem diria, acabou no Irajá*), resolveu esse problema, e fui morar num apartamento na rua Itacuruçá, na Tijuca, cuja dona, mãe de um relações-públicas da Varig também dado a brincar com meninos, morrera havia apenas alguns dias.

Sem o emprego que a *Última Hora*-São Paulo me garantira, sem conhecer nenhum jornalista no Rio e sem querer procurar a turma da Editora do Autor por um orgulho tolo (meu segundo livro, *Cristo partido ao meio*, seria publicado em 1965 pela Civilização Brasileira), resolvi tentar a sorte na ainda fervilhante *Última Hora* carioca, na qual grandes nomes — e Stanislaw Ponte Preta (pseudônimo do cronista Sérgio Porto), João Saldanha e Nelson Rodrigues eram "apenas" três deles — ainda pontificavam. Procurei o chefe de redação, Nilson Lage. Durante nossa conversa, perguntei se tinha lido meu livro, ele respondeu que sim... E acrescentou: "Gostei muito da orelha".

E a seguir disse que, sim, havia uma vaga para mim no jornal, mas não de repórter... E assim, dois meses depois de chegar ao Rio, aos vinte anos, fui admitido na *Última Hora* carioca sob a preciosa chefia de Nilson Lage e como um dos três copidesques — os outros eram Maurício Azêdo e Merival Júlio Lopes. Lá fiquei durante quatro conturbados anos e conheci muitas das grandes figuras do então independente e combativo jornalismo brasileiro.

(Quase) nus como Deus os criou

Com Octávio Ribeiro (Pena Branca),
lenda da reportagem policial.

A *Última Hora* carioca ficava num prédio decadente da rua Sotero dos Reis, na praça da Bandeira, próximo à esquina em que o ônibus da linha 464 fazia ponto final. Anos depois a zona de prostituição do Mangue, expulsa de uma área próxima à avenida Presidente Vargas, iria ocupar o casario arruinado daquela rua. Era o ônibus 464 que eu tomava todos os dias para ir trabalhar — entrava às dezesseis horas, sem hora para sair, ainda mais se chovesse forte e a rua ficasse inundada, como era de praxe.

Quase tanto quanto o *Jornal do Brasil* de então, e muito mais que *O Globo*, a UH era um verdadeiro criadouro de jornalistas. Anderson Campos e meia dúzia de outros, que também tinham vindo da UH-Nordeste, a essa altura já estavam lá, e logo formamos uma comunidade de exilados. Grande repórter, naturalmente ambicioso, Anderson, quando já estávamos em *O Globo*, trouxe para o Rio seu irmão Franklin, que também se destacou no jornalismo.

Quanto a mim, era apenas um copidesque, profissão hoje inexistente, cuja missão era transformar em algo legível, original e verdadeiramente criativo os textos produzidos no calor da hora e sem maiores apuros pelos repórteres. E eu adorava fazer isso. Alguns deles me detestavam por conta das mudanças radicais que fazia em suas matérias. Mas a maior parte ficava de pé ao meu lado enquanto esfaqueava e esquartejava seus textos, dispostos a tentar entender por que diabos — e com que prazer — eu fazia aquilo. Jovem como a maioria, eu me relacionava bem com os repórteres. Mas Merival e Maurício Azêdo, este uma estrela do jornalismo, conhecido pelo seu temperamento, digamos assim, "exacerbado", eram mais reservados com eles.

Já Nilson Lage parecia um inglês de polainas que se transviara do bando e fora parar na enlameada rua Sotero dos Reis. Mas, como editor do jornal, era senhor absoluto do seu ofício, alguém com quem aprendi muito, a quem muito devo, e de cujas conversas — verdadeiras aulas — sinto saudades até hoje.

Na *Última Hora*, com meus parcos vinte anos, reconheço que continuei sendo o que era naquela época — uma criatura abespinhada. Nos quatro anos em que lá trabalhei, aprontei muitas. E posso dizer que nem todas foram como jornalista. Um certo motorista da linha 464, de nome Antônio Bentes, se vivo ainda for, que o diga.

Foi uma época, que duraria vários anos, em que não tive maiores ambições. Graças ao salário de copidesque, levava uma vida cômoda. A essa altura, já conhecera Victor Alegria, o proprietário da Coordenada Editora de Brasília. E graças à intervenção dele junto ao proprietário de um sobrado na rua Visconde de Maranguape, saí da Tijuca profunda — onde todas as noites a turma de garotos da minha idade esperava que eu chegasse do jornal para correr atrás de mim e me atirar pedras — e fui morar na Lapa.

Apesar da crise financeira, que se agravava a cada dia e que acabaria por sufocar o jornal, na *Última Hora* tudo era festa — mesmo as enchentes que transformavam a rua Sotero dos Reis num verdadeiro rio e nos mantinham presos lá até muito além da hora. A última dessas enchentes que enfrentei, a maior de todas, aconteceu em 1967, quando já estava em plena campanha para ser demitido pelo jornal antes que ele acabasse. Ficamos lá isolados e o jornal não foi impresso, é claro. E às onze horas da manhã seguinte, com o rio de água suja sempre a correr lá embaixo, Maurício Azêdo tomou uma decisão e eu resolvi segui-lo. Tiramos meias, sapatos, calça e camisa e, os dois apenas de cuecas, saímos a chafurdar na lama e assim seguimos até a praça da Bandeira, onde a água já baixara o bastante para que pudéssemos vestir nossas roupas de novo e entrar de maneira decente no próximo ônibus.

Maurício Azêdo, grande jornalista, eterno ativista político, foi vereador e — durante anos — presidente da Associação Brasileira de Imprensa. Foi ele quem me apelidou de Guigui, codinome que me perseguiu por todas as redações nas quais trabalhei, e que sempre odiei — ainda mais porque Nelson Rodrigues tinha usado o apelido para batizar uma das personagens de sua peça *Boca de Ouro* (1959). Flamenguista doente, Azêdo tinha brigas constantes na redação com o botafoguense João Saldanha, e numa delas acabei envolvido.

Foi assim: os dois estavam na mesa do chafé (aquele café vagabundo de todas as redações do meu tempo — espero que hoje em cada uma haja aquelas máquinas Nespresso), a discutir pela enésima vez qual era o maior, se o Flamengo ou o Botafogo.

Da minha mesa, enquanto copidescava mais um texto, ouvia a discussão dos dois junto com a redação inteira. Até que João Saldanha, que hoje seria taxado de homofóbico, proclamou aos brados que "O Botafogo é que era time de homem".

Azêdo duvidou, Saldanha insistiu com um "Quer ver só?" e gritou: "Aguinaldo!". Eu, sem dar sinal de que ouvira a discussão entre os dois, perguntei: "O que foi?". E Saldanha insistiu: "Qual é o teu time?". E eu respondi de modo que não deixasse a menor dúvida: "Botafogo!". Azêdo caiu na risada, Saldanha saiu bufando... Mas a verdade é que eu já era e ainda sou "Flamengo sempre até morrer".

Toda redação tem seus momentos de patacoada, e esse foi um deles. Mas o clima na *UH* carioca ficou muito tenso quando Paulo Alberto Monteiro de Barros voltou do exílio e assumiu o cargo de editor-geral e representante direto de Samuel Wainer. Anos depois ele passou a assinar Artur da Távola e se tornou um dos melhores críticos de televisão do Brasil de todos os tempos. E como tal elogiou muitos dos meus textos televisivos. Porém, naquela sua volta ao jornal no qual trabalhara antes de partir para o exílio, não se mostrou muito simpático comigo. Mal me cumprimentava, nunca me olhava nos olhos, parecia incomodado na minha presença. E durante algum tempo isso me deixou muito aflito, até que descobri qual era o motivo daquele desconforto: ele não gostava do meu jeito, digamos assim, "pintoso".

Isso me levou a urdir um plano. Eu sabia que o jornal estava — não resisto ao trocadilho — nas suas últimas horas. Ainda pagava os salários em dia, mas logo deixaria de fazê-lo. Eu tinha que sair de lá antes disso, porém não por minha conta: precisava ser demitido para receber a indenização que me permitiria ficar algum tempo sem trabalhar e só curtindo a vida. Meu plano foi incomodar de tal modo Paulo Alberto que ele acabasse por mandar me demitir. Assim, passei a infernizar a vida do pobre homem. Mal ele adentrava a redação e já me materializava diante dele, e onde estivesse eu sempre dava um jeito de aparecer e me comportar de modo bem explícito.

Essa minha perseguição, que hoje seria chamada de "assédio", durou dois meses, até o dia em que cheguei para trabalhar e me disseram sem maiores explicações que podia arrumar minha trouxa e voltar para casa, pois tinha sido demitido. Recebi a indenização integral, um bolo enorme de dinheiro vivo, que me foi entregue, mediante a assinatura de recibo, no prédio da Justiça do Trabalho, no centro da cidade. Paulo Alberto nunca soube que o assediei de propósito e, com problemas bem mais urgentes a resolver (o jornal, como eu já disse, estava nas últimas), logo esqueceu o meu assédio.

Após minha saída a *Última Hora* ainda durou alguns meses. Quanto a mim, logo após minha demissão, fui levado por Anderson Campos, que já estava no *Jornal do Brasil*, para uma temporada naquele que então era considerado o templo do jornalismo. "É o *JB*, porra, vê como se comporta", me disse Anderson durante um almoço no antigo Capela da Lapa, "lá você vai aprender muito."

Sim, eu devia ter aprendido muito no *JB*. Mas quando penso na minha curta temporada na santa redação só me lembro do ranger incômodo das velhas (e gastas) tábuas do assoalho, e da indiferença dos meus colegas do copidesque: eram todos grandes estrelas do jornalismo e ninguém falava comigo. Foi lá que vi Paulo Francis pela primeira vez: ele passou diante de mim a pairar sobre o chão como se fosse um hipopótamo que se considerava uma ninfa — achava que era leve e elegante, mas era pesadão e já beirava o gordo. Muitas vezes o encontrei aos domingos, no restaurante Gôndola, em Copacabana, a ler o massudo *O Estado de S. Paulo* com a solenidade e a unção de quem lia a edição dominical do *New York Times*. Mas ele sempre fingiu que não me conhecia.

Já então eu admirava Francis, era apaixonado por cada texto dele. E isso não mudou nem mesmo alguns anos depois, quando disse que um conto meu era muito bom, mas não era digno de figurar na revista *Civilização Brasileira*, da qual era o editor. Ao longo dos anos minha admiração por ele só fez crescer, até chegar ao fanatismo que me fez chorar feito criança no dia de sua morte, em 4 de fevereiro de 1997. Como pessoa, bem, talvez Paulo Francis fosse alguém "difícil". Mas como articulista e crítico era insubstituível — ninguém nessa imensa plantação de bananas em que vivemos jamais chegou aos pés dele.

Sim, Anderson Campos estava certo: eu tinha muito o que aprender no copidesque do *Jornal do Brasil*. E certamente teria aprendido se lá tivesse ficado por mais tempo. Mas, veja bem: eu morava na Lapa e ia a pé para o jornal, que ficava na avenida Rio Branco, relativamente perto da minha casa. Era a época das manifestações estudantis contra a ditadura e, para chegar à sede do *JB*, tinha que correr da polícia (certa vez fui perseguido por um PM a cavalo pela Galeria dos Comerciários adentro); dar explicações aos manifestantes (um deles sempre achava que eu era um espião infiltrado); tentar conter a respiração enquanto as bombas de gás lacrimogêneo explodiam no meu entorno... Até chegar ao jornal para trabalhar sem que ninguém sequer olhasse para mim ou me dirigisse a palavra durante toda a noite?

Tudo isso era sacrifício demais para alguém tão jovem. E com o dinheiro da indenização que a *UH* me pagara (e que eu escondera num buraco no assoalho de casa), decidi que ia ficar um período "sem fazer nada", vivendo por minha própria conta. Quando eu disse a Anderson Campos, no final do expediente, que não voltaria no dia seguinte, ele reagiu, completamente pasmo: "Você vai pedir demissão do *JB*?". Respondi que não, nem podia pedir demissão, já que não chegara a ser admitido. E nunca mais voltei lá.

Sei que pular daquela gloriosa barca que era o *Jornal do Brasil* foi um erro. Se meus (quase) colegas de lá nunca me deram trela, foi porque minha timidez não me permitiu chegar a eles. Porém, como dizia dona Maria do Carmo Ferreira da Silva, minha mãe amantíssima, "não adianta chorar sobre o leite derramado". E apesar da minha decisão de ficar um bom tempo sem pensar em trabalho, um mês depois eu já estava numa redação de novo, a de *O Paiz*, antigo jornal carioca que saíra de circulação havia décadas e fora ressuscitado, por conta de um maluco qualquer com algum dinheiro no bolso.

O Paiz durou pouco. Nos últimos dois meses, em vez de salário recebi as escrituras de uns terrenos em Cabo Frio que, comprovei depois, nunca tinham existido. Mas na sua curta duração fui nada menos que seu editor, função, aliás, ocupada em 1884 por Rui Barbosa por menos tempo que eu: três dias. Foi lá que me apelidaram de "3 de 13", por conta da minha facilidade de criar títulos mínimos. Isso aconteceu durante a revolta estudantil de maio de 1968 em Paris, que, então e como quase sempre, pegava fogo. O assunto seria a manchete do jornal, mas, depois de desenhar a primeira página, o diagramador me disse que ela deveria ter apenas três linhas de onze toques. Sem me abalar nem pensar muito, não fiz por menos e tasquei:

PARIS
ESTÁ EM
CHAMAS

E pronto. Nesse dia *O Paiz* deu a melhor manchete sobre os acontecimentos em Paris — em matéria de criatividade, os outros jornais não chegaram nem perto.

O Paiz durou o tempo que a injeção de dinheiro do investidor permitiu, acho que no total foram uns quatro meses. Depois que fechou, finalmente pude me entregar por completo ao que já vinha fazendo havia alguns anos, mas com ressalvas: cair de boca na vida e aprender de uma vez por todas a ser vivo, safo, malandrão e resistente com o pessoal que, como eu, vivia na Lapa.

Muita gente me pergunta do que vivi no período em que fui morador da Lapa, já que não trabalhava. E eu respondo: primeiro, da indenização que recebi por conta de minha saída do jornal *Última Hora*, que, como já disse, me foi entregue em dinheiro vivo numa sala da Justiça do Trabalho. Eu o mantive escondido num cafofo tão bem camuflado que ele não foi descoberto nem mesmo por um dos maiores larápios do pedaço no dia em que este se aproveitou da minha ausência e arrombou a porta da minha casa.

Quem era o tal arrombador? Um espanhol conhecido como Paquito. Fotógrafo lambe-lambe nas poucas horas em que não atuava como michê ou ladrão, ele fora o responsável pela mais avassaladora epidemia de chatos — aquele piolho que costuma se alojar em partes pudendas — que até ali já ocorrera no bairro.

Paquito era um crápula, um canalha, mas, ao mesmo tempo, podia ser uma figura simpática. Tanto que o perdoei mesmo depois que ele confessou ter vendido minha máquina de escrever a um receptador e que, para reavê-la, eu precisaria desembolsar o dobro do valor que o tal sujeito lhe pagara. Paquito, como já disse, fora o paciente zero de uma praga de chatos bíblicos. E, sem contar isso a ninguém nem fazer o tratamento apropriado com Neocid, passou adiante famílias inteiras do tal parasita até infestar com ele o bairro todo.

Aproveitando-se da minha ausência, Paquito roubou tudo que pôde da minha casa, incluindo a máquina de escrever. Mas não achou o buraco no qual eu escondera o dinheiro, que permaneceu lá durante mais de um ano até que gastasse o seu último centavo.

Um ano depois, quando esse dinheiro acabou, eu já tinha conhecido Hermenegildo de Sá Cavalcante, representante do governo do estado do Ceará no Rio de Janeiro — seja lá o que fosse que isso significava —, especialista na obra de Marcel Proust, que viria a publicar meus livros na sua Gráfica Record Editora. Responsável pela tradução e lançamento dos livros de Henry Miller no Brasil, ele me escolheu para ser seu ghost-writer, sempre me pagou muito bem por isso (e no dia certo). E assim pude sobreviver na Lapa, mesmo que, oficialmente, não tivesse nenhum trabalho.

Para mim Hermenegildo não foi apenas um, digamos assim, mecenas: revelou-se também um grande amigo. Numa época em que não era apropriado para um homem de bem ser visto em público na companhia de um "veado", ele me convidava com frequência para almoçar na Confeitaria Colombo e me apresentava como "o escritor Aguinaldo Silva" a todas as figuras ilustres que vinham até a mesa dele para cumprimentá-lo. Foi para sua secretária, de nome Conceição, que mandei entregar o bilhete enviado da Ilha das Flores, comprovando assim que lá estava preso, episódio que narro com mais detalhes em outro capítulo deste livro.

Assim, embora desempregado, eu não era propriamente um deserdado da sorte durante o tempo em que, em todos os sentidos que se possa imaginar, me entreguei aos malandros da Lapa. Para muitos deles, por mais que convivêssemos, eu era um forasteiro, jornalista, escritor — ou "escritora", como dizia, escandindo de modo zombeteiro cada sílaba, Débora, a nossa rainha, que, em seus momentos de tédio, se lançava pela janela e, como se fosse um enorme pássaro, voava.

A essa altura eu já publicara vários livros: *Cristo partido ao meio*, *Canção de sangue*, *Dez histórias imorais*, *Geografia do ventre*, *Primeira carta aos andróginos*. O primeiro pela Civilização Brasileira, os outros pela Gráfica Record, a editora de Hermenegildo. Além dele, outro editor que se tornou meu amigo foi Victor Alegria, o dono da Coordenada Editora de Brasília e da única livraria decente da capital federal naquele tempo, a Coordenada, que ficava na galeria do Hotel Nacional.

Foi a Coordenada quem publicou primeiro no Brasil o *Diário* de Che Guevara, cujo prefácio, escrito por mim, tinha como título: "A guerrilha não acabou". Era apenas um trocadilho com o título de um filme de Alain Resnais, *A guerra acabou* (sobre a guerra civil espanhola), mas teve para mim e para Victor Alegria consequências funestas, como veremos agora.

Em outubro de 1969, o dinheiro que eu recebera ao sair da *Última Hora* finalmente acabou, e com ele a graça de viver como marginal na Lapa. Resolvi que estava na hora de voltar ao jornalismo e, durante um jantar no antigo restaurante Capela com alguns profissionais da área que eu ainda frequentava, um deles perguntou: "Por que você não tenta *O Globo*?".

Foi o que fiz. Vesti minha roupa de festa, segui para a rua Irineu Marinho e pedi uma audiência a Fuad Atala, que era o editor-chefe do jornal. Ele me recebeu com extrema simpatia e meia hora depois eu já estava empregado. No dia 1º de novembro me apresentei ao Departamento de Pessoal, entreguei minha carteira profissional e ocupei meu posto de copidesque na redação de *O Globo*.

Mas trabalhei lá apenas cinco noites, até que na última, depois de sair do trabalho às 23 horas, desapareci misteriosamente e não fui mais avistado ou localizado por ninguém durante setenta dias.

Pequena pausa para falar de amor

Na Lapa, centro do desejo e da transgressão.

Porém, antes de contar quando, onde, como e por que sumi não só da redação de *O Globo*, mas de todos os ambientes que frequentava, incluindo minha própria casa, deixe-me falar de um tema que, para ser franco, nunca me foi muito caro, pelo menos na minha vida pessoal: o amor. Pois a verdade é que descobri ainda muito cedo que se pode desperdiçar tempo e energia demais com ele. E isso nunca vale a pena.

Um dia desses, numa reunião de velhos amigos regada a muito vinho em Portugal, houve um momento em que todos começaram a falar de suas aventuras amorosas. E, como eu me mantivesse em silêncio, um deles, mais maldoso que os outros, me perguntou: "Você nunca fala dos seus homens. Por acaso teve algum?".

Minha resposta, diante da evidente curiosidade de todos ali presentes, foi apenas sorrir vagamente e nada dizer... E assim manter o mistério. Mas aqui, nestas memórias nas quais deixo bem claro que não peço perdão pelo meu passado — ele próprio é meu maior trunfo —, eu seria desonesto se você me fizesse aquela mesma pergunta e de novo a deixasse sem resposta. Por isso vou falar agora não dos meus homens todos, que de alguns não valeria a pena, mas apenas de um, que não foi o maior de todos os companheiros, pelo contrário, enquanto esteve ao meu lado fez da minha vida um inferno...

Mas, sim, foi ele o meu grande, maior, imenso, inesquecível amor... Embora não o único verdadeiro.

Antes de falar sobre Ele, o tal grande amor da minha vida, no entanto, quero contar a você, apenas a título de curiosidade, quem foi o primeiro homem por quem me apaixonei, ainda que de modo platônico — ninguém menos que o filósofo francês Jean-Paul Sartre. Tudo começou assim: em 1958, aos catorze anos, com o dinheiro ganho no meu primeiro mês de trabalho — com carteira profissional de menor assinada, porque, naquele tempo, era normal que crianças trabalhassem —, entrei na Livraria Moderna e comprei *A idade da razão*, romance inicial de uma trilogia escrita por Sartre, o criador de uma suposta filosofia denominada existencialismo, então muito em voga.

O tempo provou que parte daquela filosofia, tal como a maionese, era apenas mais um daqueles inúteis esnobismos intelectuais tão ao gosto dos franceses. Mas o romance, lido por mim em apenas duas noites, me encantou de tal forma que, na minha imaginação infantil, pensei: um homem capaz de escrever um livro daqueles só podia ser um galã de Hollywood, um autêntico Cary Grant.

E assim me apaixonei por Sartre.

Quer dizer: minha paixão foi pela imagem que eu fazia dele. Pois naquela época em que as comunicações eram jurássicas quando comparadas às de hoje, de Sartre eu sabia o nome e alguma coisa de sua biografia, mas nunca vira a sua imagem.

Até que no dia 12 de janeiro de 1960, vindo de Cuba, onde fora conhecer os efeitos do "milagre" realizado por Fidel

Castro — a viagem lhe rendeu um livro, chamado *Furacão sobre Cuba*, que fez muito sucesso na época, mas hoje é completamente datado —, Jean-Paul Sartre desembarcou no Recife com Simone de Beauvoir, sua companheira da vida inteira, com quem manteve uma relação, só hoje sabemos, bastante complicada (gente de mente conservadora diria "viciosa").

Imagine se eu ia perder a chance de ver em pessoa o homem que na minha imaginação de criança era um francês lindíssimo e pelo qual estava apaixonado. Consultei o roteiro de sua visita e decidi que ia aparecer na entrevista coletiva, seguida de coquetel, que ele daria num dos salões do hotel onde estava hospedado.

Não foi fácil chegar perto dele no salão lotado de jornalistas, curiosos e, principalmente, algumas dezenas de anônimos escritores pernambucanos sequiosos por tirar uma foto ao lado da sumidade. Mas não desisti. E, após bracejar ali e empurrar aqui, me vi ao lado dele, Jean-Paul Sartre, a minha paixão de criança, em pessoa. E foi então que, cruel decepção, descobri em primeiro lugar que ele usava óculos tipo fundo de garrafa, os quais não escondiam que tinha um olho maior que o outro e ainda por cima era vesgo. E, segundo, que algo nele, talvez as roupas que vestia, exalava um odor forte que tornava pesado o ar em torno e (pelo menos para mim, que cheguei tão perto dele) quase irrespirável.

Saí dali às pressas, na ânsia de respirar de novo o ar ainda puro — livre de qualquer sinal de poluição e com aquela suave brisa sempre a soprar — da minha querida cidade do Recife.

Claro que não deixei de ser admirador da obra de Sartre, embora hoje a admire bem menos. Até tentei ler seu livro filosófico capital, *O ser e o nada*, primeiro em português e depois em francês, espanhol e inglês, até concluir que, pelo menos para mim, em qualquer idioma ele seria ilegível. Mas, quanto ao galã Sartre objeto das minhas fantasias de criança, a única lembrança que até hoje tenho dele é o seu cheiro.

E agora voltemos ao ponto onde parei antes de me lembrar de Sartre. Quanto ao tal grande e "verdadeiro" amor da minha vida...

O nome dele era Eduardo Bukowicz — mas, quando o conheci, era apenas Alemão, como o chamavam nos ambientes mais barra-pesada que frequentava. Nascera em Antonina, no Paraná, de pais poloneses. E viera de lá diretamente para servir no Exército no Rio de Janeiro, onde fora incorporado à tropa de elite dos paraquedistas. Naquela época, filhos de imigrantes europeus — altos, louros e de olhos azuis — eram os preferidos para servir nessa tropa, bem como no Batalhão de Guardas Presidencial, porque, assim diziam os seus recrutadores, em vez de nordestinos amulatados e baixinhos, "fariam melhor figura nas cerimônias oficiais do Estado brasileiro".

Esses jovens, muitos deles filhos de imigrantes camponeses que, em matéria de sexo, nunca tinham passado da fase, digamos assim, zoológica — ou seja, privado apenas da intimidade de éguas e cabras —, chegavam ao Rio e, nos seus dias de folga, iam parar no local de maior movimento noturno na cidade, a Cinelândia, onde logo travavam conhecimento, principalmente carnal, com os assim chamados rapazes de vida airada, entre os quais eu próprio me enquadrava.

Alemão tinha 22 anos quando o conheci. E, tão precoce no crime quanto eu fora na literatura, reinava na Lapa havia quase três. Tinha algumas mulheres que trabalhavam para ele, um garoto — que poderia ter saído da minha turma de pintosas arlequetes — com quem eventualmente dormia e uma vasta legião de inimigos: além da meia dúzia de malandros que surrara, comerciantes a quem esquecera de pagar, bêbados dos quais surrupiara dinheiro e relógios nas esquinas mais escuras e, principalmente, policiais canas-duras cujo domínio sobre a malandragem ele agora contestava com o modo ostensivo como agia.

Fora de alguns destes últimos que levara a surra da qual saíra, mais morto que vivo, para buscar abrigo em minha casa. Quem viu e me contou depois, disse que ele apanhou muito, mas não se entregou — os três policiais que o atacaram também acabaram bastante machucados.

Como e por que ele foi bater na minha porta? Bom... Eu já o olhava, ele percebera, tirara informações a meu respeito e, assim, soubera que eu era escritor e morava num sobrado ali mesmo, na velha e boa Lapa. A partir daí iniciara comigo um namoro à distância no qual apenas trocávamos olhares cheios de eletricidade — e foi essa a nossa melhor fase. Até que levou a surra e, sem que outras pessoas tivessem coragem de socorrê-lo, pois aqueles que o surraram eram barra-pesada, decidiu que, se estava destinado a ter algum tipo de relação comigo, para começá-la aquela seria uma boa hora.

No primeiro instante tentei convencê-lo a se deixar levar para um hospital, já que estava seriamente machucado. Mas ele insistiu que não — tinha medo de lá ser dopado e preso ou até morto. "Será que você pode cuidar de mim?" O modo como me fez a pergunta não deixava dúvidas — não podia apenas, eu devia. Era como se tivesse nascido só para isso. Foi já certo dessa minha missão que, após lavar seus ferimentos, fiz com que se deitasse em minha cama e em seguida me esgueirei até a farmácia mais próxima para comprar os remédios de que necessitava.

Uma hora depois já o medicara e ele caíra num sono que se prolongaria por dezesseis horas, durante as quais permaneci a velar ao seu lado. Assim ficamos uma semana, tempo em que ele se alternava entre o sono mais pesado e as conversas em que me falava de sua vida: da mãe, polonesa, que segundo ele era neurótica de guerra e por isso fora abandonada pelo marido depois que imigraram para o Brasil; do irmão, que sonhava em ser pianista, mas trabalhava como cozinheiro num bar em Antonina; e dele mesmo, que se mudara para o Rio com o objetivo de ser paraquedista, sonho morto e enterrado quando foi expulso da corporação por causas que nunca cheguei a entender, pois suas explicações a respeito sempre se perdiam nos meandros de uma peroração — que ele nunca sabia levar de forma articulada até o fim — sobre os questionáveis limites da justiça no país em que, de uma família oriunda do Leste Europeu, afinal nascera.

Em seus momentos mais descontraídos, Alemão era apenas uma criança que descobrira um truque infantil para conseguir tudo o que desejava — bastava bancar o maior durão de todos. Era também um sedutor. Eu ainda não estava cego o bastante para deixar de ver o modo como foi me enredando, calmo e devagar, como o caçador malvado e frio que prepara a armadilha sem assustar a galinhola que, inocente, bica ao seu redor. Foi assim que ele se comportou até o momento em que, em meio a uma conversa sem nenhuma intenção suposta, eu comentei o fato de que o ferimento nos seus lábios já cicatrizara: "Ainda bem", ele respondeu. "Assim já posso te beijar na boca."

E o fez. E fez mais ainda — me levou para a cama e me amou. E jurou que me desejara desde o primeiro dia, e muito mais: que ficaria comigo para sempre, porque fora só para isso que nascera, para ser meu. Pela primeira vez em uma semana, ele não mergulhou no sono profundo — ao contrário, nem sequer dormiu. Ficamos os dois na cama e continuamos até o amanhecer, sem que conseguíssemos estancar o desejo que sentíamos um pelo outro, e ainda continuamos na manhã seguinte e lá ficaríamos muito mais, se o cansaço e a fome não prevalecessem sobre a ânsia que sentíamos de ser um do outro. Paramos, sim, mas sabíamos: aquilo fora apenas o começo — a nossa paixão ia durar.

Com intervalos para comermos as bisnagas com mortadela regadas a café com muito açúcar, que eu saía para comprar na padaria da esquina, ficamos na cama quatro dias, até que alguém bateu na porta lá embaixo e insistiu tanto que fui ver quem o fazia: era Vera Regina, faz-tudo de Débora, que simplesmente me avisou: "Ela quer te ver com urgência". Só isso, sem dizer quem era "ela" nem por que "ela" me queria — mas eu já sabia de quem se tratava e qual seria o assunto da audiência com "ela". A essa altura, todos na Lapa já comentavam o fato de que Alemão se abrigara em minha casa, que eu sumira de circulação por causa dele, que as mulheres e a boneca que ele administrava lamentavam não apenas sua ausência, mas também o consequente desamparo, e que se tudo isso aconteceu foi porque, como Débora já anunciara à sua corte, "Alemão resolvera dar um golpe na escritora" — sendo que "a escritora" era eu, é claro.

Débora, deixe que eu explique sem maiores detalhes, era "a bicha que voava" — fenômeno observado certa vez por policiais que tentaram prendê-la no terceiro andar de um prédio e testemunharam quando ela se atirou pela janela, sobrevoou as árvores lá embaixo e foi aterrar, como se fosse um pássaro, numa esquina a metros de distância.

"O que a porra do Alemão quer é dar um golpe em você, sua bicha tonta!"

Foi isso mesmo que Débora me disse meia hora depois que recebi seu chamado e quando, ainda afogueado pela pressa com que a atendi, me vi diante dela. "Você ficou doida ou o quê?, me diga", ela me perguntava, para responder a si mesma logo depois: "Será que não percebe que esse vigarista não vale um vintém furado e vai te depenar feito uma galinha morta?"

Respondi o óbvio: que nada do que ele porventura me tirasse significaria uma grande perda. E Débora, num tom em que senti apenas uma leve ironia, atacou outra vez: "Nem o teu coração?". Pois a rainha de todas as perdidas e mal pagas, sobrevivente que era e treinada desde menina para farejar e se safar de todos os perigos, já percebera que eu estava irremediavelmente apaixonado. Foi o que me disse, e se levantou, dirigiu-se até o armário onde guardava seus tesouros, retirou a seringa, o torniquete e o remédio que logo depois destilou e injetou na veia, enquanto eu mal conseguia dissimular o horror que sentia ante a cena.

"Você não é a primeira nem vai ser a última", resmungava enquanto se aplicava. "Conheço pelo menos meia dúzia de pessoas que já enlouqueceram por ele, isso sem falar nas mulheres." E, após uma caminhada rápida e certeira até a janela, onde mostrou os braços e gritou para o povo que passava lá embaixo, "Jesus amado, estou suando frio!" (era o efeito inicial do remédio correndo em suas veias): "Só porque escreve aquelas merdas nos seus livros você pensa que é mais inteligente do que as outras, mas é igual às idiotas todas e, como elas, também vai se dar mal".

No minuto seguinte já abrira o armário outra vez, retirara meia dúzia de roupas, que atirara ao chão, e, sem achar o que procurava, apelara aos gritos para Vera Regina, que, com extrema eficiência, adivinhou o que ela queria e o encontrou: um vestido roxo de seda ao qual Débora disse, como se ele pudesse ouvi-la: "É você mesmo que preciso vestir hoje, neném". Sem transição, dirigiu-se a mim de novo, enquanto Vera Regina bancava a camareira e a ajudava com o vestido pelo menos dois números menor que o seu: "É claro que não tenho nada a ver com isso, nem sei por que estou aqui te dando conselhos. Afinal, você é uma escritora e eu sou apenas um veado que, nas horas vagas, quando não tem mais o que fazer, sai voando por aí afora. Agora, se você está mesmo a fim de continuar com aquele cafetão e se foder... depois não diga que não te avisei".

Quem ouvisse Débora falando nesse tom comigo, enquanto, empurrada e incentivada por Vera Regina, tentava entrar dentro do vestido justíssimo, podia até achar que, quando chegasse a hora em que minha relação com Alemão virasse um tormento, ela seria inflexível e diria de modo triunfante: "Eu bem que avisei…".

Mas isso não aconteceu. Débora, depois dessa advertência inicial, nunca mais me recriminou por me entregar a Alemão. Pelo contrário, foi ela quem melhor nos amparou nos momentos mais difíceis. Foi quem nos defendeu quando todos na Lapa se colocaram contra nós. E foi, finalmente — quando resolvi arrancar Alemão da minha vida dois anos depois, embora continuasse apaixonado por ele —, quem me consolou e me deu o que pensava ser sua melhor lição: "Você vai encontrar outros, escritora, não se preocupe… Os bofes vêm e vão".

Débora estava certa mais uma vez. Ao longo desses meus anos todos, nos quais sempre estive cheio de expectativas à janela, vieram outros amores, sim — até mesmo um com quem dividi a mesma cama por longos dezoito anos (com o que veio a seguir os longos anos foram apenas sete). Mas nenhum que tenha chegado nem sequer à sombra do que para mim foi Alemão.

Quando fui preso pelos meganhas do comandante Sarmento, Alemão já estava na cadeia, mas por outros motivos — ele roubara um carro e, ao tentar fugir da polícia, levara um tiro. Assim, depois de uns dias num hospital, no qual os médicos decidiram que a bala, alojada numa determinada parte do seu corpo, não podia ser extraída, teve a prisão preventiva decretada e foi parar no presídio da rua Frei Caneca. Era lá que eu o visitava todos os domingos à tarde até que, para desespero dele, desapareci.

Durante os setenta dias em que estive preso — e sem receber nenhuma notícia minha —, ele achou que o tinha abandonado. E lá na Ilha das Flores eu ficava a imaginar o seu desespero quanto a isso, pois ele sabia que, de todas as pessoas de suas relações na Lapa, eu era a única que lhe era realmente fiel.

Assim que saí da prisão — e depois de resolver meus problemas mais urgentes, incluindo a volta ao trabalho e a questão da moradia —, tratei de ir visitá-lo. Nunca esquecerei a reação dele ao entrar no pátio de visitas e me ver ali parado, com uma sacola de comida nas mãos, à sua espera. Naquele breve momento, mais que em todos os outros, ele foi meu.

Mas eu já sabia que, embora o amasse como nunca mais amei ninguém, não podíamos continuar juntos. A prisão servira para me deixar bem claro que eu tinha uma vida inteira pela frente, podia ir longe como profissional se o quisesse e para tanto me aplicasse... E, para isso, teria que concluir que minha passagem pela estação da Lapa fora apenas uma etapa nessa vida e que, para seguir adiante, precisaria tomar medidas radicais — e uma delas seria pegar o próximo trem e deixar para trás meu romance com Alemão.

Assim, depois que consegui tirá-lo do presídio e me mudei para o apartamento que o jornalista Henrique Weltman me cedeu no bairro de Santa Teresa, ainda ficamos juntos cerca de um ano, durante o qual ele acabou por voltar à sua antiga vida e eu segui de modo inflexível nessa nova vida que era agora a minha. E afinal nos separamos — ou melhor, eu me separei dele, que me perseguiu durante algum tempo de modo obsessivo, até que seu orgulho falou mais alto: ele percebeu que nosso tempo acabara, decidiu visitar a mãe e o irmão no Paraná e nunca mais voltou ao Rio nem deu notícias a mim ou aos remanescentes da antiga Lapa — que a essa altura já fora destruída por conta de um abominável plano de urbanismo: simplesmente sumiu.

Minha história com Alemão e minha passagem pela antiga Lapa — experiência sem a qual eu não seria quem sou, nem escreveria o que escrevo — foi devidamente registrada em outro livro meu, não por acaso intitulado *Lábios que beijei*. E esses beijos foram muitos, porém nenhum deles como aqueles do grande amor da minha vida: Eduardo Bukowicz, o Alemão. É desse livro que reproduzo a seguir o capítulo sobre nossa dramática separação, que provocou agravos dos quais eu — e ele, esteja onde estiver — certamente nunca me libertei.

De volta ao grande seio

Chamego de mãe e pai num momento crítico.

Memórias, autobiografia, crônica de uma vida, ou o que seja: por que se escreve um livro como este? Eu já me fiz essa pergunta muitas vezes e cheguei a várias respostas, mas nenhuma me satisfez. Por exemplo: seria apenas para lembrar antes de esquecer e ser esquecido. Ou para exorcizar um passado que pesa e do qual de vez em quando surgem fantasmas que insistem em ocupar nosso tempo. Ou ainda: porque se sucumbe à necessidade de se expor, que alguns classificariam como narcisista demais, e que eu chamaria de quase suicida. Enquanto escrevia, não parei de pensar em arquivar o projeto. Afinal, quem, num mundo tão conturbado, vai se interessar por histórias tão pessoais? Por que alguém, em seu juízo perfeito, vai achar que minha vida foi relevante?

Cheguei a deixar o livro de lado e até comecei a cuidar de outros trabalhos, tentando assim esquecê-lo. Esse distanciamento me fez bem. De volta aqui, ao reler o que já estava escrito, descobri que não era o narrador sua figura central, mas os personagens que o rodearam. Não por meu esforço pessoal, mas pela própria maneira de ser de cada um deles, são figuras cuja relevância ninguém ousaria contestar. Se aqui não parecem tão grandiosos quanto na vida real — aí, sim —, é por falha de quem tentou descrevê-los.

Havia, portanto, uma razão decisiva para continuar: eu sentia necessidade de traçar um retrato de minha vida não apenas do meu ponto de vista, mas também do perfil dos que a viveram comigo.

Mas aí surgiu outra dúvida: "Essa época"? Meu Deus, ela já fora excessivamente retratada em livros que se tornaram muito populares no final da década de 1970. E no final dos anos 1980 outro livro, o de Zuenir Ventura, apareceu como uma espécie de retrato definitivo do ano de 1968, exatamente esse em que conheci Alemão. Portanto, diante de projetos, digamos assim, tão ambiciosos, o que estava eu querendo fazer com meu circo de pulgas?

A dúvida me levou a correr de volta a esses livros, que lera mal eram publicados, ainda no calor da hora. Fiz então uma preciosa descoberta: eles falam de um país que não abrangia mais do que meia dúzia de quarteirões. Em 1968, enquanto algumas peruas fúteis e seus maridos ricos, brochas e analisandos viam do alto das suas coberturas em Ipanema a banda tocar desafinada lá embaixo, o resto do país tentava entoar a canção pouco estridente da sua própria vida — a normal, aquela muito sofrida e trabalhosa de todos os dias.

Assim, eram raros os outros, bem-aventurados (destinados a figurar futuramente nos tais livros), que podiam se sentir no cerne dos fatos sociais. Mas estes, em suas variadas formas, aconteciam muito longe dos privilegiados. E seus protagonistas eram pessoas que nada sabiam sobre política — elas apenas viviam.

É preciso, portanto, desmistificar essa época: a vida em 1968 não era um épico filmado em cinemascope e com quatro longas horas de duração — havia outros filmes, embora de orçamento modesto, que valia a pena ver, e que possivelmente, como todos os filmes B da vida, só tiveram a ganhar com o tempo. Havia seres que também amavam, sofriam e nem ao menos sabiam que militares

mandavam no país. Mesmo assim, a cada um cabia ser o protago-
nista de sua própria e emocionante história.

Não sou o mais indicado para dar uma nova versão ao que já
foi estabelecido — isso é tarefa para autores de talento muito acima
das forças deste mero escriba do reino distante e perdido de Débora,
aquela que voava. De qualquer modo, deixo aqui lançada a suges-
tão aos que ousarem. Se os anos 1970 parecerem aos olhos futuros
apenas uma sucessão de fatos políticos recheados de personagens
que da vida só conheciam o "desprendimento" e a "grandeza", isso
será por vossa única e máxima culpa.

Mas, voltando a minha assim chamada história...

Meu reencontro com Alemão, após dois anos de separação durante os quais ocorreram vários eventos traumáticos, aconteceu, por exigência dele, à luz de uma fogueira e sob a proteção
dos escombros que, com certa boa vontade, eu podia considerar os restos do antigo sobrado em que morava. Até aquele
momento, em suas tentativas de exercer de novo seu poder
sobre mim, ele não me dera trégua. E eu, tendo chegado ao limite da tensão, propus o encontro no qual nós dois partiría-
mos para o tudo ou nada.

Nesse dia no jornal, a partir daquele instante em que Daniela Bianchi, meu eterno amigo Chiquinho, me disse por telefone o que combinara com meu ex-amante, não tive mais condições de trabalhar. Fuad Atala, editor de *O Globo*, foi de uma
paciência exemplar comigo: mais que um redator, naqueles
dias em que tentava fugir de uma vez por todas de Alemão eu
era uma sucessão de problemas. Na última matéria que escrevi
antes do reencontro — sobre a entrega de algumas comendas
e honrarias pelo Exército —, cometi um grave erro que, se não
reparado a tempo, poderia resultar na minha demissão por exigência de algum poderoso que se sentisse ofendido. Mas Fuad
Atala detectou o engano quando eu já saíra do jornal e tratou

de consertá-lo. No dia seguinte apenas me alertou para o fato, que não teve maiores consequências.

Quando desci apressado as escadas de *O Globo* e me vi na rua, deixei para trás os militares, as comendas e tudo o mais que pudesse estar acontecendo no resto do mundo; o que interessava era que minha vida futura ia se decidir dali a pouco — tudo dependia de como saísse do encontro com Alemão. Daniela me esperava num táxi. Percebeu, antes que me sentasse ao seu lado, o quanto estava tenso — eu tremia — e disse, como se desculpando: "Gostaria muito de te ajudar nessa hora, mas desta vez não posso fazer nada". Já fizera alguma coisa, sim: dissera, do seu jeito especial, que em nenhum momento eu estaria só. Durante meu encontro com Alemão ela pensaria em mim o tempo todo.

A viagem até o coração estraçalhado da antiga Lapa me pareceu interminável. Daniela ainda tentou contar alguma história que me fizesse rir, mas desistiu — percebeu que eu não escutava nada. Quando o táxi cruzou os Arcos, eu, que já passara ali centenas de vezes, me senti como se atravessasse o chamuscado portal do inferno. Mas não podia me queixar. Fora nele, no inferno, que vivera naquelas últimas semanas. E se suas chamas ainda não tinham me consumido até agora, então valia a pena ter esperanças — talvez eu pudesse escapar do fogo.

Quando nos aproximávamos, alguém ao lado de Alemão jogou os restos de uma garrafa de álcool ná fogueira e um arco de fogo azulado se ergueu por um instante. Foi sob essa luz que vi o rosto dele quando se voltou para mim. Havia perplexidade nele, aquele ar meio demente de quem queria me perguntar: *Por quê?* Mas foi só por um momento. Assim, quando cheguei diante dele o que vi no seu rosto foi apenas rancor. Daniela deu o último e preocupado conselho — "Só espero que os dois não me façam nenhuma besteira" — e se afastou levando consigo a outra pessoa.

Ficamos frente a frente nos olhando, evitando dizer a primeira e mais dolorosa palavra, que — Alemão já sabia — caberia a mim. "Como você está magro", foi a primeira frase que me veio à cabeça, mas evitei-a: devia ser curto e grosso. Mesmo assim, estranhei o som da minha voz quando disse: "Quanto mais depressa a gente encerrar essa conversa, melhor", consegui dizer sem que a voz tremesse. Alemão soltou uma gargalhada e respondeu: "Você pensa que é assim?". E se pôs a se queixar aos gritos da minha ingratidão, de mim, que, na sua imagem pouco precisa, "depois de roer toda a carne agora jogava fora o osso". E eu, que rezara o tempo todo para não perder o controle, também respondia no mesmo tom, enumerava as marcas irreversíveis que ele me deixara e concluía, melodramático, que se havia ali algum osso que um dia fora vivo e cheio de carne, esse pobre osso agora descarnado era eu.

"Tudo isso é besteira", ele arrematava, tentando encerrar a discussão. "A gente pode até ficar batendo boca a noite inteira, mas não foi pra isso que eu te chamei aqui. Se aceitei conversar contigo foi pra te dizer que não há outra escolha, a gente nasceu um pro outro. Daí, ou você fica comigo, ou então…"

Era isso: enfim chegáramos lá, ele também atingira o seu limite e o caminho fora mais curto do que eu esperava. Já sabia que ameaça ele ia fazer e tratei de apressá-lo, pois tinha certeza de que a partir dali cada passo que déssemos seria sem volta.

"Ou então…", repeti.

Foi como se vomitássemos. Falamos quase ao mesmo tempo, aos berros, transtornados:

"Vou fazer da tua vida um inferno, não vou te dar um minuto de sossego!"

"E eu te boto na cadeia outra vez, que lá, sim, é o teu lugar!"

Pálido, com os olhos azuis refulgindo como se deles, e não da fogueira, saísse o fogo que nos iluminava, ele me encarou.

Notei que seus lábios ficavam roxos, sabia muito bem o que isso significava. Mas não recuei.

"Filho da puta!", gritou de novo. E sem conseguir esconder no tom irado a própria perplexidade: "Me abri todo contigo, fui todinho teu, tudo isso que a gente viveu junto... A gente foi longe demais!".

Dessa vez eu não gritei. Como o toureiro que tem tempo apenas para uma única estocada me cabia agora ir fundo, enterrar a lâmina do ressentimento até o fim. Foi com muita calma que respondi: "Pode ter sido demais pra você. Agora, pra mim... Acho até que já esqueci".

Não sei bem o que ocorreu a seguir — me vi já no chão, o rosto a alguns centímetros da fogueira, enquanto Alemão, de joelhos sobre mim, apertava o meu pescoço com as duas mãos e gritava sem que eu pudesse ouvi-lo. Também não sei quanto isso durou. Talvez só alguns segundos, mas claro que ele pretendia me matar: houve um momento em que, sufocado, sem poder respirar, senti uma nuvem vermelha se adensar diante dos meus olhos e adejar, como um bando difuso de borboletas sangrentas; fechei os olhos porque não queria vê-las e ao mesmo tempo perdi o controle da bexiga e urinei. Nesse instante o esforço de Alemão pareceu mudar de direção — foi como se ele, enquanto apertava meu pescoço, tentasse se afastar de mim. Reabri os olhos e percebi que outras pessoas em torno dele já o puxavam, tentando arrancar suas mãos do meu pescoço.

Daniela, com o pressentimento agora confirmado de que o encontro talvez acabasse em tragédia, tratara de providenciar pessoas que pudessem me socorrer: dois rapazes halterofilistas conhecidos nossos, que tiveram de usar toda a força dos seus músculos para fazer com que Alemão soltasse meu pescoço. Meio morto, caído no chão ao lado da fogueira, eu o via espernear como um louco, preso pelos braços dos rapazes.

Daniela, debruçada sobre mim, me reanimava — aos poucos eu voltava a respirar —, até que me ajudou a levantar. De pé, diante de Alemão agora dominado, berrei: "Acabou, me deixa em paz!". Mas o que saiu da minha garganta foi um fio de voz rouca, quase inaudível — nos próximos dias mal conseguiria falar.

Não acabara, eu sabia: ainda estaria mergulhado no fogo do inferno por muito tempo. Nessa noite mal conseguiria aflorar à superfície por um instante para poder respirar. Era sobre isso que pensava enquanto Daniela me conduzia para longe. Alemão, sempre seguro pelos braços dos halterofilistas, me via ir e gritava: "Eu te mato, eu te mato!". Mas era outra a mensagem que o tom da sua voz me trazia — ele me amava. O último som que ouvi dele foram seus soluços entrecortados — ele estava em prantos. Era um som tão horrível que cheguei a parar: queria olhar e me certificar de que eram mesmo soluços o que ouvia. Daniela percebeu o que eu ia fazer e se antecipou — segurou firme o meu rosto com as duas mãos e disse: "Não". Então não resisti mais e me deixei levar.

Os dois halterofilistas ficaram quase uma hora tentando acalmar Alemão antes de ousar soltá-lo. Quando chegaram à casa de Daniela para dizer como tudo terminou, já chorara até onde podia e, consolado pela minha amiga, também me acalmara. Eu ficara nu, porque até o contato da roupa na pele me doía — sentia-me coberto de chagas. Estava febril, tremia, meus dentes batiam descontrolados. Sofria a meu modo, por dentro, e teria que suar gota a gota esse sofrimento antes de conseguir fechar os olhos e, enfim, descansar.

Alemão sofria de outro modo: nessa noite, agrediu com extrema violência um homem, que foi à polícia e deu queixa dele, o que lhe rendeu mais um processo. Depois deu uma surra em Ruína, o garoto seu amante, quando ele fora suicida o bastante para chegar perto dele e lhe dizer a meu respeito: "Eu não te falei?". Afinal, quando já amanhecia, bêbado e drogado, quebrou a vitrine de uma joalheria que então funcionava ao lado do Cine Palácio, na Cinelândia, e roubou alguns relógios, que atirou no lago do Passeio Público "pra ver se eram mesmo à prova d'água ou não".

Não tinha por onde escapar — era orgulhoso demais para pedir ajuda. Eu, pelo contrário, já decidira o que fazer: no dia seguinte, quando me senti bastante forte para sair, fui ao posto telefônico na praça Tiradentes e liguei para meus pais no Nordeste. "Preciso de vocês", foi só o que eu disse. Nem era preciso mais: em dois dias já estavam alojados no meu apartamento em Santa Teresa para uma temporada de alguns meses.

Enquanto isso, Alemão tentava cumprir suas ameaças: me procurava no jornal, mas eu já deixara bem claro na portaria que não queria recebê-lo; me esperava na porta do edifício quando eu voltava à noite; eu o via, mandava o táxi seguir em frente e ia dormir na casa de Daniela. Forçava o garoto a ligar para mim na redação; quando eu atendia tomava o telefone das mãos dele e gritava uma sucessão de insultos, mas eu desligava. Andava pelos escombros da Lapa e pela Cinelândia como se carregasse, grudado às costas, aquele fardo enorme e pesado que era o seu sofrimento. Desesperado, se entregava com feroz determinação a todo tipo de loucura. Eu não sabia de nada — Daniela evitava que as más notícias chegassem até a mim.

Então houve um momento em que ele deixou de me pressionar. Fazia uma semana que meus pais estavam comigo. Nunca disse a eles a razão do meu pedido de socorro, mas mal chegaram — talvez depois de conversar com os vizinhos — e adivinharam tudo. Assim, certa manhã, estava em casa tentando escrever quando o porteiro avisou que "seu Edmundo" estava lá fora e queria falar comigo. Eu ia dizer que o mandasse embora, não queria vê-lo, mas não foi preciso, porque meu pai, depois de uma significativa troca de olhares com minha mãe, anunciou: "Eu vou lá". E saiu enquanto eu ficava na sala, trêmulo, temendo por sua saúde.

Só depois é que pude sentir o quanto deve ter significado para Alemão, que não conhecera o próprio pai, a conversa com o homem que me gerara. Foi a partir dela que, pela primeira vez, devo ter parecido diferente aos seus olhos — eu tinha uma família; por intermédio dela tinha acesso a outro mundo do qual ele jamais faria parte, e isso, sim, nos separava.

Quando meu pai voltou, após a conversa que não durou mais que cinco minutos, apenas disse, sem maiores detalhes: "Não quero que você fale com esse sujeito nunca mais". E minha mãe fez um carinho no meu rosto, querendo dizer com isso: *Não se preocupe, eu sei que está doendo, mas vai passar.*

Alemão, porém, não sairia da minha vida com o rabo entre as pernas — não, ele estava sofrendo, mas não se deixaria humilhar. Após a conversa com meu pai, quando este entrava no prédio outra vez mandou por seu intermédio uma mensagem: "Diga a ele que vou me matar". Meu pai não deu importância à mensagem — sua boa-fé não o levava até o ponto de acreditar que um homem tivesse coragem de se matar por amor a outro. Mesmo que tivesse levado em conta a mensagem de Alemão, ele não a transmitiria.

Assim, quando cheguei no jornal e ouvi dizer que um homem dentro de um carro tinha se jogado do alto do Mirante Dona Marta, alguns quilômetros acima da minha casa, na subida para o Corcovado, não me preocupei, até que o fotógrafo retornou com as fotos feitas no local e estas, depois de reveladas, vieram parar nas minhas mãos. Fora ele: Alemão, talvez num momento de lucidez no qual vira a miséria em que sua vida se transformara, tentara se matar.

(Embora tenha sido um fora da lei enquanto viveu no Rio, Alemão acabou ironicamente contribuindo para melhorar a cidade. Por causa do seu gesto tresloucado, a prefeitura contratou uma empreiteira para construir nas bordas do mirante a mureta de proteção que lá está até hoje: foi uma maneira de tentar evitar que pessoas desesperadas fizessem o mesmo que ele e se atirassem de lá.)

Quando foi à minha casa naquele dia, ele estava num carro que roubara pouco antes num estacionamento da rua Álvaro Alvim, na Cinelândia. Foi nele que subiu até o mirante e de lá se jogou encosta abaixo. A queda foi sensacional: o morro é íngreme, o carro rolou uns cem metros antes de se prender numa árvore. Um casal que namorava em outro carro presenciou tudo, e depois serviu de testemunha no inquérito a que Alemão teve que responder. Pois, embora fosse essa sua intenção, ele não morreu. Em meia hora a polícia e os bombeiros, chamados pelo casal, conseguiram retirá-lo do carro. E por estar muito ferido levaram-no para o "seu Aguiar" — como chamávamos o hospital público Souza Aguiar, para o qual iam todos os deserdados da sorte quando precisavam de socorro ou tratamento médico.

Aquela tentativa de suicídio no alto do Mirante Dona Marta foi considerada o fato jornalístico do dia. Toda a imprensa esteve lá para registrar o trabalho da polícia e dos bombeiros. Quando a sequência de fotos me chegou às mãos no jornal, examinei-as atentamente e detectei em cada uma delas, no rosto ensanguentado dele, o mesmo ar de demência da noite em que brigamos.

Nos dias seguintes, fiz questão de dizer a cada pessoa que conversou comigo sobre o assunto que tudo não passara de uma crise de exibicionismo, que ele não pretendia morrer. Mas sabia que estava mentindo: Alemão quisera morrer o tempo todo, não fora outra a causa da vida horrível que levara até então. Só que ainda não tinha sido daquela vez. Os médicos do "seu Aguiar", que a essa altura já o conheciam e o consideravam uma espécie de "cliente", conseguiram recauchutá-lo e ele saiu de lá uma semana depois só com alguns hematomas e um braço engessado. O inquérito policial a que sua tentativa de suicídio deu início acabou arquivado. O fato mais grave é que ele furtara um automóvel e o destruíra completamente. Mas o dono, procurado no endereço que apresentara ao registrar o veículo no Departamento de Trânsito, não foi encontrado e nunca apareceu. Assim, sem outra vítima além do próprio Alemão, que sob os cuidados do garoto se recuperava rapidamente, a polícia deu o caso por encerrado.

Já se tinham passado seis meses. Aos poucos eu criara uma nova rotina, facilitada pelo fato de que, depois da conversa com meu pai, Alemão nunca mais me procurou. Notícias sobre ele ainda chegavam até mim: morava com o garoto num quarto da rua Paula Matos, em Santa Teresa, e os dois passavam por dificuldades. Tanto que o outro me procurou certa vez pedindo que pagasse os aluguéis atrasados, o que fiz, depois de lhe arrancar a promessa de que nunca mais deixaria Alemão, agora seu amante fixo, chegar perto de mim.

Mais tempo transcorreu. As feridas cicatrizaram, comecei a achar insólito que tivesse atravessado tudo aquilo. Também comecei a me sentir constrangido quando me lembrava de alguns momentos melodramáticos da minha vida mais recente. Tudo caminhou tão bem que até meus pais concluíram que já podiam me deixar sozinho e voltaram para casa no Recife.

Após dez meses sem Alemão, eu já cometia o erro de achar que a vida podia ser leve e fácil — mas depois mudaria de opinião sobre isso muitas vezes. As notícias sobre ele eram cada vez mais raras. Tudo que precisava fazer era evitar os lugares onde poderia encontrá-lo. Alguém me disse afinal que ele viajara para o Paraná.

Outro mês se passou até que um dia a mãe dele, dona Irene Bukowicz, telefonou para mim no jornal e me pediu que a ajudasse a mandá-lo para a Amazônia (os militares, na época, investiam no que chamavam de "nossa última fronteira"). Eu nada lhe perguntei, nem ela deu maiores detalhes, mas percebi pelo tom da sua voz que estava aflita, o que significava que ele também andava aprontando por lá. Não prometi nenhuma ajuda, só disse que não tinha mais nada a ver com o filho dela e pedi que nunca mais me telefonasse. E foi o que aconteceu.

Um ano se passou. Alemão voltou para o Rio e eu soube disso por acaso — as pessoas já não se ocupavam mais em me dar notícias dele. Um dia me chegou uma intimação: ele me indicava como testemunha de defesa no processo a que respondia por ter agredido o tal homem na noite em que nos separamos de vez. Não podia me recusar, mesmo sabendo que, na vara criminal, estaria diante dele. Mas a essa altura já conhecera aquele que estaria sempre comigo nos anos seguintes e fui à audiência na sua companhia.

Declarei ao juiz que não servia como testemunha do que quer que fosse, pois nem sequer presenciara a briga. Fui dispensado. Tratei de sair do tribunal junto com meu companheiro, mas numa das rampas Alemão nos esperava. Ele já soubera antes que eu não estava só e foi ao meu novo amigo que se dirigiu — na verdade, nem me olhou. Levantando rapidamente a manga da camisa, exibiu uma tatuagem que lhe fora (mal) feita no ombro esquerdo quando estava na prisão, e da qual só falo aqui porque, como escritor, também tenho meus truques: dentro de um coração tosco, a palavra "amo" e duas iniciais — as minhas.

"Se você acha que gosta dele, por que não faz uma igual?", perguntou, sempre exibindo o ombro.

Mas meu novo amigo sabia a essa altura que aceitar qualquer tipo de provocação da parte de Alemão seria perda de tempo: "Porque tatuagem é coisa de bandido", respondeu.

Eu, que antes reagiria indignado ao ouvir uma frase como essa, pensei que pelo menos no caso daquela tatuagem ele tinha razão.

Fomos embora. Não olhei para trás uma única vez, mesmo sabendo que Alemão ficou nos observando até que sumíssemos na esquina, do outro lado da rua.

Não sei quanto tempo ele permaneceu na cidade. Meses depois, alguém me disse que partira não se sabia para onde ao volante de um caminhão com o qual na véspera se exibira na Cinelândia. Foi a última notícia que eu ou alguém que o conhecera no Rio de Janeiro tivemos de Alemão da Lapa.

Mas ela, a rainha de todas as trevas, aflições e desesperos, previu que eu ia passar por tudo isso, que ia sofrer muito: Débora. Será que ela existiu mesmo ou foi apenas um sonho, o fruto ácido da imaginação de um escritor demente? Gostaria de submeter minha dúvida à própria Débora, a imperatriz de todos os pesadelos. Mas não pude fazê-lo quando, dez anos depois que a Lapa fora demolida e restara apenas sua memória, eu a reencontrei.

Já então eu era um autor-roteirista de televisão em franca ascensão. E fora ao bairro de Botafogo discutir os termos de um contrato no qual me comprometia a escrever um roteiro para cinema. Chovia muito e a reunião de negócios — com Lucy Barreto, filha de dona Lucíola, mulher de Luiz Carlos e mãe de Bruno e Fábio — me deixara exausto.

Na rua, debaixo do maior temporal e molhado até os ossos, tentava conseguir um táxi, quando um deles parou diante de mim, do qual desceu alguém: um senhor, elegantemente vestido de paletó e gravata, cabelos curtos bem penteados e uma pasta de executivo na mão. Como se o visse de sapatos altos e metido num vestido roxo dois números menor que o seu, eu o reconheci na hora quando ele, de modo casual, me olhou.

"Débora!", exclamei, extasiado. E quase me ajoelhei aos seus pés, como é de praxe um súdito fazer diante de sua rainha.

Mas ela — porque era ela, sim — nem pestanejou. Seguiu em frente e foi se abrigar na marquise mais próxima, de onde nem se deu ao trabalho de me olhar de novo. Pasmo, atarantado, esqueci o táxi e a chuva e fui até lá. Agora que a surpresa passara e eu percebia melhor os trajes que vestia, não ousei repetir o seu antigo nome. Apenas me aproximei dela e, sem conseguir esconder a emoção, perguntei: "Será que você não está me reconhecendo? Da Lapa! Eu escrevia e vivia com o Alemão, a gente era amigos, e...".

Mas aquele senhor que, eu tinha certeza, um dia fora Débora me interrompeu: "Acho que você está me confundindo com alguém".

"... Da rua Frei Caneca, o suadouro, Vera Regina, o sobrado, você morava lá!", insisti.

Assumindo aquele ar de enfado de quem, confundido com outra pessoa, se vê molestado por um estranho, mas acha melhor não perder a calma nem a boa educação, o tal "senhor" me interrompeu outra vez: "Por favor, cavalheiro, não insista. Não sou essa pessoa de quem está falando. Nunca morei no Rio. Na verdade, eu sou de São Paulo, estou aqui de passagem e a negócios. Portanto, se me der licença...".

E afastou-se dois passos, dando o assunto por encerrado. Agora, me diga: que outra atitude podia eu tomar diante de uma rainha que abdicara do seu trono infecto e agora insistia em se manter incógnita, em dizer "I want to be alone", apesar de todas as evidências de que fora reconhecida por um súdito? Sem dizer nem mais uma palavra, tratei de me afastar. Caminhei sob a chuva forte e, na esquina, me voltei, certo de que aquele senhor que fora Débora aproveitara a trégua para escapar da minha curiosidade.

Mas ele, como se não temesse nada nem ninguém, continuava lá. Seu ar era de tão absoluta indiferença que, mesmo à distância, tive certeza: fora sincero quando me disse que não me conhecia e nunca vivera no Rio. Não que tivesse me enganado, um dia ele fora Débora. Mas resolvera mudar. E fizera isso a seu modo — de um jeito tão radical como eu jamais ousaria: pois, apesar de algumas aparências enganadoras, ainda sou o mesmo que viveu na Lapa nos tempos em que a ex-Débora ainda existia e lá reinava.

Por um instante permaneci ali na chuva, a observar com adoração nostálgica quem um dia fora a monarca de todos os desgraçados. Ah, Débora! Quase me reaproximei a implorar pelas benesses do seu reconhecimento. Mas concluí que isso seria em vão — para ele eu, bem como seu passado de bicha voadora, não mais existia. Assim, ele continuou lá, impassível, esperando que a chuva lhe desse uma trégua e então pudesse seguir de novo em sua nova vida.

Não olhei mais para a ex-rainha Débora agora no exílio. Apenas saí andando e, como se as luzes do palco se apagassem após a chuva de aplausos, retirei-me da cena de vez.

"Tira esse traseiro sujo de cima da minha mesa!"

Em cana por um prefácio.

O *Diário* de Che Guevara — publicado pela Coordenada Editora de Brasília com prefácio escrito por mim sob o título "A guerrilha não acabou" — foi um fracasso editorial. Não por algum erro de cálculo do editor Victor Alegria, mas apenas porque, como o autor morrera e seus herdeiros não reclamaram direitos autorais, dezenas de outras edições foram lançadas praticamente ao mesmo tempo e, claro, por mais que o assunto fosse candente, não havia compradores suficientes para todas.

A nossa, com o meu prefácio, que, diga-se de passagem, assinei orgulhosamente, encalhou. E após a edição do Ato Institucional nº 5, Victor achou melhor recolher e esconder todo o encalhe. No lugar para mim mais inapropriado — a gráfica onde o livro fora impresso, que também ficava na Lapa, num sobrado em frente àquele onde eu morava. Mas, como isso era para ser um segredo, ele não me disse nada e, assim, fui apanhado, como se dizia na época, com a boca na botija, ou seja: de surpresa.

No meu quinto dia em O *Globo*, antes de sair para o trabalho me debrucei sobre a amurada de minha varanda de azulejos portugueses e percebi um estranho entra e sai na gráfica ali em frente... Mas, como não sabia o que ela guardava — ou melhor: escondia —, não desconfiei de nada. Saí para trabalhar, cumpri minhas sete horas de praxe e, quando cheguei em casa por volta de meia-noite, vi que a porta do meu quarto tinha sido arrombada.

"Ladrões", pensei tolamente. Mas, em vez de alertar as pessoas que abrigava no sobrado (arlequetes fugidas do Recife), e que, ao contrário do que sempre acontecia, já estavam todas recolhidas aos seus aposentos no maior silêncio, simplesmente avancei, entrei no meu quarto e dei de cara com três sujeitos, um deles com uma metralhadora apontada em minha direção. Foi ele quem perguntou se eu era Aguinaldo Silva; respondi que sim, por mais que quisesse dizer não. E enquanto os outros dois pegavam tudo que podiam — livros, papéis, discos —, o da metralhadora anunciou que eu estava preso para averiguação.

Já contei essa história mil vezes, por isso não vou recontá-la em todos os detalhes agora. Vou apenas dizer que fiquei sumido durante quarenta dias, sem que ninguém soubesse do meu paradeiro, até que usei de uma artimanha e fui descoberto no presídio da Ilha das Flores.

Da longa viagem do meu sobrado na Lapa até a ilha, onde cheguei de lancha junto com outro preso, um operário que chorava feito criança, quero apenas ressaltar alguns pontos: quando, depois de cruzar os infindáveis corredores do Ministério da Marinha, cheguei ao famigerado Cenimar e entrei na sala onde me esperava o comandante Sarmento, que dera a ordem para que me prendessem. De costas para mim, ele fingia ignorar minha presença enquanto atirava dardos num pôster monumental de Mao Tsé-tung. À espera de que me desse atenção e cansado após uma noite de trabalho, encostei a bunda numa das mesas. Quando finalmente ele se voltou e me viu naquela posição, digamos assim, descontraída, teve um ataque e gritou, possesso: "Tira esse traseiro sujo de cima da minha mesa!".

É claro que obedeci. Ele então alcançou um exemplar do *Diário* de Che, que estava sobre a mesa, tratou de abri-lo na página fatídica onde figurava o título do meu prefácio e, quase a esfregá-la nas minhas ventas, perguntou: "Foi você quem escreveu esta merda?".

Fazer o quê, não é? Confirmei que sim. E ele anunciou que eu estava incurso nas penas do Ato Institucional nº 5.

"Mas o livro foi lançado um ano antes da edição do Ato 5", argumentei, "e que eu saiba a lei não é retroativa."

Nesse instante o comandante Sarmento pareceu perder o rebolado. Mas foi só por um instante, porque logo depois disse para o homem da metralhadora: "Leva ele pra ilha e deixa lá de castigo".

E lá seguia eu de novo pelos corredores infindáveis com minha escolta quando, lá atrás, o comandante Sarmento gritou meu nome. Eu me voltei, rezando para que tudo aquilo não passasse de uma brincadeira, mesmo que fosse de profundo mau gosto, mas ele apenas disse, de modo irônico: "Vê se não pega no pau dos meus fuzileiros...".

Quando cheguei na Ilha das Flores ainda era noite. Por toda parte cães pastores-alemães, malcontidos pelos que os seguravam, latiam enlouquecidos. Ninguém me fez nenhuma pergunta, não preenchi nenhuma ficha, como esperava. Apenas fui colocado numa cela na ala das mulheres, pois a dos homens estava lotada. Quando amanheceu, uma das presas encarregadas de varrer o corredor se aproximou mais que as outras da porta da minha cela enquanto fazia o trabalho e perguntou, num sussurro: "Companheiro, você é de onde?".

Acho que ela queria saber a qual dos muitos grupos em que se subdividia a resistência à ditadura eu pertencia. Mas eu, que não pertencia a nenhum deles, disse, pura e simplesmente: "Eu sou do *Globo*". Após alguns segundos de silêncio ela perguntou, com um tom de asco na voz: "Do *Globo*?!".

E simplesmente foi embora, sem querer mais conversa comigo.

Mas, sim, eu era de *O Globo*, o jornal que toda a esquerda amaldiçoava, mas onde, cinco dias depois e apesar da minha ausência, meu futuro de certa forma foi decidido. Sem que aparecesse para trabalhar, e sem que ninguém soubesse onde eu estava, naqueles tempos de terror do Ato 5 foi fácil para Fuad Atala concluir que eu tinha sido preso. Ele comunicou isso ao dr. Roberto Marinho, que ordenou: até que eu ressurgisse de onde quer que fosse, meu salário seria religiosamente depositado no banco. E caso ficasse comprovada minha prisão por questões políticas, quando fosse solto eu retornaria às minhas funções no jornal dele. Sim, porque, naquela época, quem mandava no jornal, afinal de contas uma empresa como outra qualquer, era o seu próprio dono.

Além disso o jornal tentou de todas as maneiras descobrir meu paradeiro. Mas em cada quartel ou unidade militar, incluindo a Ilha das Flores, a resposta que seus enviados ouviram foi sempre a mesma: "Aqui não existe ninguém com esse nome". Enquanto isso, fiquei quarenta dias incomunicável, isolado numa cela, proibido de falar com quem quer que fosse e sem direito a leituras. Na hora do banho, como só havia dois chuveiros, eu ia com Jean Marc von der Weid, o outro preso incomunicável, e lá nos banhávamos sob a vigilância de dois fuzileiros armados, que antes do banho deixavam bem claro: não podíamos trocar uma só palavra, nem mesmo dizer: "Me passa o sabonete?". Pois até essa simples frase poderia muito bem ser algum tipo de código.

A essa altura Victor Alegria, que fora preso em Brasília pelo mesmo motivo que eu — a publicação do *Diário* de Che Guevara —, já estava na ilha dividindo uma cela com mais quatro presos. Quanto a mim, apesar de todo o mistério a respeito, e mesmo sob severa vigilância dentro da ilha, consegui tornar público o meu paradeiro.

Como isso foi possível? De um modo que hoje pode parecer engraçado, mas na época envolveu altas doses de risco. De vez em quando, no seu plantão, um cabo carcereiro, sabendo que eu era escritor, vinha até a portinhola pela qual passavam os pratos de comida e ficava a conversar sobre o tema comigo. Aproveitei esse seu interesse no assunto e me ofereci para escrever um bilhete para uma funcionária da minha editora solicitando que ela lhe desse, de cortesia, um exemplar de todos os livros lá publicados, incluindo os meus.

O nome do cabo era Murilo. A secretária da minha editora se chamava Conceição. No bilhete eu dizia: "Conceição, o portador deste é o cabo Murilo, da Ilha das Flores, onde me encontro agora...". O cabo ganhou meus livros além de outros, Conceição passou o bilhete para Hermenegildo de Sá Cavalcante, que era o dono da editora, e assim meus amigos descobriram onde eu estava preso, e o meu bilhete, segundo soube depois através do jornalista Anderson Campos, foi parar nas mãos do historiador Hélio Silva e deve fazer parte do acervo dele.

O engraçado é que anos depois, ainda em *O Globo*, eu saía para fazer um lanche no Edifício Balança-Mas-Não-Cai (que fica na rua de Santana, onde está a sede do jornal até hoje), e lá encontrei o cabo Murilo, em trajes civis, saindo do prédio. Fui falar com ele, perguntei como andava o presídio e ele respondeu, de um jeito que me pareceu envergonhado: "Não sou mais militar, larguei aquela vida".

Esse seu "aquela vida" a mim disse tudo.

Quando finalmente saí da incomunicabilidade, fui colocado numa cela com quatro anciãos, um deles um ícone da esquerda: Diógenes Arruda Câmara, de todos os comunistas o mais odiado pelos militares. Ele estava no Recife naquele fatídico 1º de abril de 1964; foi preso, amarrado feito um cachorro pelo pescoço e arrastado pelas ruas para que todos vissem como um comunista devia ser tratado. Quando entrei na cela e o reconheci, percebi logo as marcas de tortura que ainda ostentava. Mas as torturas tinham sido suspensas uma semana antes da minha prisão, por conta da candente matéria sobre o assunto que a revista *Veja*, driblando a censura, tinha publicado.

O convívio com Diógenes Arruda Câmara e os outros três senhores, de cujos nomes não me lembro, para mim foi apenas tedioso. Como cada um deles pertencia a uma facção diferente das muitas envolvidas com a luta armada — e havia dezenas delas —, não faziam outra coisa senão brigar o tempo todo. Descobri depois a razão por que me colocaram numa cela com aqueles quatro anciãos: é que eu era gay e, para aqueles militares acostumados à prática da repressão e, portanto, altamente reprimidos, se me colocassem numa cela com homens jovens e cheios de tesão, bem... Na cabeça deles, muito rapidamente, tal como fez o Marquês de Sade no hospício de Charenton, eu organizaria as maiores orgias às quais os rapazes fuzileiros, já mal-afamados por coisas desse gênero, acabariam por aderir.

Minha saída da Ilha das Flores ocorreu na radiosa manhã de 9 de fevereiro de 1970. Eu e Victor Alegria fomos liberados juntos. Durante aqueles setenta dias, meu único ato de resistência foi recusar que me cortassem o cabelo, e com tamanha veemência que os militares desistiram de fazê-lo. Naquela mesma noite, depois de abrigado pelo meu amigo Francisco Carlos Alves de Sousa (também conhecido como Daniela Bianchi) na sua casa da Lapa, ainda com a juba de dois meses, fui ao Cinema Veneza assistir a *Perdidos na noite*, que um mês depois ganharia o Oscar. Era um filme sobre marginais moradores de um gueto nova-iorquino. E isso — ser marginal e morador da Lapa ou de qualquer outro gueto — era tudo que eu nunca mais queria ser na vida. Mas o filme era lindo.

No dia seguinte, depois de cortar o cabelo e conseguir roupas decentes, voltei à redação de *O Globo*, onde todos fizeram questão de agir como se eu tivesse saído de lá na noite anterior, no final do expediente. O que, trocando em miúdos, significa que foram todos muito simpáticos e solidários comigo. Ao meu sobrado da Lapa não pude voltar mais, a não ser para retirar o pouco que me restara: visitantes noturnos, saídos não se sabe de onde, roubaram quase tudo. Mas o meu problema de moradia foi rapidamente resolvido por Henrique Weltman, subeditor de *O Globo*, que estava se mudando de um apartamento em Santa Teresa e se ofereceu para me passar o contrato.

Depois de uma semana da minha volta ao trabalho, Armindo Blanco, um português fugido da ditadura de Salazar, que era outro subeditor na redação de *O Globo*, marcou uma feijoada em sua casa, no final do expediente de uma sexta-feira, para que, diante de grande parte dos meus colegas de redação, eu finalmente "contasse tudo". Porém, depois de bater um belo prato de feijoada, eu disse que não ia contar porcaria nenhuma, pois não estava preparado para falar sobre aquilo. E acho que não estou até hoje, por isso, me desculpe se estas linhas lhe pareceram mal traçadas... Elas terão que ser lidas e absorvidas assim mesmo.

Se alguma outra vez, após aqueles já citados setenta dias na Ilha das Flores, estive sob ameaça de ser preso de novo durante a ditadura? Sim, por pouco isso não me aconteceu. E num episódio em que o então ministro da Justiça, Armando Falcão, esteve indiretamente envolvido. É que, além de ministro da Justiça, ele era diretor do Banco Industrial de Campina Grande, onde dava expediente diário de algumas horas quando estava no Rio de Janeiro e no qual, durante alguns meses, eu e o segurança noturno tivemos, digamos assim, um affaire romântico. De vez em quando eu ia lá, o segurança abria a porta para mim e a fechava em seguida.

E lá íamos os dois curtir a vida na sala de Armando Falcão, mais precisamente no sofá de couro sobre o qual, eu esperava, na manhã seguinte sua excelência num momento ou noutro sentasse, relaxasse e até tirasse um cochilo sem imaginar que eu também, digamos assim, relaxara sobre ele.

Tudo corria sempre a contento até que, certa noite... Quando, depois de todo o resto, o segurança foi abrir a porta para que eu saísse, não conseguiu se lembrar de onde deixara a chave. Nossas tentativas de encontrá-la, inúteis durante várias horas, se tornaram cada vez mais frenéticas e desesperadas, embora por motivos diversos — quando os funcionários do banco chegassem de manhã o segurança seria demitido e o invasor, preso. E imagine a reação do ministro da Justiça quando soubesse quem era este último.

Só aos vinte minutos antes das oito da manhã, quando chegaria o pessoal da limpeza no banco, é que o segurança finalmente achou a maldita chave: antes de irmos, como direi... relaxar sobre o belo sofá de couro do nunca por demais excelentíssimo ministro Armando Falcão, ele a deixara na caixa onde ficavam os fusíveis e a chave geral de eletricidade do estabelecimento. Saí de lá chispado. E nunca mais passei nem mesmo pela porta do tal Banco Industrial de Campina Grande, nem quero saber se ele ainda existe.

Fiquei em *O Globo* oito anos. Apesar de toda a minha experiência anterior, posso aqui dizer que foi lá, convivendo — e aprendendo — com grandes profissionais, que finalmente me tornei um verdadeiro jornalista. Durante todo esse tempo meu cargo foi o de copidesque. Mas, embora de modo informal, eu era sempre mais que isso. Fui subeditor de cidade, editor de polícia, por anos fiz todos os títulos e chamadas da primeira página, que Luiz Garcia oficialmente editava.

Mas foi sempre de modo, digamos assim, clandestino que fiz tudo isso, ou seja, fazia, mas não levava o mérito. Não tardou muito para que descobrisse a razão disso: era de novo meu comportamento, para dizer o mínimo, agressivo — o mesmo que levara Artur da Távola a ficar sempre cheio de dedos na minha presença até me demitir da *Última Hora*. Em *O Globo* as pessoas eram mais liberais; e hoje, quando me lembro de certas situações, me pergunto por que Iran Frejat, oficialmente o editor de cidade, nunca mandou me demitir nas muitas vezes em que lhe dirigi uma enfiada de desaforos. E logo encontro a resposta: porque eu era bom no que fazia. E editava, porém não me importava se ele é que ficasse com os louros.

O fato é que, embora tenha me comportado mal muitas vezes lá, só saí de *O Globo* quando assim o quis. E antes disso, mesmo sem sair da "clandestinidade", passei a ter meu trabalho reconhecido e prestigiado quando lá entrou Evandro Carlos de Andrade como o diretor de jornalismo. E foi graças a ele que, de todas as várias especializações dentro da profissão, acabei escolhido para atuar na mais improvável: o jornalismo policial.

"Quem mexeu nessa matéria da Wilza Carla?"

Batucando no teclado em busca
do texto de qualidade.

Sei (porque a gente percebe essas coisas) que Evandro Carlos de Andrade gostava muito de mim. Mesmo assim, durante o tempo em que trabalhamos juntos em *O Globo*, tivemos duas brigas feias.

A primeira, quando ele me mandou entrevistar o detetive Bechara Jalkh e redigir a matéria que apresentava a versão definitiva da história policial conhecida como "O caso Lou". Que caso foi esse? A morte a tiros na praia carioca do Recreio, no início dos anos 1970 e num intervalo de catorze dias, de dois ex-namorados de uma beldade de subúrbio chamada Maria de Lourdes Leite de Oliveira, mais conhecida como Lou. Segundo a crônica policial da época, ela seria a causa das mortes dos dois, executadas por Vanderlei Gonçalves Quintão, seu ciumento namorado de então, para "limpar" o passado da moça. Contratado pelo jornal para investigar o caso, o detetive chegou à conclusão de que essa seria a versão oficial da história. E foi ela que prevaleceu. Tanto que os dois acabaram condenados pelos crimes, Lou a vinte anos de prisão e Vanderlei a quinze.

Fui encarregado de dar coerência a essa versão na tal entrevista e cumpri a ordem. Porém, dias depois escrevi outra matéria, como freelancer, publicada no jornal *Opinião*, na qual levantava dúvidas sobre o desfecho que *O Globo* apresentara para o caso.

No dia em que *Opinião* saiu, Evandro me mandou uma carta dizendo que se eu, um funcionário da redação, tinha dúvidas quanto ao conteúdo do jornal do qual ele era diretor de jornalismo, devia pedir demissão. Respondi com outra carta na qual dizia que cabia a ele decidir se eu devia ou não permanecer no jornal, já que o poder de me demitir era dele.

Durante uma semana, através de mensageiros, trocamos cartas sem sair do impasse. Até o dia em que, em vez de carta, veio o próprio Evandro à minha mesa e me convidou para um almoço no dia seguinte, no qual só falamos de trivialidades, o que foi a maneira dele de dizer, sem dizer, que o assunto estava encerrado.

A segunda briga aconteceu quando eu — a essa altura um repórter bastante requisitado por grandes revistas e jornais alternativos — achei de modo vão que podia sobreviver como freelancer. E então, em agosto de 1978, invadi a sala dele, disse que já não aguentava mais a rotina do jornal no qual eu me tornara responsável por várias tarefas, mas oficialmente era só copidesque e mais nada, e pedi que me demitisse para que eu pudesse receber (outra vez essa história!) o fundo de garantia que me garantiria a sobrevivência durante alguns meses de um possível desemprego.

Ele fez o que pedi. E eu, que realmente pretendia viver de freelances, dois meses depois, após algumas reuniões com Daniel Filho, fui contratado como roteirista para escrever o seriado *Plantão de Polícia*, na TV Globo. Evandro achou que essa contratação já estava acertada quando lhe pedi que me demitisse e, furioso, me desancou numa última conversa que tivemos e deixou de falar comigo. Só voltou a fazê-lo — de novo como se nada tivesse acontecido — quando ele próprio deixou o jornal e foi trabalhar como diretor de jornalismo na Rede Globo de Televisão, onde eu já estava.

Mas Evandro Carlos de Andrade foi também o responsável pela maior transformação na minha vida de jornalista: o meu lançamento como repórter especializado em assuntos de polícia. E o que isso me deu em termos de experiência, embora eu não exerça mais o jornalismo, rende frutos até hoje em tudo que escrevo, inclusive nas minhas dezesseis novelas de televisão.

Uma das grandes sacadas de Evandro, ao ser convocado para modernizar o verdadeiro dinossauro que era o jornal *O Globo*, foi transformar a seção de polícia numa editoria autônoma e dar a ela grande importância. Até ali, a não ser naqueles especializados (*O Dia*, *A Notícia*, *Luta Democrática*), os jornais publicavam as matérias policiais na seção de Cidade e sem maiores destaques. Só quando uma história de polícia mobilizava a opinião pública é que ganhava real destaque nos jornais ditos sérios. Mas os profissionais que se especializavam no assunto eram vistos nas redações como jornalistas "menores". E, pela maneira obsessiva como se envolviam com as histórias que cobriam, eram muitas vezes objeto de piadas.

Evandro não só deu nobreza aos assuntos policiais em *O Globo* como batalhou para que os textos ganhassem qualidade. E foi por aí que me tornei uma parte dessa história. Certo dia me caiu nas mãos uma entrevista com Wilza Carla, famosa vedete da época, criadora de casos contumaz, que tinha aprontado mais alguma. O texto, que me desculpe o repórter responsável por ele, não cheirava nem fedia. Completamente anódino. Mas eu o virei pelo avesso e o tornei, modéstia à parte, delicioso, com direito até a chamada na primeira página.

No dia seguinte, Evandro veio até a mesa de Frejat com o jornal na mão e perguntou: "Quem mexeu nessa matéria da Wilza Carla?". Na ânsia de se livrar de qualquer responsabilidade, Frejat apontou o dedão para mim e disse logo: "Foi o Aguinaldo". Ao que Evandro retrucou, já se dirigindo a mim: "A partir de hoje você só vai copidescar matérias de polícia".

Isso era a partir de "hoje", porque, a partir dos outros dias, fiz mais ainda. Orientado por ele, criei uma seção diária chamada "Coisas da vida", na qual um caso de polícia, mesmo sem maior importância, ganhava um tratamento especial, de crônica, com direito a ilustração de Marcelo Monteiro. Escrita inicialmente apenas por mim, "Coisas da vida" fez tanto sucesso que depois ganharia uma série de "autores convidados", entre eles os escritores José Edson Gomes e João Antônio, que eram convocados para comparecer à redação numa certa hora e escrever suas versões pessoais dos casos por mim escolhidos.

A "revolução" levada a cabo por Evandro Carlos de Andrade em *O Globo*, não só do ponto de vista gráfico, mas principalmente de conteúdo, fez com que os outros grandes jornais da época — *Jornal do Brasil*, no Rio, *Estadão* e *Folha*, em São Paulo — passassem a dar grande destaque aos casos de polícia e a tratá-los de modo mais "nobre". Foi quando surgiu no *Jornal da Tarde*, de São Paulo, o repórter policial Percival de Souza, que continuou na ativa durante muitos anos e figura entre os grandes de sua profissão.

Nessa época comecei a ser convidado para fazer matérias policiais mais elaboradas para revistas semanais, como *IstoÉ*, e mensais, como *Homem* (que depois se tornaria a versão brasileira da *Playboy*), *Ele Ela* e muitas outras, numa sequência que resultou, em 1977, na outorga do I Prêmio Abril de Jornalismo — "Melhor reportagem individual" — a um texto meu intitulado "Pobres homens de ouro", sobre um dos grupos de elite da polícia carioca do qual nasceria o famigerado Esquadrão da Morte. Sobre esse tema eu me debrucei, deixando a modéstia de lado, com raros vigor e coragem e muitíssimas doses de loucura, na longa sequência de matérias que fiz para os jornais alternativos *Opinião* e *Movimento*, muitas das quais são até hoje citadas como exemplos de textos de alta qualidade publicados na imprensa brasileira.

Um cidadão em apuros

In love com Richard: amor de carnaval
com um americano.

Nos anos 1970, um cidadão chamado Edmílson "Cigarrinho", com quem eu trabalhava na redação de *O Globo* e depois se tornaria meu compadre — apadrinhei seu primeiro filho —, foi preso na Baixada Fluminense numa certa manhã de sábado, segundo disse a polícia em circunstâncias "altamente suspeitas": a pé, quando transportava sobre a cabeça um aparelho de TV, o último e mais precioso item da mudança que fizera durante todo o dia para a nova casa onde passaria a viver com sua família — mulher e filho.

Os policiais que o abordaram na rua naquele dia não perderam tempo com meias-palavras e foram logo perguntando de onde ele tinha subtraído a televisão. "É minha", Cigarrinho respondeu. "Comprei com meu suor, e estou levando pra minha casa." Os policiais não se impressionaram com a resposta e seguiram adiante: "Se é mesmo sua, se foi você quem comprou, então mostra a nota fiscal". Como ele não pôde fazê-lo, foi preso sob suspeita de um furto do qual a televisão era a prova.

Era um sábado. Cigarrinho, de folga no jornal, aproveitara aquele dia para fazer a mudança. Sua mulher, grávida, ficara na casa dos pais enquanto ele, sozinho, cuidava de tudo. Preso "em flagrante" e levado para uma delegacia nos confins poeirentos de São João de Meriti, cidade onde morava, ele protestou o quanto pôde. E não se pode afirmar que seus protestos foram em vão, pois por causa deles levou vários tapas dos policiais que o prenderam, conforme contou depois.

No dia seguinte, certa de que a mudança fora concluída, a mulher de Cigarrinho seguiu para o novo endereço, mas lá não o encontrou, assim como não encontrou a televisão à qual fora reservado um lugar de destaque na sala. Sem saber o que fazer para descobrir o paradeiro do marido, e após cumprir a ronda pelos telefones públicos da área e descobrir que estavam todos quebrados, ela decidiu seguir o caminho mais longo: pegou um trem e depois uma sequência de vários ônibus, que a levaram até o jornal onde ele como contínuo e eu como copidesque trabalhávamos.

Edmílson era aquilo que os meus colegas jornalistas chamavam de "uma figura folclórica". Sempre muito bem-humorado, capaz de tiradas irônicas dignas de um cidadão mais letrado, ele se destacava dos outros contínuos da redação, que não gostavam dele, pois o consideravam "metido a bacana". Mas os jornalistas simplesmente o adoravam. Por isso, naquele domingo em que sua mulher adentrou a redação em prantos e anunciou que ele havia sumido, a notícia mobilizou meio mundo.

Um dos repórteres de polícia, depois de saber que Cigarrinho transportava um aparelho de TV quando sumiu — um vizinho viu quando ele saiu da casa antiga com o objeto sobre a cabeça —, matou instantaneamente a charada: "Negro, pobre, e carregando uma televisão sobre a cabeça? Foi preso, tá na cara".

Em poucas horas o tal repórter chegou à delegacia poeirenta onde Cigarrinho foi localizado e solto. Mas sua sorte podia ter sido outra, se ele não fosse tão querido no local onde trabalhava.

A história de Edmílson Cigarrinho (incluindo os detalhes sórdidos, que ele me contou depois, quando decidi colocá-la na chamada "letra de fôrma") virou *O inimigo público*, um dos meus livros, cujos direitos autorais dividi com ele. E anos depois, também escrito por mim, compôs o episódio piloto da série *Plantão de Polícia*, da TV Globo.

Quem assistir ao episódio verá que a Baixada Fluminense, na qual ele foi quase todo gravado, era bem diferente do que é hoje. Embora houvesse núcleos aos quais, com certo esforço, se poderia chamar de "urbanos", a periferia era formada por vastos e desolados descampados nos quais — e não só por falta de iluminação pública nas ruas e loteamentos — dava medo de circular à noite.

Vários episódios de *Plantão de Polícia* que tinham a Baixada Fluminense como ambiente conseguiram transmitir a sensação de insegurança e medo dos seus moradores. Um deles, exacerbado até onde a televisão e a censura vigente na época permitiam, foi "Lili Carabina", uma personagem que inventei e que depois teve sua identidade disputada na vida real por várias mulheres: "Eu sou Lili Carabina, a loura dos assaltos", todas diziam. E pelo menos uma, que morreu há poucos anos, conseguiu se apropriar da identidade daquela que, a não ser na minha ficção, nunca de fato existira.

Edmílson "Cigarrinho" nunca saiu da Baixada: a última vez que nos encontramos ele era assessor do então prefeito de São João de Meriti, cidade onde continuou morando até morrer.

Quando fui pela primeira vez à Baixada Fluminense, em 1964, ela não era aquela de meados dos anos 1970, composta por alguns núcleos urbanos com uma vasta e desolada periferia: era ainda menos que isso. Eu tinha vinte anos, acabara de chegar no Rio, trabalhava como copidesque no jornal *Última Hora* e "viajara" até lá na qualidade de convidado para o aniversário de um conhecido, nordestino como eu, que morava em Duque de Caxias. Ele me explicou detalhadamente o percurso que eu devia seguir: até chegar à sua casa teria que tomar vários ônibus, dos quais o primeiro saía da antiga rodoviária da praça Mauá, no centro do Rio.

Claro que, depois da terceira mudança de transporte, me perdi. E quando me achei de novo e afinal cheguei à festa, havia muito ela já tinha acabado. Mas o tanto que vaguei pelos confins da Baixada sem conseguir achar meu destino me deixou fascinado. Enquanto anoitecia — e anoiteceu antes que chegasse à casa do tal amigo —, eu sentia aumentar em torno de mim a sensação incômoda de perigo. Era como se tivesse entrado no túnel do tempo e saído no faroeste longínquo. Não cheguei a ver nenhum caubói, é claro. Porém, pastando pelas ruas um tanto improvisadas daquela área, o que não faltava eram cavalos. E também algumas vacas esquálidas que, paralisadas em meio à paisagem modorrenta do subúrbio, pareciam meditar sobre qual seria o significado da existência daquele estranho mundo.

Durante o tempo em que, como jornalista, me dediquei aos trabalhos de freelancer, voltei lá muitas vezes, mas agora de carro, não mais a bordo de trem ou de ônibus. Posso dizer que, nessas muitas visitas, acompanhei o crescimento da Baixada. Mas posso dizer também que a de hoje, embora não seja mais o descampado no qual me perdi e Cigarrinho foi preso, não é menos violenta que a de ontem.

Foi essa, a Baixada de outrora, que fui procurar quando, depois de alguns anos sem ir lá, achei que estava na hora de colocá-la numa novela, e — pasme! — no nobilíssimo horário das nove. *Senhora do Destino*, de 2004, se passava num distrito imaginário de Nova Iguaçu, e quando sua protagonista,

Maria do Carmo, chega lá, o ano é 1968, o Ato Institucional nº 5 acabou de ser decretado e ela se vê confrontada ao mesmo tempo com esse seu presente incerto e com essa Baixada que ficou no passado.

Contrariando as previsões de que, pelo menos na televisão, "a Baixada não dá samba", *Senhora do Destino* foi um grande sucesso e é, até agora, a recordista absoluta de audiência na emissora. Mesmo assim, a região não voltou a ser o ambiente principal de uma novela — nesse quesito, o Leblon ainda é o cenário predileto da teledramaturgia.

Depois de 2004 apenas passei pela Baixada. E só voltei lá uma vez, em 2010, quando fui ao Foro de Nova Iguaçu para responder a um processo por difamação, que foi afinal arquivado. A cidade já era a oitava mais populosa do Brasil naqueles idos de 1970, mesmo que não merecesse sequer ser chamada de cidade, pois não passava de um acampamento improvisado. Desde então ela mudou muito, pelo menos na parte mais central. Mas na sua enorme periferia ainda padece dos mesmos males: falta de iluminação pública, de água encanada, de saneamento e de segurança, problema que sempre afligiu seus moradores e fez com que muitos — quase aconteceu com Cigarrinho — fossem sacrificados.

Mas fiquemos com os anos 1970. Mais então do que agora, era a Baixada que servia de cenário aos casos extremos de violência policial na área que se convencionou chamar de Grande Rio. Era nos seus grotões que davam seus primeiros passos e faziam suas experiências macabras os promotores dessa violência — policiais e bandidos, cada lado por si ou misturados —, numa sinistra associação que só faria crescer nas próximas décadas até ultrapassar as fronteiras da Baixada, se espalhar como um vírus tenebroso por toda parte e ocupar cada pedaço do Grande Rio, hoje um território conflagrado e sob sítio permanente.

Portanto, a única coisa que mudou desde aquela época em que estive lá pela primeira vez é que a violência deixou de ser um privilégio da Baixada e pode explodir a qualquer momento e em qualquer lugar, ou seja: tomou conta de tudo. O que faz com que aquela sensação de insegurança que me acometeu na minha primeira visita à região agora se faça sentir por toda parte.

Na minha época de jornalista, se você era um assim chamado "repórter policial" e se identificava num local de crime ou numa delegacia como um funcionário dos jornais alternativos *Opinião* e *Movimento*, o máximo que conseguia em matéria de informação era que alguém o olhasse com cara de "E daí?" e lhe desse as costas. E não era diferente se fosse falar com as testemunhas de um crime ou os parentes de possíveis vítimas. Nos locais da periferia onde os tais crimes aconteciam, jornais "de verdade" eram *O Dia*, *A Notícia*, *Luta Democrática* e talvez *O Globo*, que passara a dar destaque à editoria de polícia havia alguns anos. Enquanto o *Jornal do Brasil*, lá no alto do seu prédio na avenida Rio Branco, continuava a não se dar ao desplante de falar desses assuntos "sórdidos".

Assim, para ouvir alguma coisa que rendesse matéria, era preciso usar de muita criatividade. Mostrar solidariedade em relação aos vivos e indignação quanto ao que acontecera com os mortos: jamais discordar da versão comum a todos os crimes segundo a qual membros da polícia tinham sido seus autores — mesmo porque ela era quase sempre verdadeira. Na época, talvez se sentindo respaldada pela ferocidade da ditadura, a polícia matava. Não era como hoje, quando ela divide, até com alguma desvantagem, as estatísticas com os bandidos.

Como apurar e/ou correr atrás da notícia fazendo parte da imprensa alternativa e sem pertencer aos quadros daqueles jornais mais lidos e prestigiados? Vejamos uma das matérias que, naquela época, editei no jornal *O Globo*. Era sobre dois garotos executados a tiros por policiais num loteamento de Vila de Cava, em Nova Iguaçu, enquanto os moradores do local, apavorados, ouviam tudo atrás de suas portas e janelas fechadas. Dona Rosângela, que testemunhou a execução e contou como foi ao repórter de *O Globo*, não quis falar comigo na primeira vez em que a procurei, e na segunda não estava em casa — mandou alguém dizer que tinha se mudado.

Outros vizinhos falaram em nome dela, sob a condição de não vir a ser identificados. "Os policiais podiam voltar e acabar com a gente", diziam. Todos tinham medo. Vila de Cava, nessa época, era um descampado, e a rua dos Rosas não ostentava jardim, canteiro ou mesmo uma única flor que justificasse seu nome: ficava num loteamento que, como quase toda a periferia de Nova Iguaçu, era apenas um grande descampado.

De qualquer modo, nesses casos de execução, na época, sempre havia alguns testemunhos anônimos segundo os quais seus autores seriam da polícia. O caso em questão aconteceu num sábado de madrugada, dia em que eu editava em *O Globo* a seção de Cidade e, dentro dela, a de assuntos policiais. Dei, sem consultar ninguém, grande destaque à matéria. A repercussão foi enorme, e os outros jornais também assumiram o caso no domingo. No final desse dia, a surpresa: o presidente Ernesto Geisel, que lera a matéria (ou fora informado sobre ela), se manifestou sobre o caso e exigiu que se tomasse providências quanto a ele.

(Se ele ligou para a redação para se inteirar sobre o assunto? Claro que não — um presidente da República, na época da ditadura, jamais desceria do Olimpo. Ele chamou Armando Falcão, o ministro da Justiça, e ordenou que ele se ocupasse do caso. Isso foi divulgado pela Presidência da República em comunicado oficial. Ou seja, a repercussão da matéria foi tamanha que obrigou o todo-poderoso ditador da vez a exigir providências.)

Na época, quem editava Cidade em *O Globo* era Iran Frejat, ou seu subeditor, José Gorayeb. Eu fazia os títulos e dava o toque final nas matérias principais. O diretor de jornalismo era Evandro Carlos de Andrade. A notícia das execuções em Vila de Cava foi um grande furo para o jornal, mas quando cheguei para trabalhar na segunda-feira senti o clima pesado. O ambiente era de preocupação. Frejat estava muito agitado. E ficou ainda mais quando Evandro veio falar com ele, trazendo o exemplar do jornal no qual fazia anotações e reparos. Como eu trabalhava frente a frente com Frejat — nossas mesas eram geminadas —, no momento em que Evandro deixou o seu jornal diante de mim estiquei o pescoço e pude ler o que estava escrito em tinta vermelha sobre a matéria das execuções de Vila de Cava: "Sinais de perda de controle".

Por que essa "perda de controle"? Talvez porque a notícia tenha chegado à redação apenas como uma nota para ser publicada sem grande destaque. Quem a levantou foi Dílson Behrends, um repórter com jeito de pastor de Igreja pentecostal (a turma da redação dizia, brincando, que ele tinha "cara de coveiro") com muitos contatos na Baixada.

Na verdade, os repórteres policiais da época, com raras exceções, não se preocupavam em escrever bem. Nem produziam relatos, apenas relatórios. O que me chegou às mãos, apenas uma lauda e meia, não era lá grande coisa. Mas quando li, decidi dar à matéria um tratamento especial e produzi um texto muito mais impactante. Tinha umas fotos, não dos garotos, mas de vizinhos com quem Dílson falara, que contavam o que haviam escutado: as súplicas dos dois garotos ("Não me mata, não me mata") e depois a saraivada de tiros. A descrição dos últimos instantes daquelas duas crianças é que trazia impacto à matéria. Por isso a publiquei com grande destaque na página policial e consegui que Luiz Garcia, o editor da primeira página, desse uma chamada.

Naquela época, era comum as pessoas acharem que, quando se tratava de bandido, a polícia tinha mais era que matar e pronto. O problema era que nem sempre as vítimas eram bandidos, e mesmo assim eram mortas. Às vezes por engano, outras por "distração", ou crueldade mesmo. Talvez eu fosse um dos que mais se mostravam abertamente contra, mas não era o único a ficar chocado com isso. Então não havia essa história de direitos humanos: afinal, vivíamos numa ditadura. Mas as pessoas comentavam entre si. E naquela redação onde eu trabalhava, muitos (mas poucos repórteres de polícia) se declaravam afrontados com a violência de alguns desses casos.

De qualquer modo, a violência dos bandidos contra os cidadãos era bem menor que hoje. Naquela época não fazia parte da rotina das pessoas a expectativa de sair à rua sabendo que a qualquer momento podiam ser assaltadas e até mortas, como acontece nos dias atuais. Hoje se rouba e se mata e se desrespeita muito mais o direito de ir e vir das pessoas de bem. Quando é a polícia quem o faz, a reação contrária é quase unânime. Porém quando o matador é um bandido, se alguns ainda acham que ele "tem mais é que morrer" — em geral os próximos de suas vítimas —, um número maior de pessoas prefere lembrar que, mesmo sendo cruéis criminosos, eles têm direitos que devem ser respeitados.

Opinião, que publicou a maioria dos meus textos ditos alternativos, era, como o próprio nome diz, um jornal opinativo. Ele permitia que se imprimisse um tom mais pessoal às matérias — elas mostravam sempre o ponto de vista do repórter que escrevia. Isso foi algo que fiz desde o começo, mas o periódico não me concedeu essa liberdade de graça. Meu primeiro texto, um perfil de Ibrahim Sued (o colunista social mais prestigiado da época), foi capa do jornal e teve tamanha repercussão que me abriu esse espaço.

Mas eu já tinha uma escola: lera muita coisa do Norman Mailer, do Truman Capote, do Gay Talese, do Tom Wolfe. Tinha essa ambição de fazer aqui o que eles faziam, que se chamava "novo jornalismo" e que, em síntese, era: sem fugir à verdade dos fatos, dar a cada matéria um tom pessoal e quase "impressionista". Eu achava aquilo o ponto mais alto a que chegara o jornalismo norte-americano. E como sempre me encantei pelo mundo da reportagem policial, resolvi me especializar nisso.

Naquela época, a polícia era muito mais arbitrária que hoje. Havia um artifício legal na Lei das Contravenções Penais que era uma limitação terrível para todo mundo: o crime de vadiagem. Qualquer um que fosse preso ou interceptado na rua sem a carteira de trabalho assinada era considerado vadio, preso, julgado e em geral condenado. Isso era algo terrível, mas tinha um lado discutivelmente bom para o chamado "sistema": todo mundo andava com a carteira profissional assinada no bolso, o que significava que oficialmente quase não havia desemprego.

Muitas vezes, quando eu saía da *Última Hora* no Rio, Amado Ribeiro (famoso repórter de polícia da época) avisava: "Não vai para a Cinelândia hoje, porque vai haver blitz". E a blitz era sempre uma coisa constrangedora. Uma vez eu seguia em direção ao Bar Amarelinho quando um sujeito me segurou pelos cabelos. Era o delegado Deraldo Padilha — um rematado psicopata e homofóbico então muito prestigiado na polícia até cair em desgraça —, que viera pelas minhas costas. Pediu os meus documentos. Eu estava não só com a carteira profissional, mas também com a funcional, na qual aparecia como jornalista. Ao vê-la — e depois de se certificar de que não era falsa —, ele me perguntou: "Mas o que você está fazendo aqui?".

"Aqui" era a Cinelândia, na época o local mais movimentado da noite do Rio de Janeiro. Respondi que havia centenas de pessoas na rua, saindo ou entrando nos cinemas, ocupando as mesas dos bares, pois não eram nem dezenove horas ainda. Por que eu especialmente, que era um cidadão estabelecido e tinha emprego fixo e comprovado, não podia andar "ali"? Ainda que de má vontade, ele me dispensou e os que olhavam a cena à distância (os gays que frequentavam a região) me aplaudiram por ter dado "um fora" no violento policial que os perseguia.

Sim, nós tínhamos um ressentimento muito grande contra a polícia, mas não era como hoje. Você era a vítima dos desmandos policiais, sofria na carne. Era uma coisa kafkiana, qualquer cidadão podia ser considerado suspeito aos olhos da polícia e até de uma certa facção da Justiça.

Sobre essa questão de abusos policiais, aconteceu uma história incrível na minha própria casa. Eu morava num sobrado na Lapa e hospedava muitos amigos que vinham do Nordeste. Era um imóvel maravilhoso, que ficava na rua Visconde de Maranguape, esquina de Evaristo da Veiga. Tinha algumas paredes adornadas com azulejos portugueses, louça inglesa nos banheiros, uma escada circular de ferro fundido que dava para o mirante, com uma placa na qual estava escrito: *Made in Liverpool*. Infelizmente o sobrado seria derrubado: não só o meu, mas ruas inteiras de residências maravilhosas iguais a ele: uma perda irreparável. E tudo isso para a construção daquele descampado a que chamam de "praça" que hoje é a Lapa.

Quanto às pessoas a quem eu dava abrigo, já eram tantas que, quando meus hóspedes anunciaram que ia chegar mais alguém da Paraíba, disse que não poderia abrigar mais ninguém. Eu acabava alimentando todo mundo, pois era o único que trabalhava e tinha salário. Assim, quando me recusei a receber o novo "emigrado", o que fizeram os outros? Como eu saía para trabalhar às quinze horas e voltava só às 23 do jornal, eles receberam o novo hóspede e o esconderam de mim. Durante o meu horário de trabalho ele circulava livremente até que, antes que eu chegasse, subia pela escada *Made in Liverpool* e ia dormir no mirante do sobrado, onde ficava até que eu saísse de novo para trabalhar no dia seguinte.

Um dia, quase meia-noite, eu estava na varanda escovando os dentes quando vi uma correria na rua. Eram vários policiais fazendo sinais para mim, dizendo que havia um homem no meu telhado: um vizinho o vira e os alertara. Achando que era um ladrão, abri a porta para que entrassem. Os meus amigos ficaram em pânico, mas não disseram nada. Os policiais foram até o mirante e, quando desceram, trouxeram o suposto ladrão já algemado e este, para meu espanto, estava de pijama!

Só depois que os policiais o levaram, algemado e sem que conseguisse se explicar — cada vez que tentava fazê-lo levava um tapa na cara —, os meus amigos assumiram que o tinham escondido no mirante porque ele não tinha onde ficar... E lá fui eu explicar tudo aos policiais de plantão na 5ª Delegacia Policial, um pardieiro na Mem de Sá, para onde ele fora levado.

Depois de ouvir minha explicação, a primeira pergunta que me fizeram foi se o rapaz trabalhava, ou seja, já queriam metê-lo num processo por vadiagem. Para evitar que chegássemos a esse ponto, mostrei meus documentos de jornalista e disse que ele havia acabado de chegar do Nordeste, por isso ainda não tinha arranjado trabalho. Mesmo assim, eles avisaram que o rapaz ia dormir na cadeia — só seria solto no dia seguinte. Fizeram isso de pura maldade. Mesmo sabendo que ele não era um ladrão, obrigaram o coitado a dormir numa cela, com outros presos... E de pijama!

Claro, esse é um caso ínfimo diante do que os presos políticos dizem ter sofrido — e efetivamente sofreram. Mas eu raciocino assim: os presos políticos eram poucos e, depois que a ditadura acabou, foram quase todos ressarcidos com indenizações e aposentadorias. Já os cidadãos comuns que sofreram com a violência policial foram muitos, muitíssimos, poderiam ser contados aos milhares, talvez milhões no Brasil todo... Mas estes tiveram que engolir em silêncio as humilhações e se refazer por sua própria conta do trauma dos maus-tratos.

O princípio do terror, numa ditadura, é considerar todo cidadão suspeito — e continuar a vê-lo como suspeito mesmo que ele prove o contrário. Em todos os regimes repressivos é assim. Naqueles chamados anos de chumbo havia um presídio na Quinta da Boa Vista, o chamado "Galpão da Quinta", no qual ficavam todos os presos que cumpriam pena por vadiagem. Fui visitar muitos amigos meus lá naquela época. Não eram bandidos, nem tinham cometido crime algum, estavam apenas desempregados. Mas a condição de "vadio" era considerada contravenção e dava cadeia, por isso alguns deles chegavam a ser condenados até a seis meses de prisão. Por incrível que pareça, os juízes de então ditavam rotineiramente essas sentenças.

Tive um amigo gaúcho — filho de alemães e batizado "Adolfo", o que sempre me dava o que pensar — que fora preso por vadiagem e a quem eu sempre visitava no Galpão da Quinta. Um belo dia cheguei para a visita e já não o encontrei. Tinha simplesmente sumido e não me deram nenhuma satisfação quanto a isso. E, quando insisti, os carcereiros encerraram o assunto dizendo que "aquela pessoa nunca estivera lá" e pronto: assunto encerrado. Depois disso nunca mais tive notícias de Adolfo.

No final todo mundo morre

Com a patota do *Lampião*.

Dois dias depois da publicação da matéria sobre a "chacina de Vila de Cava", Raimundo Rodrigues Pereira, editor de *Opinião*, me ligou e me encomendou "pra ontem" uma reportagem sobre o assunto. Para escrevê-la eu tinha que contar só com o texto que já tinha sido publicado, a repercussão que ele provocara e a minha opinião sobre o caso — não dava para levantar mais detalhes. Se você é repórter e lhe pedem de noite uma matéria para ser entregue daqui a algumas horas, não há tempo para sair em campo e voltar com novidades: você precisa trabalhar com o que já tem.

Nas matérias que produzi para *Opinião* era quase sempre assim — eu escrevia os textos no calor dos acontecimentos. No caso da matéria sobre Ibrahim Sued foi diferente: tive tempo para pesquisar. Além disso, eu o conhecia, pois copidesquei sua coluna durante vários anos. Todos os dias ele adentrava a redação de *O Globo* numa certa hora e a entregava a mim. E fazia parte dessa rotina que sempre conversasse alguns minutos comigo.

Havia matérias nas quais eu tinha tempo para ir ao lugar onde tudo acontecera em busca de clima e de testemunhas que não dissessem o feijão com arroz de sempre. Mas as pessoas em geral não falavam. Quando o faziam, estavam sempre muito assustadas. E se você dizia que era jornalista de *Opinião*, um jornal que ninguém conhecia, lhe davam as costas e iam embora. Então, eu usava um truque: tentava me parecer o mais possível com as pessoas que ia ouvir. Agia como se morasse "logo ali na esquina" e fosse apenas um curioso. Tim Lopes, grande jornalista, que foi meu "foca" (aprendiz, no jargão jornalístico), era mestre no uso desse disfarce, até que um dia, usando desse mesmo truque, acabou sendo morto por traficantes.

Opinião saía às quintas-feiras. Esse caso de Vila de Cava aconteceu no sábado. Eles tinham reunião de pauta na segunda-feira. Me ligaram de noite, pedindo a matéria já para o dia seguinte, pois os textos ainda tinham que ir para Brasília, onde eram submetidos à Divisão de Censura do Departamento de Polícia Federal. Era tudo muito complicado. Corri atrás do que pude, mas o tempo era pouco e não consegui muito. Parti para o truque do "novo jornalismo": sem deixar de ser factual, dei a minha versão pessoal dos fatos.

Já a matéria que fiz sobre o aniversário da Vila Kennedy ("Vinte anos de uma experiência habitacional" era o título), na qual narrava o dia a dia dos primeiros favelados a serem removidos no Rio, me fez visitá-la três vezes. Pois havia um único ônibus, que saía de lá às cinco da manhã, levando os moradores que trabalhavam no centro da cidade. Quem não conseguisse entrar nele tinha que esperar pelo próximo e chegava atrasado ao serviço. Assim, os lugares do ônibus da madrugada eram disputados pelos trabalhadores da Vila Kennedy a tapas, empurrões e pisadelas.

Eu cismei que tinha que entrar naquele ônibus. Nas duas primeiras vezes, levei safanões por todo lado e não consegui chegar nem perto da porta. Na terceira vez, sim, consegui entrar. E aquela viagem interminável, de Bangu até o centro da cidade pela avenida Brasil afora, a ouvir as queixas daquelas pessoas que só queriam mesmo chegar a tempo no trabalho, foi uma das grandes aventuras da minha vida.

Opinião publicou a matéria com meu título original: "Unidos de Vila Kennedy — vinte anos de uma experiência habitacional". O nome da vila — ainda é o mesmo até hoje — era uma homenagem ao presidente americano morto tragicamente, extensiva a todas as ruas e estabelecimentos do local, que tinham placas em inglês — a padaria, por exemplo, então se chamava "Illinois", nome de um estado americano.

Mas voltando à Baixada. O que me levava lá era um certo fascínio que alguns poderiam até considerar "vicioso". Cada vez que a visitava era como se viajasse para o faroeste longínquo. O ambiente era rural, mas não aquele rural idílico das charnecas inglesas, não... Tudo era muito sombrio. A maioria dos moradores era de nordestinos que traziam para o local uma cultura da violência que então ainda prevalecia nas regiões de onde tinham saído — o agreste e o sertão. Na Baixada havia muitas mortes por peixeira e foice. E não dá para esquecer que durante anos ela teve na qualidade de dono e senhor o deputado Tenório Cavalcanti, o qual, sempre com a metralhadora que ele chamava de "Lurdinha" a tiracolo, atuava lá como um verdadeiro representante do coronelato nordestino.

O primeiro grande caso de execuções na Baixada a ganhar os jornais foi o dos crimes do rio Guandu, ainda na época do governo Carlos Lacerda. Descobriu-se que policiais matavam pessoas e jogavam os corpos no rio, cujas águas, aliás, abasteciam os lares do Grande Rio — essa mesma água que se bebe até hoje. Os mortos do Guandu é que inauguraram o modus operandi de matar pessoas e depois desová-las nos ermos mais sombrios da Baixada Fluminense. Os executores concluíram — com toda a razão — que jogar os corpos não identificados naquele fim de mundo, onde ninguém era alguém, não dava em nada.

Embora o caso, na década de 1960, tenha se tornado um escândalo — o noticiário sobre ele durou meses —, o objetivo real dessa campanha nos jornais não era fazer justiça às vítimas, e sim enfraquecer o governo conservador de Carlos Lacerda. Assim, quando o Guandu enfim saiu de moda, outros locais de desova de cadáveres passaram a ser utilizados, e quase todos eram na Baixada. Poucos chegavam a repercutir, como foi o caso da execução dos dois garotos de Vila de Cava. A maioria "passava batido": aparecia um "presunto" em tal lugar e o caso só merecia cinco linhas no jornal do dia seguinte.

Numa matéria intitulada "Os crimes da Baixada", falei de uma delegacia tão improvisada "que não tinha nem onde ficar". Naquela época, mesmo no Rio, as delegacias eram pardieiros. A 5ª DP, então na Mem de Sá, no Centro, que frequentei muito e nem sempre "a serviço", vivia ameaçando desabar... Até que um dia desabou em parte, mas, proclamaram os policiais orgulhosamente, "os presos não fugiram". Na Baixada, as delegacias eram ainda mais improvisadas. Algumas pareciam tendas. Quanto aos policiais, eles não eram do lugar, só eram indicados para trabalhar lá e isso era considerado uma espécie de castigo.

Sempre que precisei ir à Baixada em razão de um desses textos, foi por minha própria conta. *Opinião* e *Movimento* não podiam se dar ao luxo de fornecer transporte aos jornalistas. Muitas vezes fui de trem, e assim minha viagem começava na Central do Brasil. Chegando na Baixada, precisava pegar um ou até dois ônibus para uma viagem interminável por estradas ermas antes de chegar à cena do crime. Às vezes arrumava carona com um amigo bondoso, que me acompanhava no que a gente chamava de "safári no país das trevas". Depois comprei um fusca. Mas nunca ia só. Por precaução mesmo.

Uma pergunta que sempre me fazem, quando digo que fui repórter policial, é se cheguei a ver corpos executados. Pois vi alguns. Inclusive carbonizados. São ossos do ofício, que se tornam lembranças traumatizantes. Elas me renderam uma frase — dita pelo repórter Waldomiro Pena, aliás o ator Hugo Carvana, no seriado *Plantão de Polícia*, da TV Globo, num episódio escrito por mim: "Quando olho para trás, vejo uma fileira de cadáveres".

Era sempre chocante ver uma pessoa morta, encontrada num lamaçal, numa vala, num terreno baldio ou descampado. Vi alguns, sim. Havia repórteres, como Octávio Ribeiro ("Pena Branca"), que se ajoelhavam ali do lado, examinavam o cadáver, procuravam alguma coisa nos bolsos. Nunca tive o desplante — ou mesmo a coragem — de fazê-lo. Nunca me ajoelhei ao lado de um cadáver, mas tinha que ficar pelo menos suficientemente perto para tentar descobrir alguns detalhes. Quais seriam? Marcas de algemas, por exemplo. Não sei se as algemas ainda são assim, mas, na época, quanto mais a pessoa mexia os braços, mais elas apertavam. E deixavam marcas. Se houvesse uma dessas marcas em cada pulso, você sabia que aquela morte tinha sido obra da polícia. Também queimaduras de cigarro: marca de tortura. O repórter tinha um pouco de perito criminal. Geralmente as queimaduras de cigarro eram feitas no peito, então era preciso puxar um pouco a camisa para poder vê-las.

Algumas palavras usadas no jargão dos repórteres policiais também me chocavam. Exemplo: eu nunca usava a palavra "presunto". Até hoje não me acostumei com isso. Quando me lembro de alguma coisa que tenha visto de mais perturbador ainda fico abalado. Uma coisa é ver alguém que morreu na cama, lá no velório, cercado de velas acesas, dos parentes e amigos, com as mãos placidamente cruzadas. Já outra é ver uma pessoa abandonada, sozinha, cheia de buracos de bala, com a boca literalmente cheia de formigas e uma nuvem de moscas voejando em torno dela no meio do mato.

O que mais me chocou nas vezes em que vi uma cena dessas foi a absoluta solidão de cada um daqueles mortos. Sempre achei que nós, repórteres, devíamos andar com velas nos bolsos para acender pela alma de todos esses defuntos solitários. Mas, nos desculpem todos eles, nenhum de nós nunca se lembrou de fazê-lo.

"Mas é um jornal de veados!"

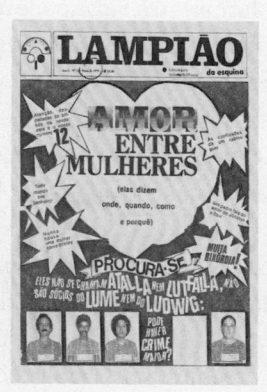

Uma revolução sexual em plena ditadura.

Num dia qualquer de 1977, desci de um ônibus no Posto Seis, em Copacabana, entrei num restaurante chamado Adega di Cesare, comi uma picanha brutal regada a duas caipirinhas e em seguida fui a uma reunião num apartamento próximo. Lá estavam à minha espera o dono do imóvel e outros nove jornalistas, cuja única ligação seria a homossexualidade da qual eram, vamos dizer assim, praticantes notórios. Mas o motivo da reunião não era o que chamariam na época (e creio que ainda hoje) uma suruba, e sim a criação de um jornal dito alternativo: *Lampião da Esquina*, que duraria apenas três anos, tempo suficiente para fazer história.

Façamos uma breve jornada de volta ao passado. Em 1977 esteve no Brasil um cidadão inglês chamado Winston Leyland, que vivia nos Estados Unidos e era editor de um jornal mimosamente denominado *Gay Sunshine*. A publicação era patrocinada por uma entidade americana, o National Endowment for the Arts, cujas verbas generosas também permitiam a Leyland publicar diversos livros sobre o tema. Foi esse o motivo da viagem dele ao Brasil: colher material para uma antologia de escritores homossexuais latino-americanos, que, depois publicada sob o título bem catita de *Now, the Volcano*, veio a se tornar um clássico do gênero.

Eu, que tinha algumas histórias ditas homossexuais no meu currículo de escritor, fui convidado por Leyland para uma feijoada no restaurante Alcazar, na avenida Atlântica, um ponto de encontro de gays na época, fechado depois que seus frequentadores, tidos como criaturas volúveis, se bandearam para outros locais. Aquela foi o que chamaria de uma refeição indigesta. Não por causa da feijoada, mas porque eu e Leyland batemos de frente. Ele tinha uma visão greco-antiga da homossexualidade e eu era mais da pá virada. Ele era de direita e eu, na época, tinha a pele toda empolada por conta do que ele chamava de "doença infantil do esquerdismo". Daí, discutimos; e ele levantou da mesa e foi embora, abandonando a feijoada e o papo, quando eu lhe disse que o Império Britânico nunca seria o que foi sem o ouro e a prata do Brasil, do Peru e da Bolívia, além das especiarias da Índia e tudo o mais que roubaram do resto do mundo.

Sejamos justos com o cavalheiro: mesmo sem nunca mais falar comigo, ele incluiu em sua antologia hoje clássica uma novela minha chamada *O amor grego*, que ocupou boa parte do livro.

Durante sua estadia no Rio de Janeiro, Leyland foi ciceroneado por um cidadão gaúcho chamado João Antônio Mascarenhas. Criado para ser o herdeiro de uma estância monumental nos pampas, João Antônio acabou preterido em favor de um irmão mais novo depois que o pai descobriu que ele servia de "prenda" — "Aliás, com muito gosto", me disse um dia — para um dos peões da estância. Gaúcho que é gaúcho, diz a lenda, é sempre macho, ainda que não o seja. Assim, ao mostrar que, embora fosse gaúcho, não era desses, o ex-futuro estancieiro foi condenado ao exílio no Rio de Janeiro. Mas um exílio dourado, pois a família lhe deu tudo que ele pediu, com a condição — que ele cumpriu com muito gosto — de nunca mais voltar aos antigos pagos.

Mal chegou no Rio, o gaúcho João Antônio tratou de se integrar à comunidade gay e nela logo se tornou notório. Sem nunca perder seus arroubos de estancieiro — era mandão e autoritário —, destacou-se como um líder nato. Era o exemplo máximo do que se poderia denominar, na época, de ativista — e sua bandeira, claro, era o ainda chamado "amor grego". Disparava cartas para o mundo inteiro em busca de pessoas que pudessem colaborar com sua causa, e um dos primeiros a responder aos seus apelos foi Winston Leyland.

Depois que o editor de *Gay Sunshine* voltou para os States, João Antônio passou a alimentar o sonho de fazer no Brasil um jornal parecido com o dele. Na época, tudo que havia para essa seleta fatia de leitores era um certo boletim mimeografado — o *Snob* —, editado sem nenhuma periodicidade por outro gay notório, com quem João Antônio havia brigado. A sua fome — acabar com o *Snob* e dar uma lição no desafeto que o editava — se juntou à vontade de comer, quer dizer: criar um jornal gay brasileiro. De tanto pensar no assunto ele teve uma ideia brilhante: fez uma lista de dez jornalistas (ou escritores) homossexuais mais ou menos "assumidos" e os convidou para um convescote em sua casa.

Hoje posso dizer que a escolha de João Antônio foi meio aleatória. Só na redação de *O Globo*, onde então eu trabalhava, além de mim havia pelo menos quatro homossexuais (dois deles na editoria de esportes) que, em matéria de sexualidade, atuavam full time, embora não o apregoassem. Já os dez escolhidos não se preocupavam muito em fazer segredo dessa, digamos, "condição", o que os levou a serem os únicos da lista.

Quem eram eles? Tenho a veleidade de achar que era o primeiro. Os outros da lista rosa do quase estancieiro gaúcho eram: Antônio Chrysóstomo, Gasparino Damata, Clóvis Marques, Francisco Bittencourt, Adão Acosta, Darcy Penteado, João Silvério Trevisan, Jean-Claude Bernardet e um que não era jornalista, mas, na qualidade de professor universitário e antropólogo, escrevia artigos em jornais: o inglês Peter Fry, considerado pela unanimidade dos demais "um pecado de homem".

O convescote, ao qual cheguei calibrado pelas caipirinhas, logo se transformou numa animada e produtiva reunião de trabalho. E quando ela terminou, quatro horas depois, já tínhamos o nome do jornal e sua primeira pauta. Ele se chamaria *Esquina*; e em seu número zero teria como assunto de capa a saga de Celso Curi, jornalista que abordava temas gays em sua coluna na *Última Hora* de São Paulo e estava sendo processado por isso pela ditadura.

Um problema técnico — quem editaria o jornal? — foi logo contornado: João Antônio deixou que lhe baixasse diante de nós sua alma autoritária de estancieiro gaúcho e decretou: "Será o Aguinaldo".

Topei sem pensar duas vezes, pois vi na chance de editar esse jornal destinado a afagar os gays brasileiros uma oportunidade maior: a de fazer um órgão (acho que a palavra não pega bem aqui) ousado, criativo e debochado. *Esquina*, o nome escolhido para o periódico, afinal não vingou, pois já tinha sido registrado. A alternativa proposta por mim — acrescentar um *Lampião da* ao nome originalmente concebido — ganhou uma conotação completamente dúbia quando um ilustrador de *O Globo*, Mem de Sá (heterossexual, diga-se de passagem), convidado a desenhar o logotipo do jornal, achou que *Lampião* era uma referência ao cangaceiro notório e desenhou sob o título um chapéu igual ao que "o terror do sertão" usava nos seus dias de glória e antes de ser morto.

O fato de um jornal "de bichas" adotar esse nome e, assim, ter como padroeiro um dos maiores representantes da machice do povo brasileiro já dizia com toda a clareza, antes mesmo que ele chegasse às bancas, o quanto *Lampião da Esquina* seria debochado.

Poucos meses depois da reunião no apartamento de João Antônio (em abril de 1978), com *Lampião* já instalado numa sala da rua Joaquim Silva, na Lapa, após muitas madrugadas em claro e dezenas de viagens aos subterrâneos do *Jornal do Commercio*, na Gamboa, consegui que fosse impresso seu número zero. E o assunto de capa era o que tinha sido programado: ao lado da foto do jornalista, o título chamativo, "Celso Curi processado. Mas qual é o crime deste rapaz?".

A primeira edição, ou o número zero, de *Lampião da Esquina* rodou 15 mil exemplares. E como não havia espaço para guardá-los — as impressoras do *Jornal do Commercio* cuspiam a cada hora todo tipo de jornal e suas oficinas viviam abarrotadas —, tratamos de fechar um contrato com a distribuidora Fernando Chinaglia, que recebeu o jornal no seu galpão e lá o deixou amontoado. Depois de três dias sem que nenhum jornaleiro se interessasse por ele, João Antônio convocou uma reunião de emergência e nos perguntou: "O que fazer?". A resposta veio de Adão Acosta, que trabalhava em *O Dia* e era meu subeditor não declarado: "Vamos todos pro galpão da Fernando Chinaglia, de madrugada, mostrar o jornal ao pessoal das bancas e convencê-los a levá-lo".

Assim foi feito. De madrugada, com o galpão lotado de italianos ou seus descendentes, que então dominavam o comércio de bancas de jornais no Rio de Janeiro, entramos lá, rasgamos os papéis que escondiam *Lampião*, cada um de nós saiu a exibir um exemplar para os possíveis interessados e, por toda parte, o que se ouviu foi o mesmo comentário dito em altos brados: "Mas é um jornal de veados!".

E nenhum jornaleiro, depois de lhe dar uma olhada rápida e reagir com nojo, se dignou a levá-lo. "E agora, o que fazemos?", perguntaram meus atribulados colegas de redação... E eu respondi na bucha: "Amanhã voltamos".

E assim fizemos: voltamos e voltamos e voltamos. Nos quatro primeiros dias, a nossa chegada causava no galpão da Fernando Chinaglia um rebuliço nunca visto. No sexto percebemos que, com mal disfarçada curiosidade, os jornaleiros já nos esperavam. No sétimo, estávamos todos tomando cachaça com eles no boteco da esquina. E no décimo dia já não havia no galpão um único exemplar de *Lampião da Esquina*: o "jornal de veados" aparecia exposto em todas as bancas da cidade.

Lembro-me de quando o vi com grande destaque — como um verdadeiro lampião a brilhar no entorno escuro — na banca do Serrador, na Cinelândia, a única na cidade que ficava aberta dia e noite. Diante dele, a inspecionar sua primeira página, curiosos, mas assustados, alguns dos velhos habitués da região, gays que no começo encararam *Lampião* como um sinal do fim do mundo, mas depois passaram a comprá-lo fielmente, embora pedissem ao jornaleiro Giuseppe que o embrulhasse em papel pardo.

Em seis meses, o frescor que *Lampião* deu à cada vez mais pesada imprensa alternativa o transformou num sucesso. Mas antes disso houve a primeira dissensão — justamente a de João Antônio. Fechadas as contas do segundo número, ele convocou outra reunião em sua casa para reclamar que o jornal não saíra como ele esperava, pois, explicou, para expor e defender a causa gay só havia um caminho para o (essa palavra de novo) órgão com o qual sonhara: que ele fosse digno, sério e respeitoso.

"Nem o *Estadão* é tão radical", eu lhe disse.

Ao que ele me respondeu, de modo curto e grosso: "Mas nós seremos". E sacou do bolso um calhamaço de sete laudas escritas à mão enquanto dizia: "Estas são as novas diretrizes do *Lampião*, e elas devem ser publicadas no próximo número na primeira página". Peguei o calhamaço, arrisquei uma vista--d'olhos e proclamei: "Não publico isso nem que o Geisel [o presidente da República na época] entre por aquela porta e me diga que essa é a única saída para eu não ir parar no presídio da Ilha das Flores de novo!".

Em resposta, João Antônio foi até um móvel, abriu uma gaveta, tirou de lá um daqueles chicotinhos de gaúcho e, depois de brandi-lo em minha direção, gritou: "O jornal foi ideia minha, e nele sou eu que mando!".

E eu, sem me abalar, mas sempre de olho no chicote que ele brandia em minha direção, lhe disse: "Então trate de editá-lo".

E abri a porta e me escafedi antes de ser chicoteado.

No corredor do prédio, enquanto esperava o elevador, eu ouvia os gritos vindos do apartamento de João Antônio e pensava que só três categorias de seres humanos em todo o universo são capazes de dar aqueles gritos tão agudos: as sopranos, as crianças antes de ultrapassarem os três anos e os veados de qualquer idade.

Adão Acosta me contou depois que, acuado pelos outros membros do Conselho Editorial, houve um instante em que João Antônio (literalmente) se rasgou todo e proclamou: "Já que preferem ficar do lado daquela bicha do cabelo esticado" — era eu! —, "saio da merda desse jornal e quero mais é que vocês se fodam!".

Assim, depois de ser procurado pelos demais e devidamente acarinhado, naquela madrugada mesmo eu já adentrava as oficinas do *Jornal do Commercio* carregando um monte de paste-ups para fazer o trabalho de jornalista ao qual me dedicaria nos próximos três anos: editar o jornal que era "de veados". Mas, talvez por isso mesmo, e por conta da época difícil em que vivíamos, era também revolucionário.

O primeiro número de *Lampião da Esquina* saiu em abril de 1978 e os custos foram bancados pelos membros do Conselho Editorial, mas com uma ressalva: a partir daí o jornal teria que se pagar sozinho. Para isso, criamos uma editora chamada Esquina, que publicava livros preferencialmente relacionados com o universo gay; abrimos uma carteira de assinantes, que nos surpreendeu, já que estes chegaram em pouco tempo à casa dos milhares, e de todos os pontos do país; solicitamos a ajuda dos simpatizantes para nos angariar publicidade, e conseguimos vários anunciantes fiéis, inclusive a distribuidora Fox Filmes, que nos dava sempre anúncios de página inteira dos seus lançamentos — um deles foi, imagine só, um filme de Francis Ford Coppola, *Apocalipse Now*. E organizamos as festas chamadas Bixórdia, realizadas sempre no Teatro Rival, que atraíam grande público para ver os artistas que, "fiéis ou simpatizantes da causa", iam lá se apresentar de graça.

Mas o que me surpreendeu mesmo foram as vendas do jornal, turbinadas pelos jornaleiros italianos, que, depois de toda a nossa insistência no galpão da Fernando Chinaglia, passaram, com todo o respeito, a torcer por nós. *Lampião* tirava 20 mil exemplares e praticamente se esgotava. Formamos uma rede de distribuidores que o recebia nas principais capitais do país, com destaque, é claro, para São Paulo. Nos quase três anos de existência do jornal, chegamos até a lançar três números extras, um deles com as grandes entrevistas feitas pela turma da redação.

Sobre isso, uma história infeliz, mas com uma reversão de expectativa que a tornou positiva: quando Fernando Gabeira chegou do exílio em grande estilo — que incluía a famosa tanguinha de crochê com que ele desfilava nas areias de Ipanema — lhe perguntamos se nos daria uma entrevista, e ele, que era a mais solicitada das pessoas entrevistadas àquela altura, respondeu na bucha: "Por que não?".

Marcamos na mesma hora. Munidos de um gravador daqueles tamanho gigante, fomos todos ao apartamento do ex-exilado ilustre e lá ficamos a lhe fazer perguntas durante quatro horas. Tão siderados ficamos com o entrevistado que esquecemos de verificar se o gravador estava registrando tudo. De volta à redação, tratamos de fazê-lo e só então descobrimos que o tal gravador-monstrengo não gravara sequer uma palavra. Como diria Joseph Conrad: o horror, ah, o horror!

Francisco Bittencourt, um dos membros do conselho, já começava a arrancar os poucos cabelos que lhe restavam, quando argumentei: "Gente, o Gabeira, antes de ser *este* Gabeira da tanguinha e aquele outro do sequestro do embaixador, era jornalista! É claro que isso já aconteceu com ele".

E daí, perguntaram os outros, o que fazemos? "Simples", eu disse. "Ligamos para ele, contamos o que aconteceu e perguntamos se topa nos dar a entrevista de novo." Assim fizemos. Gabeira topou e — incrível — a entrevista durou quatro horas outra vez e saiu praticamente a mesma. E, dessa vez, gravada de cabo a rabo, quando publicada se tornou um dos maiores sucessos do jornal.

Para mim, editar *Lampião da Esquina* — e administrá-lo, porque também fazia isso com a preciosa ajuda de Francisco Bittencourt — foi a mais prazerosa aventura de minha vida. Nem quando fugi da polícia correndo pelos telhados da Lapa junto com Alemão me diverti tanto. As madrugadas em que eu e Adão Acosta fomos parados pela polícia nas cercanias da praça Mauá, quando íamos para as oficinas do *Jornal do Commercio* com os paste-ups das páginas do jornal cuidadosamente separados no banco de trás do meu carro...

"O que é isso aí atrás?", perguntavam os policiais. E nós respondíamos alegremente: "Matérias para um jornal!". Era a senha para que os meganhas se lançassem sobre os paste-ups em busca de material subversivo... E eu e Adão contávamos os segundos até que um deles pronunciasse a frase que havia se tornado o nosso "Abre-te, sésamo": "Mas é um jornal de veados!".

E, às gargalhadas, depois de soltar todas as infames piadas de sempre, nos deixavam ir embora, sem saber que, com sua linguagem debochada e por conta dos temas que abordava, o "jornal de veados", durante o tempo em que frequentou as bancas, foi de longe o mais subversivo da imprensa alternativa.

Sim, *Lampião* provocava em muitas pessoas sorrisos de condescendência ou ironia. No auge da ditadura ninguém nos considerava perigosos. A não ser uma pessoa, justamente a mais poderosa de todas: Armando Falcão, o então ministro da Justiça e que, segundo boatos recorrentes da época, tinha, bem, aqui terei que ser discreto... tinha problemas com a homossexualidade.

Para a maioria dos membros do Conselho Editorial do jornal *Lampião da Esquina* — e também seus legítimos proprietários —, tudo era festa. Mas eu, que já passara pela prisão da Ilha das Flores e pela experiência de ver minhas matérias para *Opinião* e *Movimento* censuradas, não tinha a menor dúvida de que surgiriam problemas para nós e tratei de alertá-los. Assim, quando chegou a primeira intimação na sede do jornal para que comparecêssemos um a um à Polícia Federal, já estávamos preparados.

Comparecemos, é claro. Se não o fizéssemos, seríamos obrigados. Lá, por ordem do ministro da Justiça em pessoa, segundo nos disseram, fomos devidamente fotografados e fichados. O procedimento era sempre o mesmo. De posse de um vasto dossiê sobre nós e o jornal — ao qual não tínhamos acesso —, um delegado o folheava enquanto nos fazia perguntas que considerava "embaraçosas".

Tornou-se icônica a resposta de João Silvério Trevisan a um "dr. delegado". Quando este nos perguntou como devia nos chamar, ele respondeu: "Pode nos chamar de veados...".

Sentimos nesses depoimentos uma tentativa de pressionar os editores do jornal no sentido de causar-lhes um sentimento de culpa. A primeira e estranha pergunta que faziam era se confirmávamos que éramos homossexuais. Queriam que uma confirmação oficial de cada um constasse do inquérito. Só depois faziam perguntas sobre nosso trabalho "oficial": éramos jornalistas, professores etc., e eu sentia nisso uma ameaça velada, ou seja, por causa da brincadeira de mau gosto que era *Lampião* podíamos no mínimo perder nossos empregos. O problema é que nosso advogado era Modesto Silveira, que nos defendia em nome da Associação Brasileira de Imprensa. Isso os impedia de nos descaracterizar como o jornal que *Lampião* de fato era.

Ficamos sabendo que os responsáveis pelo inquérito tinham entregado vários números de *Lampião* à Divisão de Censura para que ela emitisse um parecer sobre o jornal. E se este fosse negativo, como acreditávamos que seria, eles poderiam usar contra nós o Decreto-Lei nº 1077, de janeiro de 1970, que estabelecia a censura prévia, ou seja, "aplicada antes da publicação ou difusão das ideias". Mas, por alguma razão misteriosa, esse parecer nunca saiu, ou pelo menos não foi divulgado nem levado em conta — acho que até na Divisão de Censura havia pessoas que liam *Lampião* em segredo.

Um exemplo do modo debochado como o jornal tratava mesmo os assuntos mais sérios: no primeiro número lançado após a intimação da Polícia Federal (maio de 1979), publicamos na capa as fotos de cinco membros do Conselho Editorial vestidos de presidiários sob a manchete: "Pode haver crime maior?".

A questão era que aqueles métodos usados pela polícia para processar os outros jornais nanicos não se aplicavam a *Lampião*, cujo crime era ser apenas (e de novo) "um jornal de veados". Como agir nesse caso? O delegado que nos interrogava não sabia... E nada sobre nós ficou muito apurado. Mesmo assim, Armando Falcão bateu o pé e exigiu que o inquérito continuasse. Depois de concluído, ele foi enviado à Procuradoria-Geral da República, que deveria transformá-lo em processo. Mas isso não aconteceu, pois o procurador dele encarregado mandou arquivá-lo sem maiores comentários... Isso após dar muitas gargalhadas junto conosco durante uma reunião que tivemos no seu gabinete.

Logo depois do arquivamento do processo, em janeiro de 1980, *Lampião* realizou em grande estilo, no auditório da Associação Brasileira de Imprensa, o I Encontro Nacional do Povo Gay, ao qual compareceram delegações de vários estados, com predominância de cariocas e paulistas. Fiz questão de atuar apenas como observador e jornalista (coube a mim coordenar a cobertura do evento), e assim pude perceber que ali começava um desencontro de opiniões, e que este levaria o jornal a um racha inevitável entre os membros paulistas e cariocas do Conselho Editorial.

Os paulistas, liderados por João Silvério Trevisan, que já haviam conseguido até uma entrevista com o então líder sindicalista Luiz Inácio da Silva (publicada sob o título: "E na classe operária, não vai nada?"), queriam que *Lampião* se tornasse mais político, ou "sério", e se posicionasse como uma espécie de braço gay do Partido dos Trabalhadores; já os cariocas, liderados por Francisco Bittencourt, preferiam que o jornal se tornasse ainda mais debochado. Houve duros embates, que resvalaram para a velha rivalidade entre cariocas e paulistas, o que deu margem a uma reação inesquecível de uma das lésbicas presentes no evento. No auge da discussão, ela tirou o sapato, bateu com ele na mesa e decretou: "Vamos recolher as penas, meus senhores, e parar com essa discussão sobre quem é melhor, se Rio ou São Paulo. Não esqueçam que bairrismo é coisa de heterossexuais!".

Percebi naquele I Encontro que não haveria um segundo, e que o próprio *Lampião* não duraria muito. As discussões na redação se tornaram frequentes e chegaram ao auge em junho de 1981, quando me recusei a publicar um artigo de oito páginas, escrito por um dos colaboradores paulistas, sobre as vantagens (inclusive políticas) que os gays teriam na vida se fossem vegetarianos. Meu argumento contrário, "Veado gosta mesmo é de carne!", provocou uma troca de acusações e insultos tão violenta que dela não poderia mais haver retorno. E que só terminou quando anunciei que não editaria mais o jornal e fui embora.

Como não sou de olhar para trás depois que abandono um barco, nunca soube como a discussão em torno das vantagens de não comer carne terminou. Mas Adão Acosta me contou depois que, como ninguém se habilitou a me substituir no cargo de editor, trataram todos de ir para casa após decretar que a partir daquele dia o ciclo de vida de *Lampião da Esquina* estava encerrado.

O último número ainda ficou nas bancas até que os jornaleiros tratassem de recolher as sobras e jogá-las no lixo. A manchete que ele ostentava era uma pergunta: "Veado gosta de apanhar?". Nos seus quase três anos de vida *Lampião* talvez tenha respondido que sim... Ou "talvez, quem sabe?". O que me faz lembrar o episódio a seguir, que junta essas duas vertentes da minha vida de então — o assim chamado ativismo homossexual e o meu fascínio pelos temas relacionados com a polícia.

Naquela noite de 1978, o Teatro Rival registrou em sua plateia a maior concentração de gays de todos os tempos. Não era para menos, já que naquela ocasião se festejava o primeiro aniversário do jornal *Lampião da Esquina*, dedicado à "classe", numa festa chamada Bixórdia. Compareceram vários artistas, atendendo ao convite de Antônio Chrysóstomo, que até pouco tempo antes fora crítico de MPB da revista *Veja* e dirigia shows, e lá se apresentaram de graça. Primeiro houve um coquetel regado a muitas caipirinhas, o que descontraiu o ambiente ao máximo. Eu, que comandava a festa e estava atento a todos os detalhes, logo percebi a esquiva figura de cabelos ruivos que, com uma cara de pedra e uns olhos azuis e vidrados, observava tudo.

"Quem é?", perguntei a certa altura, acho que a Ângela Leal, a dona do teatro. E ela me respondeu: "É um policial que faz a nossa segurança".

Seu nome de batismo era William, mas, não sei por quê, gostava que o chamassem Wallace. William Wallace foi um escocês dos idos do século XIII que comandou a luta pela independência do seu povo contra os ingleses. E teve sua vida retratada sete séculos depois no filme *Coração valente*, que ganhou o Oscar de 1996.

Não sei se o William Wallace que conheci naquela noite era filho de algum escocês que o batizou com esse nome para homenagear o compatriota remoto ou se era tudo apenas coincidência. O que logo descobri é que o nosso WW, junto com alguns asseclas, tinha o hábito de forjar flagrantes de assédio contra homossexuais incautos para depois achacá-los. E com o tempo se tornara figurinha carimbada na Cinelândia, onde suas vítimas passadas faziam questão de apontá-lo. O problema é que ele era um homem muito bem-apessoado, e assim, mesmo sabendo do perigo que corriam, muitas das vítimas futuras não resistiam às suas cantadas e se deixavam levar para o local do centro da cidade apelidado de "Via Ápia", onde eram achacadas.

Enquanto a festa se desenrolava e a descontração no Teatro Rival chegava às raias do "tudo é permitido", William Wallace ficava cada vez mais tenso lá no canto escuro onde se abrigava. Quando afinal a festa acabou, seus olhos azuis havia muito tinham deixado de piscar e pareciam duas brasas.

A turma de *Lampião* foi embora e só eu fiquei no teatro, para acertar a nossa conta com o dono do bufê responsável pelo coquetel oferecido aos artistas e convidados antes do show. Sentamos num canto mais discreto e eu estava empenhado em negociar um desconto quanto vi William (ou Wallace) sair do escuro de revólver em punho, apontar na nossa direção... e atirar três vezes para o alto.

Será que é preciso dizer? Mal ouvimos os disparos, eu, bem como o homem do bufê — assim como todos os que ainda estavam no teatro —, mortalmente assustados, corremos cada um para um lado. E só acertamos nossas contas dias depois num local mais seguro, a redação do jornal, que ficava na rua Joaquim Silva, na Lapa.

Nunca mais o vi depois disso nem tive notícias dele a não ser num certo domingo em que, ao pegar na portaria do prédio o meu exemplar de assinante do jornal *O Globo*, vi em sua primeira página a foto na qual um homem chutava de modo impiedoso um cadáver: era William Wallace.

Corri até a página indicada na chamada de capa e lá a história era contada assim: o corpo de um suposto assaltante morto a tiros jazia à beira de uma estrada do subúrbio. Mal a equipe de *O Globo* chegou lá para documentar o fato — foi a primeira a aparecer —, um carro parou, um sujeito cheio de atitude desceu, perguntou quem era o "presunto" e, ao saber que era de um possível assaltante, começou a chutá-lo aos gritos de: "Bandido tem mais é que morrer!".

A chocante reação do desconhecido, que depois entrou no carro e foi embora, resultou na publicação daquela foto na primeira página do jornal e, dada a repercussão dela — disso eu soube depois —, resultou na sumária expulsão de

William Wallace da polícia a bem do serviço público por má conduta.

Durante dois anos, exercendo a dupla função de editor do jornal *Lampião* e roteirista da TV Globo, ainda vi William Wallace algumas vezes, a perambular pelas madrugadas da Cinelândia, com seus olhos de fogo sempre a pesquisar o entorno em busca de gays incautos que fossem bastante corajosos para arriscar uma ida até a Via Ápia com ele... Até que tudo mudou: *Lampião* fechou suas portas e a própria Cinelândia deixou de ser um point de homossexuais.

E, como se tudo não tivesse passado de um sonho e finalmente eu tivesse acordado, nunca mais vi ou sequer tive notícias de William Wallace, o homem de cabelos ruivos e revoltos e com olhos azuis de puro fogo.

Balada para Madame Satã

Uma luz na soturna vida da Lapa.

Dia desses alguém me perguntou se por acaso eu tinha cruzado com Madame Satã durante minhas andanças na antiga Lapa. Aí vai a resposta: não só cruzei como fiz aquela que talvez seja a última entrevista que ele concedeu, em 1975, pouco menos de um ano antes de sua morte. E, como sou daqueles que matam a cobra e mostram a cobra morta (do contrário, meus detratores dirão: "Lá vem ele com aquelas histórias da carochinha de novo!"), eu lhe digo onde a entrevista foi publicada: numa das edições de 1975 do *Livro de Cabeceira do Homem*, um livro/revista lançado na época pela editora Civilização Brasileira, cujo redator-chefe era ninguém menos que o paulista João Antônio — um dos maiores contistas do Brasil e figura rara que, infelizmente, morreu muito cedo. É dele o texto de apresentação, que aqui reproduzo na íntegra, tal como foi publicado pela revista.

"Naquele ambiente infernal (acrescente-se ao que já disse a fumaça, a luz soturna, a música infame e o doce cheiro de mofo) Satã surge como uma luz. De repente, ao vê-lo aureolado pela porta a conversar com o leão de chácara, me sinto bem perto de compreendê-lo: Madame Satã é aquele que venceu a solidão, que construiu um mundo tão perfeito onde viver com sua paranoia, que acabou por se transformar num fenômeno, numa figura isolada, única. É isso que o faz brilhar, sozinho, naquele mundo de desespero — por ser ele a prova definitiva de que a loucura também tem suas formas de perfeição e método."

Flagrante em alto e profundo, esse retrato descarnado, sofrido e sem dissimulação revela uma visão nova da figura legendária de Madame Satã, veterano homossexual, famoso pela valentia nas brigas físicas, herói da Lapa. É, mais do que seguramente, o primeiro trabalho jornalístico a tratar Satã e o bairro carioca sem folclore, sem pitorescos, sem história e sem literatura. Aguinaldo Silva — um escritor e um dos grandes jornalistas brasileiros do momento — morou, viveu e sofreu na pele uma Lapa dos pobres e dos pingentes urbanos, mais humana, decadente e verdadeira. Com essa arma — a vivência — surpreende Madame Satã nos seus redutos mais badalados, na sua mentira (sonho?) mais total e dramática, como num encontro no último dos cabarés da Lapa, o Casanova, entre travestidos, bêbados e tipos miseráveis.

Satã aparece na sua intimidade de lúmpen, de mal-amado, de mito fabricado pelos intelectuais de classe média da Zona Sul carioca. E a desmistificação de sua heroicidade ou grandeza se desdobra em uma pergunta terrível: também a Lapa dos capoeiras, de Nelson Naval, de Edgard e do rosário de cabarés, não terá sido um mundo de sonho e mentira de toda uma geração de boêmios; não terá sido uma forma romântica de fantasiar de aventura e pitorescos, entre os Arcos, um dia a dia tão insípido, descolorido, rastaquera e, principalmente, tão solitário? (João Antônio)

A essa brilhante e generosa apresentação de João Antônio na revista segue-se o meu texto que, daqueles que escrevi na minha fase de jornalista de assuntos policiais, foi o que escolhi para publicar neste livro.

O primeiro encontro foi no Bar Amarelinho, e quase não se consumou. Eu, trêmulo e gago, só pude chamá-lo de "Madame", e ele, as narinas como se estivessem prestes a soltar labaredas, me perguntou, mortalmente insultado: "Quer me ofender?".

Disse que não, e lhe perguntei por quê. E a resposta veio com um esvoaçar de sobrancelhas: "Porque meu nome é Satã. Madame é a sua mãe".

Antes preciso fazer uma pausa para falar do Bar Amarelinho, um lugar que já era sórdido mesmo antes de ser devorado pelo buraco do metrô. Muitas vezes eu me sentei lá, à noite. Ficava apreciando o desfile das bonecas: tinha as bonecas, tinha uns garotos que geralmente vinham do Paraná, ou de Campos, e que pediam à gente para pagar um chope com batatas fritas, tinha uns velhos que desciam do Bola Preta fantasiados de "mamãe eu quero" (um vestidinho branco de bolinhas pretas e uma chupeta na boca), e tinha duas mulheres, sempre as mesmas, uma gorda e distinta, e outra magra nem um pouco distinta.

Esse pessoal ocupava seus lugares todas as noites, e seus movimentos eram orquestrados por um garçom português de 280 anos chamado Ribeiro, e havia ocasiões — muito raras, é verdade — em que a orquestração era perfeita: quem passasse de longe e não os conhecesse pensaria que todos eram felizes. Isso era à noite. Mas nos domingos de tarde o Bar Amarelinho se transformava num local ainda mais bizarro: apareciam uns casais de namorados que tinham ido à sessão das duas no Metro Passeio, ou então umas famílias que, depois de dar milho aos pombos da praça Floriano, sentavam lá e tomavam guaranás. Aí, Ribeiro fingia que era garçom de um bar muito decente. E quando aparecia uma daquelas figuras noturnas — para espanto e mudez dos frequentadores das tardes dominicais —, ele tratava a pontapés, e alguns, nem sequer atendia.

1. Em busca do mito

Para se chegar a Madame Satã pode-se escolher dois caminhos. O primeiro é através dos intelectuais que o venderam ao chamado público leitor, e hoje faturam sobre sua imagem. O segundo inclui uma espécie de descida aos infernos, e o diálogo com pessoas como Satã, mas que mantêm em relação a este uma atitude crítica — quer dizer, nunca levam sua legenda inteiramente a sério.

Após algumas tentativas infrutíferas de seguir o primeiro caminho — nos chamados meios intelectuais há quem considere Satã uma propriedade sua —, preferi o segundo, que se revelou bem mais fácil. Ele tinha acabado de fazer uma peça, *Lampião no Inferno*, e havia sumido por uns dias. Mas Fujika, um rapaz que se divide entre a profissão de cabeleireiro e as músicas que entoa travestido no Cabaré Casanova (ele é adepto do gênero Nora Ney), fez um contato inicial. E o primeiro encontro foi marcado no Bar Amarelinho.

De uma coisa eu me certifiquei, logo após o diálogo sofrido no começo, e quando vi Satã já sentado, saboreando os olhares curiosos das mesas próximas (alguém dissera quem era ele, e o murmúrio se espalhara como uma brisa de verão): ele estava ali para manter acesa a chama, quer dizer, para se mostrar exatamente como os que o entrevistaram anteriormente preferiam: como a bicha valente que enfrentava legiões de PMs, derrotando-os todos, deixando-se prender apenas quando queria. Arrisquei uma pergunta: "Satã, aqueles PMs com quem você brigava...".

Ele me interrompeu com um gesto.

"Eu não provocava ninguém. Mas aqui na Lapa, sabe como é, o ambiente era pesado. Aí, as pessoas estavam sentadas na mesa, os paisanos, você sabe, e vinha a polícia e pedia documentos. Aí, os coitados não tinham carteira assinada, e os soldados começavam a bater. Eu ia, pedia a eles educadamente, não batam no cidadão. E aí eles partiam pra cima de mim, achavam que eu estava conspirando contra eles, sei lá. Pois bem, eu reagia, e Deus sempre me protegeu. Daí, eu levava a melhor, acabava com a raça deles, eles pediam reforço, e começava uma daquelas brigas que duravam horas, todo mundo torcendo por mim."

"Você se lembra de alguma dessas brigas, especialmente?"

Satã para — uma mão no ar, num gesto interrompido — e finge que mergulha no passado. Deixa escapar uma risadinha vaga, após alguns segundos: "Ora, faz tempo, e foram tantas brigas" — ele disse ao *Pasquim* que tinham sido umas 3 mil. — "Bom, eu me lembro daquela em que eles me levaram amarrado num carrinho de mão, você já ouviu falar?".

Sim, eu já ouvira. Meu chope esquentava na mesa, Satã bebia seu guaraná ("Não quero álcool", explicara, "estou sentindo muita 'gastura'"). Ribeiro, o garçom, ouvia com atenção enquanto vigiava a última mesa do canto, onde quatro rapazes que ele nunca vira faziam uma despesa cada vez maior ("Podem me dar o 'trambique'", segredara enquanto nos servia). Resolvo mudar de tema: "E a Ilha Grande? Me fale alguma coisa de lá. Dizem que é muito bonita, não é?".

"Muito bonita, sim. Deviam lotear, vender para os grã-finos, você sabe. Valorizava muito aquilo ali. E tirar de lá a colônia, que é sempre um perigo para os visitantes."

Satã aos poucos vai se enredando em suas considerações sobre o turismo, e fico abismado com o modo como ele fala — na verdade, como uma pessoa da classe C cuja ideologia é típica daqueles que sonham em ascender para a classe B. Até a linguagem — "visitantes", "valorizava". Resolvo interromper também por esse lado.

"Mas me fala da colônia, de sua vida lá. Foram quantos anos, mesmo?"

"Vinte e sete anos e oito meses. Saí da prisão faz três anos no mês de maio. Aí já tinha meu sítio lá mesmo, e por lá fiquei."

"Como era a vida dos presos na colônia?"

"Um inferno. E não era apenas por causa dos guardas. Cada um se encarregava de fazer da vida do outro um inferno. Quase não havia amizade, era só interesse, a gente tinha que se virar pra todo lado se quisesse sobreviver. Eu era muito respeitado, mas minha fama também me criava problemas. Mesmo lá, tinha sempre quem queria dar uma surra em Satã. Mas eu me virava, já disse."

Seguem-se algumas citações sobre pessoas famosas que passaram pela Ilha Grande: o finado Gregório Fortunato, o Feliciano, que o matou, mais alguns delinquentes que ganharam lugar na crônica policial. O então famoso Lúcio Flávio Vilar Lírio? "Não era bandido, era pilantra." Em uma de suas frases ele fala qualquer coisa sobre a Lapa, e eu resolvo, mais uma vez, interromper: "Mas como era essa Lapa, Satã?".

"A Lapa? Era uma glória, *minha filha.*" Penso em reagir a isso, ele não me dá tempo. "Tinha coisa que você nunca viu. Isso que está aqui hoje, esse bar" — e faz um gesto que abarca todo o Amarelinho — "é um nojo. Os homens se davam ao respeito, e as mulheres, ah, muitas francesas, algumas polacas, todas de casaco de pele até no verão, brancas igual a leite."

"E a pederastia?"

"Ah, isso tinha, sim, mas não como hoje. Agora está demais, você não acha?"

Lembro rapidamente de todo o material que li sobre Satã, das muitas entrevistas que ele deu. As histórias sempre as mesmas, dos malandros, das brigas, de sua fama. Recordo rapidamente poemas, aquelas coisas de Vinicius de Moraes, acho que o pranto por Jaime Ovalle, aquela tal Lapa onírica que foi montada sobre os escombros da verdadeira. Como seria a Lapa, não a que foi reinventada até que se transformasse num território romântico, mas aquela que realmente existiu?

"Ah, tinha mendigos, sim. E tinha trabalhadores também, ora, o pessoal que vinha pegar o bonde, aí no largo tinha um abrigo, ainda me lembro do anúncio do Elixir não-sei-o-quê" — Hidrolitol —, "acho que era bom para lombrigas, quer dizer, bom para elas não era, porque matava as pobrezinhas. Bom, mas os mendigos iam dormir ali atrás do banheiro público, perto da igreja, e os trabalhadores iam para casa. Era depois disso que começava a aparecer o pessoal."

Os cabarés. Madame Satã revira os olhos ao falar dos cabarés. Conta a história da francesa que enlouqueceu de amor, e tomou um copo de soda cáustica (mas isso ele já contou em muitas entrevistas; numa delas não era uma francesa, e sim, uma mulata, "a Lourdes, a da bunda grande").

"Um dos cabarés se chamava Cu da Mãe."

"De verdade? Não acredito" — e mal consigo disfarçar o tom provocativo da voz.

"Pois é verdade. Tinha até um anúncio luminoso na porta. As letras eram azuis."

Aí resolvo contar a Madame Satã a história da mulher chamada Clóris. Eu morei cinco anos na Lapa, de 1965 a 1970, na Visconde de Maranguape, 46, primeiro andar, e no térreo tinha uma bomba d'água que quebrava todas as semanas. Numa das vezes em que tentava consertá-la, abri a porta da rua — fazia muito calor —, e de repente uma mulher apareceu à minha frente. Como eu estava ofuscado pela luz da rua, que a aureolava, inicialmente não pude precisar sua idade. Só depois notei que ela devia ter uns 45 anos. Ela me olhou e disse: "Meu nome é Clóris".

"Meu Deus", Clóris falou, "se você tivesse uma nota aí eu ia descolar algum pra tomar uma cachaça. Mas só de olhar, já vi que você está duro."

"Tem razão", eu lhe disse, e aí ela fez um comentário, antes de desaparecer: "Estou na Lapa há trinta anos, e nunca encontrei um cara que não estivesse duro."

Contei a Satã a história da mulher chamada Clóris, e ele assumiu um ar neutro. Disse que não conheceu nenhuma mulher com esse nome, a não ser que fosse a Paulista — "uma assim, com jeito de italiana, e que andava sempre bêbada". Se fosse a paulista, explicou, era uma grandessíssima de uma puta mentirosa, não valia a pena acreditar nela.

"Então a Lapa era realmente maravilhosa?"

"Era. Mas acabou, como tudo o que é bom. Algumas pessoas envelheceram, outras foram mortas, houve quem sumisse. O que ficou foi derrubado pelas obras. Agora eu, não, minha querida: eu ainda estou aqui."

2. O mito situado

A entrevista com Madame Satã tinha um objetivo: fazer com que ele falasse sinceramente sobre as atribulações por que passou em seus 68 anos de Lapa. Sim, porque, após examinar o farto material de pesquisa existente sobre esse personagem mítico, eu chegara a uma conclusão: os intelectuais de classe média, talvez por uma espécie muito sutil de sentimento de culpa, haviam, em relação a Satã e a outros personagens do que eles chamavam "underground", dourado a pílula — quer dizer, transformado suas atribulações e seus sofrimentos numa sequência de intervenções cheias de encantos, de charme.

Os crimes de Satã; os amores de Satã; os mistérios de Satã. Tudo isso estava devidamente catalogado nos arquivos dos departamentos de pesquisa dos jornais. Mas o que ele realmente sofreu, o que motivou a repressão que o perseguiu ao longo da vida, em que condições conseguiu sobreviver durante seus 27 anos na terrível Ilha Grande, sobre isso não se encontra uma só reportagem. Assim, guardou-se de Madame Satã apenas o que interessava aos intelectuais de classe média, que foram buscá-lo na Lapa para transformá-lo em mito: uma imagem que, na verdade, pouquíssimo tem a ver com ele.

"Satã é mais sofisticado e legítimo que Jean Genet", disse um jornalista, que acrescentou: "O que Sartre escreveria sobre ele, fico pensando." Madame Satã, na verdade, nada tem a ver com Sartre, ou com Genet. E o modo como ele pensa ter combatido a repressão — com os punhos — é uma coisa só muito próxima daquela de Dom Quixote e seus moinhos de vento. Pois os soldados cujas caras Madame quebrou em muitas brigas estavam igualmente longe de saber o que faziam ali, a enfrentar Satã, alguém que — descontado o tom quase operístico, de verdadeira diva como se comportava — era, afinal, muito parecido com eles.

João Francisco dos Santos, pernambucano de Glória de Goitá, hoje com 73 anos, chegou ao Rio em 1907, e foi logo morar na Lapa ("ali no beco das Carmelitas, hoje é Morais e Vale. No número 27"). O apelido famoso, ele só mereceria em 1938, após desfilar, no baile do Teatro República, com uma fantasia intitulada Madame Satã, que lhe valeu um primeiro prêmio. Na época era uma das figuras de maior destaque de um bloco denominado Caçadores de Veados, de cujo nome (pelo fato de seus associados desfilarem travestidos) sairia o mais comum dos pejorativos usados hoje em dia para designar homossexuais: "veado".

Ainda sem o apelido, mas já famoso pelas brigas de que participava, João Francisco cometeu seu primeiro crime — um homicídio — em 1928, quando, num bar da rua do Lavradio ("esquina de Mem de Sá"), matou um guarda-civil. A partir daí, ele respondeu por toda uma longa sequência de processos — "29 no total: dezenove absolvições e dez condenações" — e sob vários nomes diferentes (o mais exótico foi Satã Ebatajá), pelos quais cumpriria 27 anos e oito meses de prisão em diversos locais, mas principalmente na Ilha Grande, onde passaria a morar.

A lenda criada em torno dele não esclarece de que maneira João Francisco, preso, conseguia aparecer com tanta frequência na Lapa. E Madame Satã, ciente desse mistério, faz o possível por preservá-lo. O fato é que a Lapa onde Satã reinava foi totalmente destruída — ou, prefiro dizer, nunca existiu —, mas ele ficou. Hoje, casado e com seis filhos adotivos, dono de um sítio na Ilha Grande onde cumpriu suas penas, ele administra a própria fama.

"Underground" para os intelectuais que descarregam sobre ele seus sentimentos de culpa em relação às pessoas marginalizadas (a quem, de acordo com suas confusas ideologias, têm a obrigação de defender), "cafona" para as bonecas que o substituíram nesse local que hoje é apenas um parente pobre da antiga Lapa, a Cinelândia, João Francisco dos Santos acrescenta um dado mágico ao seu mistério, quando comentam o fato de que aparenta bem menos que seus 73 anos: "Vou morrer aos 83".

Como sabe disso? Ora (seu sorriso reticente me informa), as pessoas como ele sabem até mesmo o que não está escrito no livro do destino.

3. A volta do mito

Dona Maria está sentada na mesma mesa que ocupa há trinta anos no Cabaré Casanova. Ela é a dona da casa, e é também uma das figuras mais respeitadas da Lapa. Embora seu cabaré tenha vivido, nos últimos vinte anos, da atração dos travestis e da bebida que as mulheres fazem os fregueses consumirem, Dona Maria reina naquele ambiente como a mais rígida das matronas: as mulheres e as bonecas podem, no máximo, apertar sua mão, e ai de quem desrespeitá-la com um sorriso mais aberto ou um gesto menos cerimonioso.

Essa aura de respeito fez com que, através dos anos, o "dona" que antecede seu nome acabasse por se tornar parte dele; e um alegre rapaz da Zona Sul, que numa noite de grande euforia ousou chamá-la de "Maria, a rainha da noite", foi terminantemente proibido de entrar no cabaré até que ele — e não ela — morresse.

Foi no Cabaré Casanova o segundo encontro. Era uma sexta-feira, dia "quente", segundo anunciou Fujika. À porta, dezenas de bonecas exibiam maquilagens e toaletes que fariam Tereza Souza Campos morder os lábios de despeito. As mulheres que trabalham no cabaré (era a hora em que elas "entravam no serviço") passavam pelas agressivas bichas com um ar humilde, faziam o possível por ignorá-las, ou por não reconhecer que a presença delas ali — e o modo como os homens as olhavam — era, para as mulheres, a última e maior de uma sequência de humilhações.

O Casanova, na verdade, é a única coisa que resta da chamada Lapa boêmia. E a julgar por ele, pode-se dizer que a Lapa não era nada boa. Nota-se que as pessoas ali reunidas — homens, mulheres, bichas — debatem-se furiosamente enquanto se sentem afundar, não se sabe exatamente em quê: talvez numa solidão horrorosa demais, é isso, numa espécie de solidão que nunca conseguirão romper.

Naquele ambiente infernal (acrescente-se ao que eu já disse a fumaça, a luz soturna, a música infame e o doce cheiro de mofo) Satã surge como uma luz. De repente, ao vê-lo aureolado pela porta e a conversar com o leão de chácara, me sinto perto de compreendê-lo: Satã é aquele que venceu a solidão, que construiu um mundo tão perfeito onde viver com sua paranoia, que acabou por se transformar num fenômeno, numa coisa isolada. É isso que o faz brilhar, sozinho, naquele mundo de desespero — por ser a prova definitiva de que a loucura também tem sua forma de perfeição.

"Isso é um lixo", ele diz, usando sua expressão mais cara. E o gesto abarca as mesas próximas, chega ao palco vazio, ao conjunto que toca um samba e atinge, sem contemplação, o próprio vulto hierático de Dona Maria.

"A proprietária é uma mulher muito forte, não é?", pergunto, apontando Dona Maria com o queixo.

"Coitada. É tão doente. Sustentar esse cabaré, sozinha? E ninguém a ajuda. Você não acha que o governo devia dar uma pensão a ela? Isso aqui é turístico, não é?"

Um rapaz barbudo tira uma boneca para dançar. Ela veste um terninho xadrez, e seus olhos, por causa dos enormes cílios postiços, parecem de cera. O rapaz sussurra qualquer coisa ao seu ouvido, e ela responde movendo apenas o maxilar inferior, o rosto impassível, como o daqueles incríveis bonecos dos desenhos animados que aparecem na TV. É como se ela temesse que o rosto que pintara sobre o seu pudesse rachar e se partir em mil pedaços a uma contração mais forte.

Observo Satã. Ele exibe um sorriso de quem se sente satisfeito. Está em seu ambiente. A bebida agora é cerveja, e ele sorve devagar. Pensei em pedir champanha, tal como na Lapa dos sonhos, mais para ajudar a indigência de Dona Maria, mas achei melhor que não, podia despertar a inveja da mesa ao lado — onde se bebia cerveja —, e eu não queria, apesar da famosa companhia, me meter num conflito. Refaço mentalmente o caminho seguido até agora: do Amarelinho ao Casanova, passando pelo material de pesquisa. E concluo que Satã me escapou.

Ele olha vagamente um rapaz que se debruça sobre uma das mulheres, duas mesas adiante.

"E os amores, Satã?"

"Meu tempo já passou. Mas tive muitos, quem não teve? Ainda mais eu. Havia quem quisesse brigar com Satã. E tinha quem quisesse ir pra cama com ele. Acho que quem não podia me vencer de um jeito, queria me vencer do outro. Mas uma coisa eu lhe digo: na briga ou na cama, eu nunca levei a pior" (e o gesto com que completa a frase — uma mão a pesar sobre a outra — indica que, nas brigas ou no amor, os adversários de Satã sofreram muito).

Agora ele fala dos cabarés antigos, "de quando a Lapa era Lapa". E se repete. É como se Satã, na verdade um analfabeto, tivesse lido e decorado tudo o que até agora se escreveu sobre a Lapa, e que foi reunido numa antologia que o jornalista Gasparino Damata publicou. Enquanto ele repete suas histórias, me lembro do tempo em que morei na rua Visconde de Maranguape: da fila para o leite, pela manhã, e do açougue onde as mulheres brigavam por causa do contrapeso. Havia mendigos na esquina e, sob os Arcos, motoristas portugueses apregoavam seus caminhões para frete. Num bar sem nome, bem na esquina de Maranguape com Evaristo da Veiga, se concentravam os indigentes da Lapa — tomavam sopa à uma hora da tarde. E lá eles voltavam, também, às cinco horas da manhã, para o primeiro gole de pinga.

Meu Deus, eu pensava enquanto olhava o rosto iluminado de Satã, a Lapa é um negócio que existe dentro de todos nós. A gente faz o impossível por abafá-la, mas ela sempre explode, rompe as costuras do nosso atormentado cérebro e se expõe ao sol inclemente do meio-dia. Que pesadelo era a Lapa, meu Deus — e Vinicius de Moraes, Jaime Ovalle, Gasparino Damata (e outros que escreveram sobre ela) se enganaram — acharam que ela era apenas um sonho.

Satã? Houve um momento, naquela noite do Cabaré Casanova, em que segurei seu braço como se ele fosse uma tábua de salvação (ele era completamente louco e por isso estava completamente a salvo, enquanto nós...), e então me desprendi dele e o perdi de vez. Se quisesse entrevistá-lo, seria de acordo com suas regras. Ele falaria durante horas, sem parar, construiria o multicolorido Shangri La que era a sua própria e inexistente Lapa e lá, em seu centro, sorridente, reinaria. Pois Satã, assim como os que o transformaram em mito, se quisesse sobreviver, teria que acreditar numa coisa: que a vida era o castelo imaginário no qual se abrigavam.

"Se você quiser, a gente marca um terceiro encontro", ele falou, de madrugada. "Ainda tenho muito pra lhe contar."

Marquei o encontro e — ele que me desculpe — lá não fui. Mas guardei a frase que Ângela Humboldt, o travesti do rosto de madeira, me sussurrou no ouvido, quando levantei da mesa às quatro horas da manhã para ir embora: "Perdendo seu tempo com a Satã? Meu Deus, ela já morreu e ainda não sabe!".

Sim, ela morrera sem saber, assim como a Lapa e aqueles que um dia, de modo muito pessoal, a imaginaram. Só espero que essa morte não lhes pese.

Talvez alguns dos que me leem tenham registrado sinais de nostalgia nesta parte das minhas memórias em que relembro o tipo de ativismo que — naquela época difícil para qualquer ativismo — eu e meus companheiros de vida e atitude gays exercíamos. É como se sentíssemos algum tipo de prazer vicioso no fato de sermos gays e sermos ainda mais perseguidos por assumir publicamente isso. Então é bom que deixe bem claro aqui que não havia nenhum prazer em nosso ativismo. O fato de assumir nossa sexualidade assim, de modo tão descarado, só nos trazia todo tipo de agressões, ameaças, restrições e sofrimento. Por isso, a maioria dos gays daquela época preferia a discrição, que ia ao limite absoluto de ser casado com uma mulher e ter filhos, ou seja, viver uma vida dupla.

Para esses que se protegiam nas dobras dessa bandeira da dita "normalidade", nós, os chamados "gays pintosos", com nosso modo acintoso de ser, também éramos o inimigo...

E isso, mesmo depois que — por conta de iniciativas como essa do jornal *Lampião* — nossa "pinta" começou a ser considerada uma forma, ainda que tosca, de ativismo.

Não irei até o extremo de afirmar que por conta da coragem daqueles gays da minha geração de assumir a própria sexualidade contra tudo e contra todos é que hoje chegamos aonde chegamos, quando temos voz e a usamos não apenas para falar, mas, com todo o direito que nos assiste, com ela até berramos... E o que berramos é muito simples: temos — e queremos e lutaremos até o fim por eles — nossos direitos.

Se meu tom lhe parece nostálgico em relação à nossa luta clandestina e um tanto abespinhada pelos direitos gays de ontem, sinto-me na obrigação de deixar aqui bem claro o orgulho que sinto pelo modo legalmente organizado como os gays de hoje batalham pelo reconhecimento oficial e irreversível desses mesmos direitos.

Fui de um tempo em que as ligações entre dois homens ou duas mulheres eram clandestinas e tinham que obedecer a um verdadeiro manual de táticas de dissimulação e fingimento. Por isso, no nosso tempo de hoje, quando vejo pessoas gays assumirem publicamente o próprio amor e, mais ainda, o direito inalienável de serem cidadãos iguais a todos os outros, fico feliz por ter vivido o bastante para ver isso — e sinto orgulho.

3.
Quem (supostamente) sou na história da TV

A notícia correu mais rápido que um rastilho de pólvora: num dia qualquer de janeiro de 1950, frei Damião de Bozzano, que então já viajava pelo Nordeste brasileiro a repetir seus sermões extremos, viria fazer um deles na praça principal da cidade de Carpina, em Pernambuco, e então, disse-me a minha mãe, ela — e eu junto com ela — não poderíamos perdê-lo. Eu tinha então sete anos incompletos e uma idiossincrasia que fizera o padre Barbosa, da igreja de São José, pedir à minha mãe que não mais me levasse à missa dos domingos. A razão do pedido era que por três vezes, em missas já passadas e para desespero do sacerdote, eu desmaiara com grande estardalhaço a certa altura.

Impedida de ir à missa dominical comigo, minha mãe, católica fervorosa, decidiu que não frequentaria mais a igreja, mas não perdeu a fé no sacrifício de Cristo. Assim, quando soube que o frade visitaria a cidade, declarou que naquele dia estaria junto comigo na primeira fila.

Claro que, no dia aprazado, tamanha era a multidão reunida para ouvir frei Damião na praça principal de Carpina que ficamos não à frente, mas no meio do povo cada vez mais inflamado pelos sermões de outros sacerdotes menos famosos, até que o frade em questão apareceu e ocupou o palco — quer dizer: o palanque... E, sem maiores preâmbulos, depois de rezar uma boa meia dúzia de ave-marias que a multidão replicou já quase em êxtase, deu início à peroração da qual todos só podiam esperar santas palavras e até eventuais milagres.

Frei Damião já então fazia aquele gênero de pregador apocalíptico que manteve até o final de sua vida. Segundo suas palavras, um pecador, sem se arrepender, não podia esperar mais do que o castigo, e este só podia ser o mais severo de todos: o fogo eterno.

Assim, diante da multidão num crescente êxtase, o frade repetiu o que disse a vida inteira — que, à exceção de alguns políticos que ele então já apoiava, o homem não passava de um pecador contumaz e mítico. Nós, os tais pecadores, ouvíamos a acusação num silêncio tenso e culposo, quando de repente, do meio da multidão, uma voz se ergueu e murmurou alguma coisa incompreensível. Frei Damião parou alguns segundos e perscrutou o seu público, mas não identificou o dono da voz e prosseguiu com o sermão de onde tinha parado... Até que a voz se ergueu do meio da multidão e — agora mais alto — disse outra coisa incompreensível.

Alguém disse ao nosso lado: "É um bêbado". Frei Damião parou o seu inflamado sermão de novo, sobrevoou com seus olhos de falcão a multidão imóvel, de novo não conseguiu descobrir quem o interrompera e retomou sua peroração do ponto onde parara — mas agora com a voz um tanto trêmula — até que, do meio do silêncio sepulcral que reinava entre seus fiéis, a voz se ergueu de novo e murmurou, agora de modo claro e perfeitamente compreensível: "Já passou da hora e o pessoal tá esperando!".

Foi aqui que frei Damião saiu do personagem e perguntou ao dono da voz, mesmo sem saber com quem estava falando: "Esperando o quê, seu desgraçado?!".

Mas a voz não respondeu. E então a multidão de fiéis percebeu que o frade ia fazer alguma coisa de terrível... E ele o fez. Ergueu os braços de modo que o manto que lhe cobria os ombros parecesse umas voejantes asas de morcego e gritou, com sua voz cheia de fúria estentórea: "Raio divino, caia sobre este povo maldito!".

E foi então que, além dele e dos que tiveram a honra de subir junto com ele no palanque, não sobrou uma pessoa sequer da multidão até então reunida na praça: todos, incluindo eu e minha mãe, saíram dali na maior correria a se atropelar e pisotear em meio a gritos de desespero.

Apesar do violento apelo de frei Damião, o raio divino dessa vez não caiu, embora, segundo a lenda, algumas vezes tenha caído a seu pedido. De qualquer modo, essa história me marcou de tal maneira que, cinquenta anos depois e devidamente adaptada, eu a usei numa das minhas novelas. Foi em 1998, em A Indomada. *A certa altura a vilã da história, de nome Altiva Pedreira, usando as mesmas palavras do frei Damião da minha tenra infância, faz igual invocação na praça principal da cidade de Greenville: "Raio divino, caia sobre esse povo maldito!".*

E o raio divino cai. Não sobre a multidão, e sim sobre quem o invocara, ou seja, a própria Altiva.

Porque era uma novela na qual só quem manda é o autor, e assim este pode direcionar o raio divino para onde bem queira.

O diabo bate à minha porta

Padrinho da nova carreira: Daniel Filho.

Setembro de 1978. Estava eu desempregado, sentado na minha sala à espera de que algum freelance como jornalista chovesse na minha horta, quando o telefone tocou. Corri a atender, certo de que era assunto de trabalho, e era isso mesmo... E seria o trabalho mais criativo e duradouro de toda a minha longa vida — o de roteirista de televisão, profissão que venho exercendo há 45 anos. Mas é claro que, quando atendi o telefone, ainda não sabia disso, não sabia nem mesmo quem era a pessoa que me ligava quando ela, com uma voz límpida e positiva, se identificou: "Aqui é o Daniel Filho!".

"O Leleco do filme *Boca de Ouro*", pensei. "O escroto que infernizava a vida de Norma Bengell em *Os cafajestes*. O que o intérprete daqueles personagens odiosos pode querer comigo na vida real?"

Não perguntei, nem ele me disse. Apenas me convidou para participar de uma reunião em sua casa naquela noite. Depois que me deu o endereço — uma rua florida bem ali no

Baixo Leblon —, arrisquei a pergunta: Qual seria o assunto? E ele, sem maiores explicações, respondeu de modo sucinto: "Trabalho". E bateu o telefone na minha cara antes mesmo que eu dissesse se aceitaria ou não o convite.

Pois com Daniel Filho não tinha essa história de dizer "sim" ou "não" — aprendi que com ele seria sempre "pegar ou largar", mesmo sabendo que depois não haveria tempo para arrependimentos ou recuos.

(Antes de continuar, deixe que eu lhe diga: o suposto Leleco de *Boca de Ouro*, o escroto que infernizava a vida de Norma Bengell em *Os cafajestes*, na vida real foi uma das pessoas mais inteligentes, criativas e safas que conheci em toda a minha humilde existência. E minha confiança na capacidade criativa dele nunca sofreu abalos, mesmo que, de alguns anos para cá, estejamos — por assim dizer e para não correr o risco de entrar em detalhes sórdidos — afastados.)

Àquela altura eu já tinha um aparelho de televisão em minha sala. Porém, acostumado a trabalhar à noite, só o ligava nos fins de semana. E mesmo assim não me fixava muito na programação, via apenas os noticiários, um que outro programa de variedades e nunca — mas nunca mesmo — as novelas, em relação às quais até então não estivera nem de longe interessado.

Alguns anos antes daquele dia já tinha recebido um convite para trabalhar no veículo: Washington Novaes, que era o editor-chefe do programa *Globo Repórter*, me convidou para ir até a sede da emissora no Jardim Botânico — a assim chamada Vênus Platinada —, e lá teve comigo uma conversa que evoluiu para uma proposta de emprego sobre a qual eu teria que dar resposta imediata. Pois, caso fosse ela positiva, já sairia dali para entrevistar o ator Paulo Gracindo, que então fazia o prefeito de Sucupira na novela *O Bem-Amado*.

A essa proposta tão intempestiva respondi intempestivamente: disse que não. E posso afirmar que essa foi minha sorte, porque, caso tivesse dito "sim" ao *Globo Repórter*, teria ficado lá durante muitos anos e não estaria aqui, todo pimpão, escrevendo minhas memórias e enumerando fatos da minha vida, incluindo esta parte sobre minha carreira como novelista — na qual, eu sei, os que me leem esperam que faça revelações muito interessantes. A esse respeito, peço que não se preocupem — nas páginas que se seguem eu me esforçarei para isso.

Quando cheguei no apartamento de Daniel naquela noite, já estavam lá outras pessoas a esperar por ele: Leopoldo Serran, que era o "roteirista oficial" de quase todos os filmes brasileiros da época; Antonio Carlos da Fontoura, diretor e eventual roteirista de cinema; e Doc Comparato, dos três o único sobre o qual eu nada sabia. Mas depois soube muito, já que ele foi meu parceiro em vários trabalhos televisivos. Formado em medicina — daí o apelido —, ele fora fazer estágio num hospital de Londres. E lá, ao ver num jornal um anúncio sobre o curso de roteiro, resolveu se matricular nele, apaixonou-se pelo assunto... E daí foi apenas um passo para que abandonasse uma promissora carreira como futuro profissional na área médica.

Dos três eu conhecia apenas Serran, com quem fizera meses antes, no Museu de Arte Moderna do Rio de Janeiro, um curso de roteiro. Nem sei por que me interessei em fazê-lo, acho que foi apenas por curiosidade. Mas acabei por me destacar aos olhos do "mestre", que, soube depois, foi quem me indicou a Daniel e era, portanto, o responsável pela minha presença na reunião daquela noite.

Ficamos a esperar o anfitrião durante uns bons minutos, até que ele fez sua entrada, que — como todas as outras que fez na minha presença — foi triunfal, direta, curta e grossa: "A Globo vai lançar um série de televisão que terá um repórter policial como protagonista... E vocês foram os escolhidos para escrevê-la".

Na verdade, além do que viria a ser *Plantão de Polícia*, a emissora pretendia lançar mais dois seriados: *Malu Mulher*, sobre uma mulher, mãe de uma filha, tentando sobreviver a uma separação traumática, e *Carga Pesada*, sobre dois motoristas de caminhão a viver movimentadas aventuras na estrada. A ideia de fazê-los fora de José Bonifácio de Oliveira Sobrinho, ou simplesmente Boni, cuja genialidade no campo de trabalho que abraçou — o da comunicação —, sejamos justos, nunca foi por demais louvada.

A reunião na casa de Daniel se prolongou pela madrugada. E quando acabou já tínhamos o título da série, *Plantão de Polícia*, e o protagonista: o repórter de um jornal carioca ao qual, por sugestão minha, demos o nome de Waldomiro Pena. Seu sobrenome era uma homenagem ao meu querido amigo Octávio Ribeiro, mais conhecido como "Pena Branca", e que, tal como seu homônimo na nossa ficção, na vida real foi um grande e lendário repórter da área de polícia.

Dessa vez, depois que Daniel Filho apresentou o projeto e, falando em nome da emissora, me perguntou de modo intempestivo: "E aí, topa?", ao contrário do que acontecera com o *Globo Repórter*, nem pensei duas vezes e respondi intempestivamente que "topava, sim".

Estávamos em setembro de 1978 e *Plantão de Polícia* deveria estrear em março de 1979. O tempo para criar a série era exíguo. Ela seria produzida num braço recentemente criado pela TV Globo, que passaria a funcionar nos antigos estúdios da Herbert Richers, no bairro da Tijuca. Mas tudo lá ainda estava em andamento. Não havia à nossa disposição o que hoje os criadores de séries chamam, de maneira um tanto pomposa, de "sala dos roteiristas". Desse modo, passamos a nos reunir num apartamento que uns amigos de Serran lhe tinham emprestado e no qual ele — recém-separado ou alguma coisa assim — morava provisoriamente.

Jornalista que era — e serei sempre —, eu estava acostumado ao trabalho de equipe e, da mesma forma, à fiel observância dos prazos. Não esqueça que a missão mais sagrada de um jornalista é produzir sem atrasos um novo jornal a cada dia. Foi com esse espírito de equipe que embarquei no projeto. Cada um de nós devia bolar um episódio e o tema do meu — intitulado "Inimigo público" —, aprovado por Daniel, foi inspirado na história real do meu compadre Edmílson Cigarrinho, sobre a qual já falei em outra parte deste livro.

Novato na área, eu não sabia que todo seriado deveria ter um episódio — o primeiro — cuja função era apresentar os personagens e criar os parâmetros para toda a série — era o chamado "piloto". Assim, ao contrário dos meus colegas, apenas escrevi meu roteiro, enquanto cada um deles produziu o que poderia vir a ser o primeiro da série. Entregamos os quatro no prazo que nos foi concedido e uma semana depois, numa nova reunião conosco, Daniel Filho disse ter aprovado os quatro e anunciou qual seria o primeiro: "O do Aguinaldo".

A exibição de "Inimigo público" em março de 1979, na estreia das séries brasileiras da TV Globo, provocou um enorme rumor e uma tamanha aprovação do público ao seu tom duro, seco, quase documental, que este acabou por nortear o futuro da série durante os seus três anos de exibição semanal, sempre às quintas-feiras. Para comprovar isso, vale a pena reproduzir o modo como o episódio é citado no site da emissora chamado Memória Globo:

> *Plantão de Polícia* enfatizava o lado humano das histórias, e não a violência e a ação policial. O episódio de estreia, "Inimigo público", escrito por Aguinaldo Silva e dirigido por Daniel Filho, por exemplo, mostra a injustiça com que as pessoas das classes menos favorecidas são tratadas pela polícia e pelos órgãos públicos.

Nesse episódio, o contínuo da *Folha Popular*, Severino (José Dumont), um retirante nordestino morador da Baixada Fluminense, é acusado injustamente de roubo, apenas porque transportava uma televisão durante a mudança de sua família. Depois de preso, o rapaz acaba morto pela polícia, sem conseguir provar sua inocência, apesar dos esforços de Waldomiro Pena (Hugo Carvana) e sua equipe.

Ao longo dos três anos, *Plantão de Polícia* foi um dos programas de maior audiência da televisão brasileira. Durante esse período, vários roteiristas foram convidados a escrever episódios. Porém, da equipe inicial, apenas eu e Doc continuamos até o fim, quando Boni decidiu acabar com os seriados e nos chamou para dizer que eles seriam suspensos, mas que a Globo iria lançar um outro projeto, agora de minisséries, das quais a primeira seria *Lampião e Maria Bonita*, que nós iríamos escrever juntos.

Mas antes de continuar, devo uma explicação aos leitores mais curiosos sobre o título que dei a este capítulo: por que "O diabo bate à minha porta"?

Essa explicação é a seguinte: durante sete anos eu trabalhara em O Globo, o jornal considerado o porta-voz oficial da ditadura, pois naquela época as chamadas Organizações Globo, comandadas com mão de ferro pelo proprietário delas, dr. Roberto Marinho, eram de direita, a favor da ditadura militar e porta-vozes dos seus defensores civis — que sempre ganhavam destaque em suas páginas e eram muito mais numerosos e ativos do que hoje se diz.

Claro, na redação do jornal havia muita gente de esquerda — até mesmo ativistas notórios. Pois o dr. Roberto só não admitia uma coisa nas suas empresas: falta de talento ou mérito. Assim, nas muitas vezes em que tentaram restringir a presença de esquerdistas no jornal, ele foi contra... De tal modo que até se divulgou uma frase — lendária, mas não sei se verdadeira — que ele teria dito diante de alguns militares de alta patente quando estes quiseram fazer um expurgo de esquerdistas em suas empresas: "Não se atrevam a mexer com meus comunistas!".

A veracidade da frase nunca foi comprovada por ele ou pelos que supostamente a ouviram, por isso se tornou apenas uma lenda. Mas o fato é que, pelo menos durante os anos em que estive lá, O Globo, na sua postura direitista, era mesmo um jornal editado predominantemente por pessoas de esquerda e tinha na maioria dos postos de comando gente do Partido Comunista — os denominados "capas pretas". Isso permitia que de vez em quando conseguisse furar certos bloqueios e, assim, falar bem de pessoas que, por razões de postura político-ideológica, no círculo oficial não eram bem-vistas.

Quanto à TV Globo, para esta não haveria nenhum perdão. Pois, segundo um dos intelectuais mais prestigiados de então, ela nascera de "um estranho contubérnio entre a Time-Life e a geleia de mocotó". Agora isso parece uma charada indecifrável, mas na época era uma acusação claríssima. Explico: segundo então diziam — mas, sejamos agora justos, nunca ficou provado —, o dr. Roberto, que além de dono de jornal também era o suposto sócio-proprietário de uma fábrica de geleia de mocotó, teria se beneficiado de um empréstimo da empresa americana de mídia Time-Life para financiar sua nova empresa — a TV Globo.

Com sua redação secretamente comandada pelos chamados "capas pretas", O Globo de vez em quando abria algumas janelas para promover trabalhos de intelectuais que, por conta de suas posições políticas, aos olhos do sistema eram considerados malditos. Eu, na minha condição jamais reconhecida de editor, e sendo também simpatizante da causa esquerdista — ou, como se dizia, um "inocente útil" —, na medida do possível também ajudava nisso.

Por essas razões, mesmo oficialmente direitista, na chamada classe intelectual, predominantemente de esquerda, o jornal não era malvisto. Já a TV Globo... Ela, sim, era a grande inimiga, mesmo tendo no seu elenco de estrelas um dos membros mais notórios do Partidão — o dramaturgo e telenovelista Alfredo Dias Gomes.

E é aqui que o diabo me entra pela porta adentro. No dia em que saiu o anúncio oficial da minha ida para a TV Globo, encontrei numa feira do livro na Cinelândia a escritora Eduarda Zandron, que então era casada com Moacir C. Lopes, outro escritor cuja obra, no nosso país de memória curta, infelizmente parece ter sido esquecida com o tempo. Estendi a mão para cumprimentá-la, mas ela ignorou meu gesto e me disse: "Não aperto a mão de quem vendeu a alma ao diabo".

E virou-me as costas e foi embora.

Nunca mais a vi depois disso, nem sei se ela ainda é viva. Tal como outros escritores da época em que havia escritores de livros, talvez se tenha perdido em alguma das cruéis dobras do tempo e esteja vagando por lá até hoje. Mas, se de novo a encontrasse no presente, tenho certeza de que iríamos rir daquele momento, digamos assim, tenso. E então eu lhe diria que, nos meus quarenta anos de TV Globo, o diabo foi muito generoso comigo, pois sempre me pagou o que eu achava justo e nunca me ofereceu nada em troca da minha alma ou do meu corpo.

Perdidos em Piranhas

Com Dias Gomes, parceiro de *Roque Santeiro*.

Minha parceria com Luiz Felipe "Doc" Comparato, para dizer o mínimo — e como diria Floro, personagem de nossa peça de teatro *As tias* —, enquanto durou foi bastante profícua. Embora no começo cada um de nós assinasse seus próprios episódios no seriado *Plantão de Polícia*, acabaríamos por nos tornar uma espécie de entidade graças ao faro de Boni: foi ele quem percebeu que se nos juntasse em parceria seríamos ainda mais criativos.

Nesse sentido, a primeira experiência foi posta em prática no segundo semestre de 1981, quando Boni decidiu, após o sucesso do projeto das séries, lançar outro, dessa vez de minisséries brasileiras. E escolheu como tema para a primeira delas a história do cangaceiro Lampião e sua mulher, Maria Deia, que ficou famosa como Maria Bonita.

Hoje, de Lampião e Maria Bonita, a crônica dos fatos e feitos da história do Brasil profundo, que é de memória reconhecidamente amnésica, tem cada vez menos lembranças. Mas foi uma verdadeira saga a vida vivida por esse casal que, à frente de uma tropa fiel, durante anos semeou o terror, assim como um discutível senso do que se pode chamar de "justiça social" no sertão brasileiro.

Mas, na época em que foi escrita a minissérie, as lembranças de Lampião e seu bando ainda eram muito vivas nos lugares onde ele viveu e praticou os seus malfeitos. Eu testemunhei isso nas muitas conversas que tivemos, por exemplo, com moradores já idosos na cidade de Piranhas, em Alagoas, que falavam de Lampião como se ele tivesse acabado de passar por lá e até sentado para descansar "naquela pedra ali", que eles apontavam como se lá ainda o vissem. Disse-me um homem, com os olhos a brilhar como se fosse aquela uma lembrança sua de ainda havia poucos instantes: "Minha mãe até levou uma quartinha com água pra ele!".

Para mim, a viagem rumo ao Brasil profundo em busca dos vestígios deixados por Lampião por onde passara significou também um retorno a alguns mitos estabelecidos na região em que vivera minha infância e o começo da adolescência — o Nordeste brasileiro. Para Doc, no entanto, carioca — na verdade nascido em Petrópolis —, aquela viagem era apenas uma tarefa de pesquisa a ser cumprida por dois roteiristas.

Lembro-me de que saímos de avião do Rio para Salvador e dali embarcamos num carro até a remota cidade de Paulo Afonso, à beira do rio São Francisco, apenas uma parada noturna rumo a Piranhas, a cidade da qual, em 1938, Lampião e seu bando tinham partido para a morte. Ali dormimos, após jantar no único restaurante visível, uma tapera na qual estava escrito à porta "Vendemos caça", mas que lá dentro tinha a oferecer, além do bode habitual, apenas carne de cobra, que Doc pediu, esquecido de que a curiosidade matou o gato. Eu, que fiquei mesmo foi com o bode, não consegui comer só de vê-lo provar uma daquelas postas gosmentas que o dono do restaurante nos apresentou com orgulho. Perguntei de que cobra se tratava e ele disse, sumariamente: "Jiboia".

E para comprová-lo foi lá dentro buscar um pote de vidro dentro do qual, sinistramente, estava conservada a cabeça da bicha com a língua bífida de fora.

Depois de ver a cachoeira de Paulo Afonso, ainda sem a ponte da qual, 22 anos depois, a personagem Nazaré Tedesco, da minha novela *Senhora do Destino*, se atiraria para a morte em busca da redenção e do castigo, partimos rumo ao sertão alagoano. Durante a viagem, enquanto as garrafas de cachaça do motorista alcoólatra rolavam na mala do carro a cada solavanco, tentávamos resolver o grande obstáculo surgido até ali no nosso trabalho: não queríamos só escrever uma série documental sobre Lampião e Maria Bonita, isso cabia não à ficção, mas ao *Globo Repórter*. Queríamos partir de um ponto de vista que até então fosse alheio à saga do casal, ou seja, que nada tivesse a ver com ela ou com o ambiente no qual se desenrolava.

E foi assim, a caminho de Piranhas, que chegamos àquele que seria o verdadeiro protagonista de nossa história, num processso que serve de exemplo do modo como funcionava a nossa parceria: um estrangeiro; inglês; educado nas melhores universidades do seu país; fino, fluente, sofisticado, porém falando mal o português; geólogo; desembarcado no sertão do Brasil, a mando de uma vaga empresa norte-americana, para comprovar de modo irrefutável que aqui não havia petróleo. Seu sequestro seria a causa de uma crise diplomática na qual o próprio presidente de então, Getúlio Vargas, surgiria como personagem.

Seu nome nós escolhemos ali mesmo, dentro do carro sacolejante: seria Steve Chandler — nome do norte-americano autor do melhor livro até hoje escrito sobre o cangaço. Como ele chegaria até Lampião? Enquanto prospectava o solo bem no meio da caatinga, a vegetação típica do sertão que víamos da janela do carro; seria sequestrado pelo bando; acabaria fascinado com as atitudes de Maria Bonita, dignas de uma verdadeira rainha; ficaria com os cangaceiros até quase a hora de suas terríveis mortes e essa seria uma experiência que o marcaria para sempre.

Dessa forma, com algum atraso, porque o motorista parara três vezes "para ver o que insistia em rolar na mala do carro" (mas, na verdade, para beber mais um gole de sua cachaça ordinária), ao chegarmos em Piranhas já tínhamos o protagonista bem como a espinha dorsal da nossa história.

Após alguns dias a visitar lugares "por onde Lampião passou" e a registrar fábulas sobre ele contadas até por pessoas que haviam nascido muito depois de sua morte — mas tinham ouvido narrativas sobre seus feitos repetidas por pais e avós —, demos por encerrada a nossa pesquisa e, conduzidos pelo motorista alcoólatra e sob a trilha sonora de suas garrafas dançantes, partimos para o litoral, sempre a trabalhar no carro. De tal modo mergulhados no trabalho que nem vimos quando a paisagem mudou — deixou de ser a do sertão, passou pela do agreste e finalmente chegou à da Zona da Mata, na qual está localizada Salvador.

Quatro anos depois eu voltaria lá, mas dessa vez sozinho, para escrever outra minissérie — não original, mas a adaptação de um livro de Jorge Amado pelo qual eu me apaixonara: *Tenda dos Milagres*, trabalho sobre o qual falarei mais adiante.

Lampião e Maria Bonita teve oito capítulos. Filmada nos cenários originais que eu e Doc tínhamos visitado nas circunstâncias mais precárias, foi dirigida por Paulo Afonso Grisolli e Luiz Antônio Piá e protagonizada por Nelson Xavier e Tânia Alves. Na escalação, enfrentou-se um percalço. Um dos personagens era inglês. Ficaria credível se colocássemos para vivê-lo um ator brasileiro com sotaque falso de teatro amador?

A polêmica em torno dessa questão durou até que Grisolli, um diretor de grande sucesso cuja carreira inicial fora no teatro, lembrou que havia um grupo de atores amadores no Rio de Janeiro, formado por ingleses residentes, que de vez em quando montava peças na língua pátria. Resolveu procurar o grupo em busca de algum talento desconhecido... E foi assim que descobriu Michael Menaugh, ator inglês formado numa das escolas de teatro mais tradicionais de Londres. Num momento de crise existencial ele decidira partir numa viagem aventurosa rumo à América do Sul e, ao chegar ao Brasil e ao Rio de Janeiro, sentindo o apelo dos trópicos ao qual seus ascendentes britânicos se renderam muitas vezes, resolvera ficar aqui por uns tempos.

Michael era um ator inglês de formação acadêmica. A partir daí já não precisamos dizer mais nada. Assim como de boas intenções o inferno está cheio, de excelentes atores ingleses o universo das artes dramáticas está lotado. Embora falasse mal o português, treinou exaustivamente para dizer as falas de modo que fossem entendidas apesar do seu sotaque. Era não apenas um ótimo ator — era um galã incontornável. Suas cenas de fascínio pela figura de Maria Bonita, à qual Tânia Alves deu um tom que beirava quase o hierático, chegam às raias do tórrido e justificam a extrema vigilância que o Lampião de Nelson Xavier exerce sobre ele com seu único olho.

As gravações, em condições precárias, reuniram mais de cem pessoas — incluindo médicos e enfermeiros, para o caso de haver algum acidente nas muitas cenas de batalha — e ocorreram in loco, ou seja, nos tais lugares por onde Lampião passou, sob uma temperatura que a certa altura do dia chega aos cinquenta graus. Para evitar os efeitos da canícula, elas começavam ao raiar do dia, mal despontava o sol, e tinham que ser suspensas por volta de meio-dia, para recomeçar, mas por pouco tempo, aí pelas dezesseis horas. Apesar de todas as dificuldades enfrentadas nas locações, o resultado foi nunca menos que luxuoso.

A estreia foi marcada para o dia 26 de abril de 1982. Mas antes era preciso que a minissérie tivesse uma abertura cuja música fosse marcante. E a todas a que se chegou Boni disse não, até que ele próprio descobriu uma e lhe bateu o martelo. De autoria de Zé Ramalho e cantada pela mulher dele, Amelinha, a canção intitulada "Mulher nova bonita e carinhosa" tinha apenas uma breve alusão às figuras de Lampião e Maria Bonita. Porém, entoada na abertura da minissérie, deu a ela contornos épicos e hoje é um clássico.

A saga de *Lampião e Maria Bonita* rendeu à Rede Globo de Televisão o prêmio de melhor série no Festival de Cinema de Nova York em 1983, no que foi uma grande vitória para a emissora e todos os profissionais que nela atuaram, incluindo, modestamente, os seus autores — eu e Doc.

Além de Luiz Felipe "Doc" Comparato, tive a oportunidade de trabalhar com excelentes parceiros. Fui, inclusive, o primeiro autor a dar parceria numa novela — em *Tieta*. Convidado por Daniel Filho para escrevê-la num prazo exíguo — a partir do convite ela teria que estrear em dois meses —, no mesmo dia chamei Ricardo Linhares e Ana Maria Moretzsohn para escrever sob a minha liderança, mas assinar a autoria da novela junto comigo.

Isso me rendeu alguns dissabores, não da parte dos dois — que por várias novelas continuaram sendo meus parceiros —, e sim de outros autores já consagrados. Não vi problema nenhum em dividir a responsabilidade com eles. Mas para esses autores, que assinavam sozinhos suas novelas, embora utilizassem na escritura delas o que se chamava de "colaboradores", ao dar coautoria a Ana e Ricardo eu abrira um precedente que consideravam perigoso.

Um deles, cujo nome não cito porque já não está vivo para se defender se achasse que seria o caso, chegou a me ligar, em seu nome e de outro autor muito chegado a ele — e ainda vivo —, para dizer que "cada um deve escrever sua própria novela e a responsabilidade por esta é sempre de um só autor". Eu ouvi, mas, gentilmente, ignorei o aviso.

Nunca tive dúvidas de que era o autor das minhas novelas, já que, para o bem ou para o mal, eu era o único que assumia toda a responsabilidade pelo trabalho e, assim, recebia todas as bordoadas do público e da crítica. Mas, egresso do jornalismo, onde todo o trabalho é de equipe, não me adaptei ao ato solitário dos outros telenovelistas e hoje, ao ver tantas parcerias no ar, gosto de imaginar que fui um pioneiro e criei uma escola.

Mas estou me adiantando ao falar já em novelas quando ainda estou nas minisséries, portanto, voltemos a elas.

"Nessa história ninguém presta!"

Tieta do Leblon: Betty Faria.

Bandidos da Falange foi uma minissérie escrita apenas por mim, embora tenha sido coassinada por Doc Comparato (que estava na Europa enquanto eu a escrevia), não por exigência dele, mas por decisão da Globo, que então via na reunião dos nossos nomes uma espécie de "marca estabelecida". Claro, antes de ele viajar falamos sobre a história, como fazíamos em todos os trabalhos — meus e dele —, pois nossa cumplicidade assim permitia. Mas esse é apenas um detalhe sem maior importância na história dessa minissérie que resume, em forma de ficção, toda a minha experiência de anos a trabalhar na editoria de polícia do jornal *O Globo*.

Enquanto ainda estava lá, recebia as cartas que dois fora da lei notórios — Lúcio Flávio Vilar Lírio e Fernando C. O. —, então na cadeia, mandavam entregar, endereçadas ao dr. Roberto Marinho, na redação de *O Globo*. As cartas vinham parar na minha mesa e, sem saber o que fazer com elas — o dr. Roberto dificilmente as leria —, tratava de guardá-las comigo. De todas tenho apenas duas, sobreviventes das minhas várias mudanças de endereço nas quais perdi boa parte dos meus arquivos.

Eram cartas bem escritas, muito articuladas, nas quais aqueles que as assinavam tentavam provar que não eram criminosos comuns, mas vítimas da sociedade injusta que os perseguia. Já se sabia que essa noção de que o crime podia ser justificado dessa forma tinha surgido a partir do contato entre os presos políticos e os comuns no presídio da Ilha Grande: os primeiros tinham tentado doutrinar os segundos de acordo com sua própria ideologia, porém, em vez de deixarem se cooptar, estes apenas adotaram o jargão daqueles e passaram a usá-lo para justificar seus crimes.

No meio de tudo isso havia os policiais corruptos, as relações de promiscuidade de alguns advogados e jornalistas com o crime, as mulheres de comportamento duvidoso e o drama das famílias — e tudo isso não tinha nada a ver com política ou ideologia. Quando entreguei a Boni a sinopse de *Bandidos da Falange*, ele me disse, numa reunião a que estava presente Daniel Filho: "Nessa história ninguém presta!". Mas, ao ver minha cara de profunda decepção, acrescentou: "Mesmo assim é muito boa, por isso vamos produzi-la".

Ao ouvir isso, e antes que ele mudasse de opinião, fui para casa e tratei de escrever os vinte episódios o mais rapidamente possível.

Nos arquivos denominados Memória Globo, mantidos pela emissora na internet para consultas do público, *Bandidos da Falange* é assim apresentada:

> Ambientada na Baixada Fluminense e na Zona Sul do Rio de Janeiro, a minissérie narra o surgimento de uma organização criminosa, a Falange Vermelha, com códigos de

honra baseados na força e na fidelidade ao grupo. Junto a isso, forma-se uma promíscua rede de relações com diversos segmentos da sociedade, até que a organização é desmantelada pela polícia. A história é dividida em quatro blocos, baseados na trajetória da Falange Vermelha: "As origens"; "A organização"; "Lutas internas"; e "A queda".

A trama começa em 1975, quando Paulo Alberto (Nuno Leal Maia), considerado o último bandido romântico do Rio de Janeiro, é morto durante um tiroteio com a polícia e deixa para sua amante, Marluce (Betty Faria), um relógio onde está escondida uma fortuna em diamantes. A partir de então, inicia-se uma busca pelas joias roubadas, protagonizada por dois policiais: o corrupto Tito Lívio (José Wilker), comparsa de Paulo Alberto, e o correto e dedicado Lucena (Stênio Garcia).

A minissérie também conta a história de Pinheiro de Lemos (Francisco Milani) e seu filho, Júnior (Julio Braga). Aos olhos de todos, Pinheiro de Lemos é um empresário bem-sucedido, dono de uma agência de automóveis. Na verdade, o negócio serve de fachada para encobrir sua verdadeira fonte de riqueza: o tráfico de armas. Júnior é dependente químico e, em determinado momento da trama, é internado em uma clínica para tratamento. Para desespero de Pinheiro de Lemos, que não sabe como se aproximar do filho, o rapaz foge da clínica e depois entra para a criminalidade. Júnior acaba sendo preso, tornando-se mais um membro da Falange Vermelha.

Bandidos da Falange foi um projeto grandioso e envolveu mais de duzentas locações, entre elas: Itacuruçá, Jacarepaguá, Santa Teresa e o Presídio Vicente Piragibe, em Bangu. Aguinaldo Silva utilizou sua experiência de dez anos como repórter policial para escrever a trama. A minissérie tinha data de estreia prevista para agosto de 1982.

No entanto, problemas com a Censura Federal obrigaram a TV Globo a adiar seu lançamento. Cinco meses depois, com muitos cortes e interferências afinal *Bandidos da Falange* pôde ser levada ao ar.

Jorge Fernando foi o primeiro papel de destaque de José Mayer na TV Globo. O ator compôs um bandido romântico e foi elogiado pelo seu desempenho. *Bandidos da Falange* foi depois reapresentada, numa edição especial de dez capítulos, em fevereiro de 1984. No ano seguinte, foi lançada em vídeo. A minissérie foi vendida para Portugal.

Claro, esse texto oficial da TV Globo, escrito muitos anos depois, passa por cima da verdadeira batalha, comandada por Boni, que a emissora travou contra a censura pela liberação de *Bandidos da Falange*. Para começar, mesmo depois da proibição vinda lá de Brasília, ele decidiu que as chamadas da minissérie continuariam no ar, embora sem a previsão de data para a estreia. Isso provocou um tremendo impacto. Sabia-se que ela estava proibida e, portanto, a manutenção das chamadas era um verdadeiro desafio aos censores e à ditadura.

A tensão chegou ao auge quando essas chamadas foram sendo cada vez mais exibidas no horário nobre, num ato em que, pela primeira vez, uma emissora de televisão desafiava uma decisão dos censores. A tensão estava no ar. As chamadas continuavam nos intervalos da programação e deixavam bem claro para os telespectadores que aquele era mais um trabalho com o nível habitual de qualidade dos produtos da emissora e, portanto, merecia ser visto e apreciado pelo seu público.

A discussão sobre a proibição da minissérie ganhou as ruas. E a censura acabou por ceder — em parte — ao aceitar participar de negociações nos bastidores. Nas reuniões em Brasília, cortes extensos foram exigidos pelos censores. Mas os negociadores da Globo, sob o comando de Boni, resistiram a isso e se negaram a fazer a maioria deles. Por fim, com apenas alguns cortes e não as dezenas que a censura exigira, *Bandidos da Falange* foi ao ar e causou verdadeira comoção no público.

A história (altamente popular, com personagens criados a partir das minhas experiências como repórter de polícia) tem como protagonista Marluce, uma sofrida mulher do povo vivida pela magistral Betty Faria, cuja fidelidade à lembrança do amante, Paulo Alberto — interpretado por Nuno Leal Maia e executado já no segundo episódio —, é o que conduz toda a trama. Ela é a guardiã do último presente que ele lhe deu, um relógio de mesa dentro do qual, embora ela não saiba disso, há uma fortuna em joias roubadas num assalto, tesouro que vários outros personagens, policiais e bandidos, querem localizar a qualquer preço.

Sobre Betty Faria, que viveu várias personagens criadas por mim — Lili Carabina e Tieta, para citar apenas duas —, tenho a obrigação de dizer aqui que ela teve uma participação da maior importância não só na minha vida profissional, mas também na pessoal, já que até hoje é uma grande, fiel e querida amiga... O que me permite contar, por ser pitoresca, uma história dos bastidores das gravações dessa minissérie.

É a que se segue.

É um fato notório — e acho que já ultrapassado — que naquela época havia um consumo de drogas, digamos assim, exagerado em boa parte do meio artístico. E Betty vivenciara experiências marcantes nesse terreno. Então havia figuras que, embora oficialmente fossem atores, também se poderia chamar de traficantes, as quais eram agregadas ao elenco das produções para prover os demais do que fosse necessário nesse terreno. Um desses fazia parte do elenco da minissérie e foi escalado para viver uma entidade que aparecia diante de Marluce, a personagem de Betty, durante uma "conversa" que ela tinha com o amante morto, diante do túmulo dele, no cemitério deserto e em plena madrugada.

Como a tal entidade tinha apenas essa pequena intervenção na trama, eu não fora informado sobre a escalação do ator, nem sabia qual era a sua função verdadeira no elenco. Por isso, horas antes da gravação da cena, já depois de meia-noite, fiquei surpreso quando Betty me ligou e, na maior aflição, me pediu que ligasse para o diretor Luiz Antônio Piá e pedisse a substituição do tal ator: "Encarar o fulano de frente, de madrugada, em pleno cemitério, com direito a neblina e tudo, e ainda mais com ele a bancar uma entidade maligna? Pelo amor de Deus, Aguinaldo, é barra-pesada demais pra mim. Eu não vou conseguir fazer isso!".

Não sei que lembranças terríveis ela tinha daquele suposto ator. Nem precisei saber, pois sua aflição já me dizia tudo. Assim, liguei para o diretor na mesma hora, pedi a substituição do tal fulano e ele — talvez sabendo mais do que eu do que se tratava — nem discutiu comigo e fez o que eu pedia. E o resultado é que em *Bandidos da Falange* essa acabou sendo uma das cenas marcantes entre as muitas com que me presenteou Betty Faria, essa minha atriz tão querida.

Antes disso Betty já tinha gravado outra cena no cemitério, mas fora durante o dia, no enterro do amante e com muita gente em torno: Marluce aparece lá de surpresa, embora não fosse bem-vinda, pois a esposa dele, vivida por Marieta Severo, sabia do caso extraconjugal do marido. As duas discutem aos gritos sobre quem tinha mais direito ao morto, acabam por se atracar aos gritos e o enterro vira a maior baixaria. Era a Betty sendo a melhor de todas as Bettys, aquela que sabia como ninguém encarnar e dar vida a personagens aos quais se poderia chamar de as "mulheres do povo brasileiro".

Paulo Ubiratan, que dirigiu cinco das minhas dezesseis novelas, e é um dos responsáveis, junto com Boni e Daniel Filho, por eu ter me tornado quem supostamente sou na história da televisão brasileira, costumava fazer um comentário sarcástico sobre o pouco-caso do veículo em relação aos seus criadores: "Você faz ... *E o vento levou*. Aí, um mês depois, o chefão te chama e diz: 'Até que foi legalzinho'... E acrescenta: 'Mas já se passaram dois meses, então... Agora faz outro. Mas, presta atenção: tem que ser ainda melhor'".

E era assim que acontecia. Mais adiante vou contar como parti do nada para, dali a dois meses, ver no ar o primeiro e arrebatador capítulo de *Tieta*. No caso de *Bandidos da Falange* foi a mesma história: logo após a exibição da minissérie — e de novo com Doc Comparato como parceiro —, fui intimado a escrever outra, de novo sobre uma figura icônica do Nordeste brasileiro: Padre Cícero.

E lá fomos nós, eu e Doc, para uma viagem pelo sertão profundo, agora no Ceará, até chegar à cidade de Juazeiro do Norte, onde o culto ao "padim" (de padrinho) Cícero continua vivo até hoje. Dessa vez as coisas não correram tão bem. Embora as figuras históricas e as tramas e os dramas que resultaram na ascensão do padre Cícero Romão Batista à condição de líder espiritual nordestino estejam todos lá, a verdade é que a minissérie, depois de pronta, ficou longe de mostrar todo esse processo com clareza. Hoje atribuo isso aos problemas de escalação do elenco: grandes atores correndo desesperadamente atrás de personagens que não lhes diziam respeito. Dirigida por Paulo Afonso Grisolli, *Padre Cícero* tem alguma coisa tosca, esquisita mesmo, cuja origem não está no texto e não consegui identificar até hoje.

Quanto à minha parceria com Doc, além dos trabalhos televisivos, nós escrevemos juntos uma peça de teatro chamada *As tias*, com um elenco de luxo — Susana Vieira, Ítalo Rossi,

Paulo César Pereio, Ednei Giovenazzi e Roberto Mota —, que ficou em cartaz no Teatro da Lagoa durante vários meses, numa época em que teatro dava dinheiro e não obrigava os que o cultivavam a sair por aí mendigando patrocínios.

Eu já tivera outra experiência no teatro quando, ainda antes dos vinte anos e no Recife, fundei com meu colega de jornalismo Aron Mandel e a atriz Aurora Duarte o primeiro grupo de teatro profissional do estado. Chegamos a montar três peças, duas no auditório do teatro da Associação de Imprensa de Pernambuco e uma no Teatro Santa Isabel, com grande sucesso de público — ganhamos muito dinheiro —, até que brigamos, nem sei mais por que motivo, e desfizemos a sociedade.

As tias, produzida por um cidadão gentleman e aventureiro chamado Roberto Baker, foi encenada depois pelo Brasil afora — até que Mauro Rasi resolveu usar o mesmo título numa de suas peças. E hoje jaz no arquivo morto da não menos morta Sociedade Brasileira de Autores Teatrais, pois Doc recusa todas as propostas dos que desejam reencená-la.

Mas — é a pergunta que cabe a seguir ao que disse antes —, se eu e Doc não brigamos e se nossa parceria era tão produtiva, por que nos separamos? Do meu ponto de vista, por uma razão muito simples. Ao contrário de mim, que sou até hoje um exímio datilógrafo — ou digitador, para estar mais de acordo com a época —, Doc escrevia à mão e depois passava o texto a uma secretária para que ela o digitasse. Num seriado de episódios semanais, ou numa minissérie de dezesseis capítulos, esse método funcionava. Porém, numa novela de duzentos ou mais capítulos de 35 páginas cada um, que deviam ser paridos na rigorosa média de seis por semana, escrevê-los com uma pena de pato — ou mesmo com uma caneta Parker — seria a ruína.

Foi isso que tentei explicar ao meu amigo e compadre quando ele exigiu que eu lhe desse parceria em *Tieta*: apenas por força dessa sua limitação, seria impossível para ele cumprir as absurdas e estafantes tarefas diárias da vida de um novelista. Não sei se Doc entendeu isso ou não, mas sei que ficou magoado comigo. Logo depois ele viajou para a Europa, quando voltou a novela já estava no ar e fazia o maior sucesso e, desde então, poucas vezes nos falamos e menos ainda nos encontramos.

Mas de vez em quando me pergunto, ao longo desses anos, o que me teria acontecido se tivesse dividido com Doc o trabalho que me caiu do céu para que eu pudesse comprovar, sem sombra de dúvida, que fora eu quem dera o tom anárquico e libertário a *Roque Santeiro*, a novela mais icônica de todas, da qual escrevi a maior parte, embora fosse Dias Gomes seu autor original.

Isso me leva ao próximo capítulo desta tentativa de reconstituição da minha vida pregressa, aquele no qual, à minha revelia, mas atualmente sem nenhum motivo de queixa quanto ao acontecido, ingresso em grande estilo, como autor, no universo mágico das telenovelas brasileiras.

"Audiência dá mais barato que cocaína!"

Com Gloria Perez: juntos na novela das oito.

Não, a frase que dá título a este capítulo não foi escrita pela minha pena nem saiu da minha boca, portanto, não é da minha autoria. Mas eu a ouvi, de um executivo muito influente na área da televisão, no dia seguinte àquele em que a novela *Roque Santeiro* bateu 98 pontos de audiência. Um número tão absurdo que, depois dela, nenhuma outra conseguiu chegar nem perto, embora *Tieta* seja a campeã absoluta de audiência, com a inacreditável média de 64,97 pontos. Para que se tenha uma ideia do valor desses números absurdos, *Senhora do Destino*, outra novela minha, deu 63 pontos no penúltimo capítulo, com média geral de 50,8 pontos, e isso também foi considerado um fenômeno.

Não vou dizer aqui quem pronunciou essa frase — numa mistura de êxtase e euforia —, porque seu autor já está morto e aos mortos, ainda mais quando são nossos amigos, deve-se todo o respeito. Mas vou dizer se fiquei ou não orgulhoso e cheio de mim ao ouvi-la: é lógico! Afinal, nos últimos quatro anos, nas minhas andanças pelos corredores da emissora, precisei driblar uns e outros para não ter que engolir alguns sapos. Quem foram os que tentaram me impingir a iguaria? Não vale a pena nomeá-los. Cada um deles teve o mesmo destino: o esquecimento, meu e do público. E se ainda não fui esquecido, não me iludo — sei que o tempo não perdoa e, assim, vai me proporcionar também isso.

Talvez seja essa a razão pela qual escrevo estas memórias — uma tentativa não de evitar, mas, pelo menos, adiar o inevitável esquecimento. Ainda estou aqui. Continuo vivo. Hoje mesmo, enquanto escrevo, minhas novelas ainda são exibidas e comentadas, mas sei que em breve já aqui não estarei neste mundo e, assim, junto com minhas tramas, serei esquecido. Não porque já não vá mais escrevê-las. Mas é que fui apenas uma nota de pé de página na história das telenovelas e o que estou a dizer é que o gênero, hoje ainda tão popular, caducará com o tempo até que, afinal, deixará de ser produzido.

Por pensar assim é que nestas memórias preciso ser o mais fiel possível ao que presenciei e fiz para que, já que o gênero telenovela um dia há de morrer — e eu também —, pelo menos as lembranças do tempo que passei ocupado com elas de algum modo aqui fiquem.

Assim...

Em 1984, depois de escrever três temporadas de *Plantão de Polícia* e três minisséries, um belo dia recebi um telefonema da secretária de Boni me convidando para uma reunião em sua sala, no nono andar do prédio da TV Globo na rua Lopes Quintas, no Jardim Botânico. Compareci à hora marcada e, no elevador, subi com uma moça muito simpática que, mal olhou para mim, perguntou: "Você é o Aguinaldo?".

Eu respondi que sim e ela se identificou: era Gloria Perez, que acabara de levar até o fim uma novela que Janete Clair não pudera terminar, por ter ficado doente. Perguntou-me para qual andar eu ia, disse-lhe que para o nono. E assim descobrimos que Boni nos convocara para a mesma reunião, fato que ele próprio confirmou quando entramos juntos na sua sala e nos disse, sem maiores preâmbulos: "Vocês dois vão escrever juntos a próxima novela das oito".

A novela das oito era a tal, na qual eu e Gloria nos especializamos, e que depois se transformou na novela das nove e agora já começa — sem o mesmo sucesso de antigamente, é bom que se diga — em geral por volta das 21h30.

Boni não sugeria nada — ele apenas ordenava. E assim nenhum de nós, aspirantes a estrelas da teledramaturgia que éramos, contestou sua ordem, embora eu tivesse em relação às novelas um sério problema: nunca vira nenhuma delas, a não ser alguns episódios esparsos sobre os quais tinha uma opinião bastante negativa. Para mim novela era uma coisa menor que, na programação da TV, se destinava apenas a exibir os anúncios de um supermercado então muito popular, as Casas da Banha. Ou seja, não me interessava escrevê-las. Afinal, eu era um fruto da Globo Tijuca, onde, em matéria de teledramaturgia, a emissora fazia o que nós chamávamos, com certa arrogância, de "experiências".

Mas uma ordem de Boni era para ser obedecida. Assim, naquela mesma tarde eu, com minha absoluta inexperiência quanto ao gênero, e Gloria, com a vantagem de já ter trabalhado com Janete Clair, a maior de todos os novelistas (incluindo os autores homens e, entre estes, Alfredo Dias Gomes, que era seu marido), nos reunimos para criar a novela que viria a se chamar *Partido Alto*, e que foi ao ar naquele mesmo ano de 1984.

A reunião aconteceu na casa de Gloria, e lá estava, enquanto falávamos do que seria a novela, um grupo de senhoras que acompanhou a conversa no mais absoluto silêncio. Saí dali um pouco apreensivo, não por causa da minha futura parceira, que se revelou uma pessoa muito segura do que poderíamos — e deveríamos — fazer, mas por conta da minha visível inexperiência quanto ao gênero. À noite, quando eu já estava em casa, Gloria ligou para mim e disse que suas amigas (as que permaneceram em silêncio durante a nossa reunião de trabalho) tinham me aprovado como parceiro dela, o que me deixou mais tranquilo, pois a verdade é que eu estava me sentindo como um peixe fora d'água.

Mas a nossa não foi uma parceria tranquila. Gloria queria ser novelista e sabia que em *Partido Alto* iria lançar sua grande cartada. Já eu, bem... Embora tenha escrito dezesseis novelas, seja o que chamam de um campeão de audiência e o autor que tem até agora o maior número delas em reexibição no *streaming*, confesso que ao longo de todos esses anos nunca me senti novelista. Talvez por ser tão descontraído em relação ao gênero é que tenha acabado por dar certo: nos meus primeiros trabalhos, achava que novela era igual ao jornal de ontem (no tempo em que eles eram impressos), ou seja, no dia seguinte já não serviam para mais nada, a não ser para limpar o cocô do cachorro ou embrulhar o peixe.

Gloria, que se tornaria uma grande autora, sabia como devia ser *Partido Alto*. Mas eu, como se diz hoje em dia, apenas deixava rolar, pois não tinha a menor ideia sobre o futuro da novela. Assim, nós dois acabamos por adentrar no perigoso terreno da tensão e Daniel Filho, um mestre em resolver esse tipo de coisa, marcou uma reunião da qual participaram Paulo Ubiratan e Roberto Talma e em que ficou decidido, com justiça, que Gloria prosseguiria com a novela e eu iria fazer aquilo de que realmente gostava — a minissérie *Tenda dos Milagres*.

Não resisto e, em relação a Partido Alto, *escrevo aqui uma nota de pé de página: enquanto escrevia o texto anterior, vi nas redes sociais que a Globo ia reprisar a novela no seu canal de* streaming, *o Globoplay. E agora, quando já estou em outro assunto e muitas páginas adiante, leio — de novo nas redes sociais — que em suas duas primeiras semanas* Partido Alto *foi o segundo programa de maior audiência na plataforma. Se tem uma coisa da qual os novelistas têm uma fome insaciável é da audiência. Portanto, nesse quesito, parabéns para mim e, mais ainda, para Gloria Perez, a quem coube levar até o fim a novela.*

Daquele ano de 1984, tudo o que posso dizer é que, para mim, ele foi muito profícuo. Afinal, mesmo que sem a mínima vontade de fazê-lo, debutei no glamoroso mundo das telenovelas com *Partido Alto*, desta saí para escrever a minissérie *Tenda dos Milagres* e, mal dei por concluído esse trabalho, no qual contei com a colaboração atribulada de Regina Braga (a roteirista, não a atriz), o teimoso do Boni voltou à carga e me pediu, através da Casa de Criação recém-inaugurada na Globo sob a direção de Alfredo Dias Gomes, que apresentasse — ai de mim! — a sinopse de uma novela, dessa vez apenas minha.

Para mim, escrever *Tenda dos Milagres* foi nunca menos que empolgante. Primeiro porque o fiz na Bahia e, portanto, bebendo na própria fonte, hospedado num hotel de luxo e a conviver com as atribulações da minha colaboradora, que se apaixonara mortalmente por um diplomata brasileiro de serviço num país qualquer da Ásia e que, mal ela seguiu comigo para Salvador, resolveu tirar férias na diplomacia e viajar para o Rio de Janeiro.

"Ele é o homem da minha vida!", proclamava Regina enquanto eu tentava fazer com que ela se concentrasse apenas nas aventuras de Pedro Archanjo e Lídio Corró, os protagonistas da minissérie baseada no livro de Jorge Amado. Mas minhas tentativas foram em vão. Acabei por dispensá-la do trabalho e ela não se fez de rogada: viajou ao encontro do amado no primeiro avião em que conseguiu uma vaga — um voo charter proveniente da Itália rumo ao Rio, que fez escala técnica em Salvador e no qual, segundo ela me contou depois, todos os passageiros eram homens e, sendo ela a única mulher no avião, se sentiram na obrigação de assediá-la.

Enquanto Regina seguia em busca do seu amado, numa aventura que terminou de forma dramática — ela descobriu que, naquela viagem, o objetivo dele não era vê-la, e sim voltar para a esposa, de quem se separara havia alguns meses —, eu dava tudo de mim na elaboração da minissérie. E hoje posso dizer que *Tenda dos Milagres* é um dos trabalhos de que mais me orgulho. Embora a produção tenha enfrentado muitos — e sérios — percalços nas locações, sobretudo no Pelourinho, onde os moradores não foram propriamente simpáticos à presença da TV Globo, Paulo Afonso Grisolli, o diretor-geral, conseguiu reunir um elenco de negros, cujas participações na televisão até então só se limitavam a papéis secundários e que se revelaram formidáveis atores.

Ainda hoje me emociono ao rever esse meu trabalho. E choro na cena da morte de Lídio Corró (Milton Gonçalves) quando ele, após muitos anos a correr da polícia, ao ser baleado numa dessas correrias diz ao amigo Pedro Archanjo (Nelson Xavier), que o socorre: "Nem correr a gente sabe mais, compadre!".

E então morre.

Diga-se, como nota de pé de página, que essa frase final de Lídio Corró foi uma modesta contribuição minha à história, já que ela não consta do livro de Jorge Amado.

Eu já tinha trabalhado com Milton várias vezes. Foi ele quem fez Iago em *Otelo de Oliveira*, a adaptação de *Otelo*, de Shakespeare, que fiz para *Quarta Nobre* — um programa de *teleplays* igualmente criado por Boni —, que ambientei numa escola de samba: nela Otelo era o diretor de harmonia da escola, ou seja, o general que comandava tudo.

Sobre esse especial, que, aliás, ganhou o troféu de melhor adaptação televisiva de Shakespeare numa premiação anual em Londres, vale a pena contar uma história pitoresca: quem fazia Desdêmona era a adolescente Júlia Lemmertz, em sua estreia na televisão. Otelo era Roberto Bonfim, no que foi uma licença poética do diretor Paulo Afonso Grisolli, já que o ator não era propriamente negro — assim como também não é o personagem de Shakespeare, pois na verdade ele também é conhecido como "o mouro de Veneza", ou seja, um árabe. Na violenta cena em que Otelo estrangula a inocente Desdêmona, Roberto Bonfim, sabendo que ia enfrentar uma barra-pesadíssima — Júlia era praticamente uma menina —, bebeu umas e outras para criar coragem. E, durante a gravação, por pouco não estrangulou para valer a atriz, cuja reação absolutamente realista de pavor, chocante até hoje, não é apenas fruto de sua atuação — é a mais pura verdade.

Porém, enquanto tudo isso acontecia, como se dizia popularmente naqueles tempos, minha batata estava assando, ou seja: mesmo após o meu desinteresse durante *Partido Alto*, José Bonifácio de Oliveira Sobrinho não mudou de ideia a meu respeito — para ele, eu estava mesmo destinado às novelas. Assim, quando me pediu uma sinopse, fiz o que me cabia por contrato: eu a entreguei no dia aprazado. Ela se chamava "O campeão" e tinha a ver com uma tradicional família carioca cujo chefe era uma espécie de ditador que comandava havia muitos anos um poderoso clube de futebol, mas estava prestes a ver contestado o seu "reinado" por uma oposição cada vez mais aguerrida. No fundo, a trama era uma alusão muito bem disfarçada à situação do país naqueles tempos, ainda sufocado pelos rigores de uma ditadura.

A sinopse foi aprovada, tudo indicava que seria ela a próxima novela das oito, porém... Boni mudou a rota em pleno voo e decidiu que, no lugar da minha história, a próxima novela seria *Roque Santeiro*, que alguns anos antes, quando o autor Dias Gomes já tinha escrito quarenta capítulos e estava prestes a estrear, fora proibida pela ditadura.

Se eu fiquei triste ao saber dessa mudança de rumo? Não tive tempo: logo depois o próprio Dias Gomes, chamado para continuar a escrever a novela dele, disse que não o faria, pois tinha uma viagem marcada para a Europa e não pretendia mudar de planos. Intimado a escolher um autor para ocupar o seu lugar, talvez porque tenha gostado da minha sinopse de *O Campeão* e dos cinco capítulos dela já escritos, disse que eu estava em condições de substituí-lo.

Sobre O Campeão, *devo dizer que, esquecida nos arquivos da TV Globo, doze anos depois, em 1996, escrita não por mim — que era autor exclusivo da emissora —, mas por Ricardo Linhares, ela foi ao ar na Rede Bandeirantes, que me comprou os direitos.*

Confesso que, em relação a *Roque Santeiro*, sinto um certo tédio em falar sobre a polêmica, que durou anos, sobre quem veio primeiro, se o ovo, a galinha ou o assim chamado sobrecu da própria, ou seja: quem foi responsável de verdade pelo sucesso da novela, se eu, que escrevi a maior parte dela, ou se o autor original da trama. Digo apenas que a discussão em torno disso, alimentada pela mídia, desceu até o nível do insulto e da baixaria, com Dias a me chamar de veado e eu sempre a ressaltar o fato consumado segundo o qual ele "usava peruca e dentadura postiça" e, por trás disso tudo, uma enorme torcida para que algum dia nós dois nos engalfinhássemos em público.

O que, para meu alívio, acabou por não acontecer, pois a essa altura eu já escrevera uma sequência de novelas: *Tieta, Pedra sobre Pedra, Fera Ferida* e *A Indomada*, todas consideradas "rurais e de realismo mágico" e cujo sucesso afastou todas as dúvidas sobre minha relevância na história de *Roque Santeiro*.

Na verdade, depois de anos de trocas de insultos, tudo que eu queria era ficar em paz com Dias Gomes. Pensei até em ter uma conversa com ele, mas pessoas do nosso meio me aconselhavam a não tentar fazê-lo, pois, diziam, ele "era um homem de reações violentas" e — que exagero! — poderia aproveitar meu pedido de trégua para me dar uma surra. Até que um dia... Durante uma reunião geral de autores na TV Globo, na pausa para o café, quando fui me servir, alguém do meu lado perguntou: "Você toma com açúcar ou adoçante?".

Eu me voltei e vi, ali do meu lado e sem mais ninguém por perto — todos os demais estavam no fundo da sala a esperar que nos engalfinhássemos —, ninguém menos que meu suposto arqui-inimigo: Alfredo Dias Gomes. Eu, sem saber qual resposta ele queria ouvir, lhe disse que preferia o adoçante. Ele me deu razão: "Faz muito bem" — disse amavelmente. E a seguir falou dos perigos do consumo excessivo de açúcar, bem como do sal, é claro. E assim ficamos pelo menos cinco minutos a conversar sobre trivialidades, como se, durante vários anos e com um ódio crescente, não tivéssemos trocado os mais pesados insultos.

Quando voltamos à mesa de reuniões, era palpável o ar de decepção dos outros roteiristas, por ver que eu e o criador de *Roque Santeiro*, após aqueles anos todos de baixarias mútuas, tínhamos feito as pazes.

"Pensei que você fosse arrancar a peruca dele!", disse um dos colegas, cujo nome não cito porque ele já está morto, embora imortalizado pelo altíssimo valor de suas obras como novelista.

Mas quanto a mim, depois daquela conversa trivial com Alfredo Dias Gomes enquanto bebericávamos um café, eu me senti aliviado por ele ter deixado a truculência de lado e, de modo tão delicado, feito as pazes comigo. E mais aliviado ainda me senti por isso quando, poucas semanas depois, ele faleceu num trágico acidente de automóvel ao sair de um restaurante em São Paulo. Hoje, Dias Gomes é, sozinho, parte importante da história da dramaturgia brasileira. E eu, graças à bondade dele ao ter me escolhido para escrever *Roque Santeiro* — mas, também, por tudo que fiz a seguir —, espero que essa história me conceda pelo menos uma vinheta de pé de página ou algumas linhas abaixo do texto dedicado a ele.

Porém, antes de mandar de volta para o arquivo morto minhas lembranças de *Roque Santeiro*, não posso deixar de contar aqui a história de "Zé Colmeia", um personagem que a certa altura — e a pedido da mãe do figurante que o interpretava — criei na novela.

Naquela época eu cuidava dos meus cabelos — então mais negros que a asa da graúna — num salão que ficava no supermercado Carrefour, na Barra da Tijuca. Certo dia, ao entrar lá para o tratamento de praxe, vi na porta um homem enorme, quase um muro ou uma parede, que me olhou com um ar de evidente interesse. Não dei maior importância ao fato. Porém, lá dentro, a manicure, uma senhora que eventualmente me atendia, se aproximou de mim e perguntou se eu tinha visto o tal homem lá fora. Eu disse que sim, e ela explicou o que ele estava ali fazendo.

"Quando vi que o senhor tinha marcado hora aqui no salão, pedi que ele viesse de modo que pudesse conhecê-lo. É meu filho. Trabalha na sua novela, é um dos dois guardas que aparecem na delegacia, mas nunca disse uma palavra! Será que o senhor podia escrever algumas falas para ele?"

Expliquei que os guardas da delegacia eram apenas figurantes na novela e por isso não falavam. Mas, sim, eu podia mudar isso criando um personagem para o filho dela. A senhora me agradeceu muito e, quando saí do salão, dei uma última olhada no rapaz e então tive uma ideia: como ele era grandão e meio que ursino e havia um urso muito popular nos desenhos animados da época chamado Zé Colmeia, decidi lhe dar esse nome e fazê-lo falar. Não me preocupei em avisar a produção sobre essa mudança, pois, sendo o outro guarda magro e baixinho, estava claro que o guarda Zé Colmeia que falava só poderia ser o figurante grandão.

Pensei que o assunto tinha se encerrado aí, porém... No dia em que as primeiras falas de Zé Colmeia seriam gravadas, a mãe do rapaz me ligou desesperada e me disse que haviam escalado um outro ator para viver o tal personagem! Pedi a ela que se acalmasse, pois eu ia verificar o que tinha acontecido e depois lhe falava... E assim o fiz.

O que descobri foi o seguinte: naquela época havia uma senhora muito poderosa na TV Globo chamada Guta Mattos, que ocupava o cargo de "diretora de elenco", mas era muito mais que isso: era uma espécie de rainha que exercia seu mando sobre os atores da casa, os quais se sentiam na obrigação de, pelo menos uma vez por semana, ir à sala que ela ocupava no prédio do Jardim Botânico e lá beijar sua mão e acarinhá-la.

Por conta do posto que ocupava, Guta podia dar a última palavra na escolha de um ator para determinado papel. E foi o que ela fez quando descobriu que em *Roque Santeiro*, mais precisamente no cenário da delegacia, ia entrar mais um personagem: trocou o filho da manicure por outro.

Diga-se, a bem da verdade, que, assim como o meu Zé Colmeia, o de Guta Mattos também não era ator profissional. Era um funcionário da alfândega no aeroporto, que, segundo me contaram — mas sem me dar provas de tal coisa —, facilitava a liberação das bagagens de algumas pessoas poderosas da emissora. E como "gostava de aparecer na televisão", era indicado pela diretora de elenco, em troca de tais favores, para interpretar, de vez em quando, pequenos personagens nas novelas.

Diante disso, e levando em conta o poderio de Guta, achei que não valia a pena criar um impasse. E então liguei de volta para a mãe do rapaz e lhe disse que a troca fora feita a pedido de uma pessoa muito poderosa na emissora, o que, para mim, encerrava a história.

Mas a verdade é que ela apenas começara: duas semanas depois, a mãe do rapaz me ligou e me pediu que fosse visitá-lo no hospital, pois ele ficara tão perturbado por ter perdido sua grande chance na novela que dera um tiro no ouvido.

"E não morreu?!", perguntei de modo, reconheço, intempestivo.

Ao que ela me respondeu que não, porque a arma usada para a tentativa frustrada de suicídio era um revólver de calibre 22... E a bala não tinha conseguido atravessar o osso.

Não fui visitar Zé Colmeia no hospital, é claro. Mas, depois que saiu de lá, foi ele quem veio a mim. Quer dizer, nunca me abordou. Porém passou a me perseguir de um jeito apavorante. Descobriu onde eu morava, e também os lugares aonde ia e — com uma frequência assustadora — de vez em quando, ao chegar num deles, eu via que ele já lá estava. A essa altura, a novela na qual ele *não* falara já tinha acabado e eu estava a escrever outra. Num certo dia de folga, fui ao cinema num shopping e, mal tinha entrado, adivinhe quem saiu da escuridão e sentou ao meu lado?

Tive um ataque. Perguntei a Zé Colmeia o que ele queria comigo, afinal, mas não disse nada — apenas soltou uma gargalhada sinistra e depois se levantou e foi embora.

Essa situação, de puro terror para mim, continuou durante quase um ano. Às vezes, de manhã muito cedo, ao abrir a janela do meu quarto após acordar, eu via — com verdadeiro pavor — que lá do outro lado da rua Zé Colmeia já estava... E, sem dizer uma palavra ou esboçar qualquer reação, depois de se certificar de que eu o vira, ia embora.

Claro, você me perguntará por que, diante dessa situação de puro assédio, não tomei uma atitude qualquer, ou até mesmo a mais drástica de todas, que seria dar queixa de Zé Colmeia à polícia. Essa pergunta foi feita por um amigo meu da época e ele mesmo deu a resposta: "Porque você é um merda".

Talvez ele estivesse certo. Ou talvez eu fosse um pouco masoquista na minha suposta relação com Zé Colmeia. Mas, mesmo sem tomar alguma atitude drástica, tratei de me proteger daquela situação de assédio. Por exemplo: deixei de ir ao tal cabeleireiro. Troquei o número do meu telefone. Mudei de endereço. Evitei frequentar lugares nos quais o rapaz já tinha me assediado — o BarraShopping foi um deles. Até que, finalmente, ele deixou de me perseguir ou, pelo menos, sumiu.

Até que, num certo dia de janeiro de 1989...

Eu tinha acabado de escrever, em parceria com Gilberto Braga e Leonor Bassères, a novela *Vale Tudo* e nela o grande mistério — quem matara Odete Roitman — estava prestes a ser esclarecido. Para comemorar o sucesso, Gilberto resolveu fazer uma festa na casa da irmã, a historiadora Rosa Maria Araújo, que morava em Copacabana. Como eu, habitante da então quase inóspita Barra da Tijuca, sabia que a comemoração acabaria muito tarde, resolvi que naquela noite dormiria num hotel perto da casa de Rosa e, assim, fiz reserva no Rio Othon Palace.

A festa foi um sucesso, fiquei lá quase até o final, depois fui dormir no hotel e na manhã seguinte, ao ver da varanda do meu quarto a praia lá embaixo sob um sol radiante, decidi tomar um banho de mar antes de ir para casa.

Quando desci era ainda muito cedo, o sol acabara de raiar e havia no calçadão de Copacabana apenas um grupo de homens reunidos diante de um quiosque, todos de paletó e gravata, vestimenta que me fez deduzir a profissão deles — eram seguranças dos bares e boates do entorno que funcionavam até o amanhecer. Atravessei a rua e ia passar pelo grupo quando percebi que um dos homens enfatiotados me observava: sim, era ele, era Zé Colmeia em pessoa, que me vira sair do hotel e, portanto, já sabia que lá eu estava hospedado!

Nem pensei duas vezes: desisti do banho de mar, dei meia-volta, subi até o meu quarto, arrumei minha mala, desci, paguei a conta, pedi que me chamassem um táxi e, quando este chegou — sem olhar mais para o tal quiosque —, entrei nele e fui embora.

E foi essa a última vez que vi Zé Colmeia, do qual também nunca mais tive notícias nem quis tê-las.

Sei que me alonguei demais nas lembranças de Roque Santeiro, *mas, desculpe: acabou de me ocorrer mais uma e eu não posso deixá-la passar sem um registro.*

Foi bem assim: a novela já ia pelo segundo mês no ar, com grande repercussão e altíssima audiência, quando, numa certa manhã — estava eu a dedilhar freneticamente na minha Olivetti elétrica —, dona Lourdes, uma senhora nordestina que trabalhava em minha casa, adentrou meu escritório e, com visível ar de indignação, anunciou: "Seu Aguinaldo, lá no portão tem dois homens vestidos de mulher querendo falar com o senhor de qualquer maneira!".

Pensei logo em Chiquinho, meu amigo de infância que depois se tornou Chiquita Paff e finalmente Daniela Bianchi, que agora morava em Paris e, da última vez que viera ao Rio de Janeiro, se hospedara em minha casa — ela e suas dezenas de vestidos de noite, que ficaram durante um mês pendurados por toda parte na minha sala. Será que agora ela ainda por cima trouxera uma acompanhante?

Fui correndo até o portão e, ao ver os "dois homens vestidos de mulher", precisei fazer muita força para não cair na risada: eram Claudia Raia e Isis de Oliveira, que faziam pouco mais que figuração na novela e que, já de si muito altas, ficavam ainda mais altas sobre as botas de saltos abissais que usavam e, por conta das roupas e bolsas extravagantes que ostentavam, passariam em qualquer lugar por travestis dignas de estrelar um show do tipo "você nunca viu nada igual" no Cabaré Casanova.

A razão da visita era reivindicar uma participação maior na novela, pois, na boate de Matilde — vivida por Yoná Magalhães — , elas apenas davam pinta, cantavam de vez em quando e mais nada. Impressionado com a presença física e a aparência das duas, prometi que daria um jeito de torná-las personagens em vez de apenas figurantes de luxo. E assim o fiz. Para Claudia Raia criei aquela trama do suposto lobisomem que a perseguia e pelo qual ela se sentia, ao mesmo tempo, aterrorizada e atraída. No final da novela, descobria-se que ele era o delegado da cidade e, claro, a bela e a fera se casavam. E, para Isis, criei a história das cartas que ela recebia de um milionário, que certa vez passara pela cidade, fora ao cabaré de Matilde e por ela se apaixonara. Todo mundo achava que ela inventava essa história e até escrevia as cartas que recebia, porém no fim da novela o milionário finalmente aparece disposto a resgatá-la da vida fácil e levá-la embora... E ele não era velho, nem feio, nem de algum modo desagradável... Pois era vivido por ninguém menos que o galã Tarcísio Meira.

O que aconteceu com Claudia Raia e Isis de Oliveira depois dessa minha intervenção você já sabe: elas se tornaram duas estrelas. Claro, não pelo que fiz por elas naquele começo de suas carreiras, mas porque as duas estavam destinadas a sê-lo.

Como matar um personagem

Os bastidores de uma novela não são um mar de rosas.

Até hoje não sei o que levou José Bonifácio de Oliveira Sobrinho a pensar que eu poderia ser um novelista de televisão. Entre as histórias que correram a respeito, gosto de ressaltar aquela segundo a qual a ideia de me lançar no gênero partiu de Janete Clair, a maior de todos os novelistas, que, depois de assistir a alguns capítulos da minissérie *Bandidos da Falange*, de minha autoria, teria comentado com Boni: "Esse rapaz devia escrever novelas".

Talvez isso seja apenas uma lenda, mas é como se diz: se a lenda é melhor que a realidade, então que se imprima a lenda. Por isso, prefiro acreditar que a possível intervenção de Janete Clair junto a Boni é que me levou ao trabalho que ocuparia boa parte da minha vida profissional, durante a qual escrevi dezesseis novelas.

De qualquer modo, antes de poder encarar a nova profissão eu precisava vencer uma barreira: como já disse, não sabia nada de novelas e não havia sido sequer um espectador ocasional de alguma delas. Na verdade, tinha até um certo preconceito contra o gênero. Nesse caso, o que me levou a escrevê-las? E eu serei bem franco na resposta: foi o salário que a emissora me ofereceu para fazê-lo.

Porque, na minha humilde opinião, se há uma coisa que não se deve fazer na vida é trabalhar de graça para quem quer que seja. Tudo tem seu preço, ainda mais quando se trata de trabalho. O salário de novelista era bem maior que o de autor de minisséries ou seriados. E não pelos belos olhos azuis dos seus autores, mas porque havia uma razão crucial para tanto: o que as novelas rendiam em matéria de grana, bufunfa, dinheiro. Do ponto de vista do faturamento, elas eram o carro-chefe da programação da emissora, principalmente a então chamada "novela das oito", aquela que ia ao ar no horário nobre.

Então, em 1987, menos de dois anos depois de *Roque Santeiro*, Boni me chamou e disse que eu iria escrever, agora como autor solo, a próxima novela das oito.

Naquela época eu lera uma história de Graham Greene sobre a figura do Duplo e andava obcecado pelo tema: "Em alguma parte do mundo existe alguém absolutamente igual a você do ponto de vista físico; e se você e seu Duplo se cruzassem por artes do destino... e um acabasse ocupando o lugar do outro?". Foi esse o ponto de partida da história — intitulada *O Outro* — que apresentei à Globo e que foi imediatamente aprovada por Boni.

Não posso dizer que, nessa minha estreia solo, naveguei num mar de rosas — pelo contrário, durante a produção e a exibição da novela enfrentei variados percalços. Tive até que tomar a atitude extrema de matar um dos personagens principais da história porque o ator que o vivia, José Lewgoy, nos bastidores era um desagregador nato e tinha escolhido o autor da trama, ou seja, eu próprio, como alvo principal dos seus comentários maldosos.

Lewgoy, grande como ator e bon vivant, era um veterano que começara no cinema brasileiro e fizera filmes até na França. Matar seu personagem foi um ato extremo e de muita coragem, já que ele era o segundo nome masculino do elenco e, além disso, era muito querido pela mídia da época. Claro, depois desse houve casos de mortes ainda mais radicais em novelas. Como, por exemplo, aquele no qual meu querido e nunca por demais pranteado Gilberto Braga teve que acatar um ultimato de Boni e matar Vera Fischer, protagonista de *Pátria Minha*, por causa dos problemas muito sérios de bastidores que, de acordo com a versão não oficial divulgada na época, estavam prejudicando o bom andamento da novela.

Essas histórias supostamente ocorridas nos bastidores de *Pátria Minha* me serviram de inspiração em *98 tiros de audiência*, o último dos romances que escrevi, no qual a protagonista de uma novela das oito é morta a tiros e todos que a rodeiam — incluindo seus companheiros de elenco — acabam por se tornar suspeitos do crime.

A publicação do livro causou certo rumor nos corredores da emissora, já que várias figuras da vida real (não apenas atores e diretores, mas também executivos) se viram nele retratadas de modo por vezes negativo. Quanto a isso, não digo nem que sim nem que não. Mas quanto ao egocêntrico, inseguro e neurótico autor de novelas que é personagem do livro, não abro mão de identificá-lo sempre que posso: sim, sou eu mesmo, muito prazer.

E aqui, a propósito de fofocas, crises de mau humor e até agressões ou tentativas de homicídio na ficção sobre o tema, vale a pena fazer um comentário sobre o que são os bastidores de uma telenovela. Neles o dia a dia dos atores — ao contrário do que alguns deles propagam e certas redes sociais confirmam — não é um mar de rosas. Não é nada fácil enfrentar a rotina das gravações (em geral cinco ou até seis dias por semana) e o desgaste emocional e físico que a criatividade exigida pela profissão lhes causa. Nas locações, por mais que a produção seja eficiente, as condições de trabalho são em geral complicadas. E mesmo nos estúdios o trabalho exige deles, às vezes para gravar apenas uma cena, sem falar nas repetições, um longo tempo de espera nos camarins e corredores.

A sucessão dos dias e os longos períodos de convivência entre os atores fazem com que esse processo se torne cada vez mais desgastante para eles. Some-se a isso o clima de competição natural entre profissionais que lutam por um lugar ao sol, às vezes inalcançável, joguem tudo dentro de um caldeirão e o resultado é um belo de um cozido de vísceras, nervos e rivalidades. Se tudo corre bem na novela, se ela é um sucesso de audiência e se os críticos decidem que vale a pena assistir a ela, tudo que enumerei antes é bastante suportável. Mas se acontece o contrário e se, ainda por cima, existe no ambiente alguém decidido a torná-lo ainda mais difícil, aí talvez o autor tenha que matar se não o desagregador, pelo menos o seu personagem.

Ao longo das minhas dezesseis novelas enfrentei várias crises de bastidores. A maior delas na última, *O Sétimo Guardião*, sobre a qual, talvez — e friso bem o talvez —, apenas como dever de ofício, eu me anime a escrever mais adiante.

Além dessa de bastidores, que me levou a matar o personagem de José Lewgoy, *O Outro* enfrentou outras crises. Uma delas foi o troca-troca de diretores. Houve dias em que a novela simplesmente não tinha um deles a comandá-la, e então era preciso improvisar: até o ator José de Abreu, que também fazia parte do elenco, chegou a dirigir algumas cenas, sem falar nas vezes em que o próprio Daniel Filho desceu de sua condição de executivo e foi fazer aquilo que ele sempre fez de melhor — a direção de cenas no estúdio.

Naquela época a audiência das novelas, o chamado Ibope, era um segredo que só interessava à cúpula da emissora e por isso ficava guardado a sete chaves e sem que o autor tivesse acesso a ele. Por isso, só muitos anos depois soube que *O Outro*, segundo o comentário feito por Daniel Filho numa reunião, "deu uma puta audiência": 57,01 para ser exato.

Se os autores dão importância a esses números do Ibope? Claro que sim. E não apenas pela vaidade de saber que o trabalho deles é apreciado por 40, 50 milhões de espectadores por noite, mas também porque estão cientes de que é isso que a emissora quer — as altas audiências capazes de atrair mais e mais anunciantes.

O Outro teve o seu último capítulo exibido no dia 10 de outubro de 1987. Minha novela seguinte, *Vale Tudo*, uma parceria com Gilberto Braga e Leonor Bassères, estreou no dia 10 de maio de 1988. E a que escrevi depois dessa, *Tieta*, teve o primeiro capítulo exibido no dia 14 de agosto de 1989, o que significa que no espaço de três anos escrevi três novelas, o que não deixa de ser um recorde.

"Vale a pena ser honesto no Brasil?"

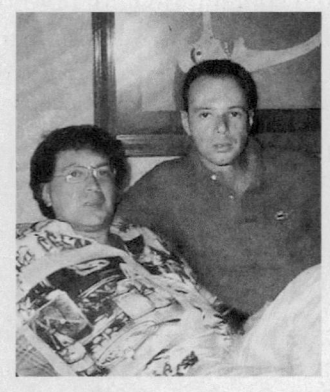

Gilberto Braga, querido e nunca por demais pranteado.

Já nas nossas primeiras reuniões de trabalho descobri por que Gilberto Braga me convidou para escrever uma novela em parceria com ele e Leonor Bassères. Um precioso cronista da classe média carioca, com amplo conhecimento — ainda que crítico — da vida na alta-roda, ele ficara fascinado com a pegada popular de *O Outro* e desejava incursionar por esse território. Mas só poderia fazê-lo se contasse com um guia competente e, objetivo como era, me escolheu para isso.

Desde as primeiras reuniões ficou evidente que a "novela sem título" — como chamávamos *Vale Tudo* no começo — seria uma novela "política", que discutiria a questão da honestidade num momento em que, no Brasil, a moda naquela estação era todo mundo se dar bem e levar vantagem em tudo. Colocar isso "em letra de fôrma", ou seja, passar a mensagem sem parecer panfletário, foi nossa principal preocupação desde o início. "Não podemos pensar em fazer política o tempo todo, do que precisamos mesmo é de ter uma boa história através da qual a gente passe o que pretende", Gilberto nos disse.

Eu e Leonor concordamos com ele. Ficcionistas que éramos, juntamos o útil ao agradável, que era trabalhar no aconchego do apartamento de Gilberto, que então morava no Flamengo. Como ele ia dormir às seis horas da manhã e só acordava depois das quatro da tarde, trabalhávamos noite adentro e só parávamos, além dos intervalos para o lanche, depois das duas da matina. E foi assim que em poucos dias criamos a história de Raquel, a mulher que, mesmo sabendo que vai se dar mal, é honesta a qualquer preço, e sua filha, Maria de Fátima, disposta a transgredir todas as regras, pois, nascida pobre, acha que dar trambiques é o único caminho para uma pessoa sem posses se dar bem na vida.

Vale a pena salientar que, nessa época, ainda estávamos sob a vigilância da censura, que, oficialmente, só acabaria no dia 3 de agosto de 1988, três meses após a estreia da novela. Porém, enquanto trabalhávamos, não pensávamos nela. Eu, que já passara por terríveis experiências de cortes ou proibições vindas de Brasília, pensava nisso ainda menos, ou melhor: pensava apenas em fazer o que sempre fiz, que era driblar os censores e passar adiante a mensagem tal como pretendia.

Disposto a me adaptar aos horários de Gilberto, nos dias em que nos reuníamos eu fazia o seguinte: saía às quatro horas da tarde da minha casa na Barra da Tijuca rumo ao Flamengo, passava na Majórica, então uma prestigiada churrascaria, comia uma bruta de uma picanha com batatas fritas acompanhada de uma (às vezes duas) caipirinha e assim, já devidamente calibrado, chegava na casa de Gilberto disposto a tudo.

Em geral, quem nos recebia lá era Ângelo, o mordomo, que nos dizia num tom de voz que se pretendia neutro, mas era crítico: "O dr. Gilberto ainda está dormindo".

Ficávamos lá na sala, eu e Leonor, a conversar em voz baixa, tentando ignorar as idas e vindas de Ângelo e do copeiro de lábio leporino que ganhara do patrão um apelido hoje impronunciável — "Fanha" —, até que por volta das dezoito horas Gilberto descia, ainda com cara de sono, para dar início aos trabalhos, que começavam na sala, passavam às vezes pela cozinha e iam parar no quarto do dono da casa, uma monumental suíte onde ele costumava ficar a maior parte do tempo. Tudo isso sem que nenhum de nós ficasse mais de três minutos em silêncio — falávamos e falávamos e assim, um completando as frases iniciadas pelo outro, íamos construindo as tramas.

Gilberto anotava tudo, depois fazia a triagem das ideias e as datilografava em frases curtas, e assim a cada reunião a sinopse da "novela sem título" ia tomando sua forma definitiva. Embora os tais horários esdrúxulos de Gilberto tenham acabado por revirar os meus pelo avesso, devo dizer que o período de construção da sinopse de *Vale Tudo* para mim foi muito divertido. Tanto que, depois que interrompíamos o trabalho, enquanto Gilberto ia fazer Deus sabe o quê até que dessem as seis horas da matina e assim sua hora de dormir chegasse, eu e Leonor, na rua, à espera de um táxi que nos levasse para casa, ainda ficávamos a trocar ideias para apresentar na reunião do dia seguinte.

Sim, foi um trabalho exaustivo, mas divertido. Porém, quando entregamos a sinopse a Daniel Filho, ele a recusou sumariamente. E continuou a fazê-lo depois que apresentamos a segunda, a terceira e a quarta versões, quando afinal ele nos disse: "Se querem mesmo escrever essa novela, tudo bem, mas vou logo avisando, não gosto dela".

Mesmo sem gostar da novela, ele aceitou fazer um personagem nela: Rubinho, o marido de Raquel (Regina Duarte), um daqueles homens cheios de sonhos vãos e destinados ao fracasso. E o fez com a garra de sempre.

A "novela sem nome" continuou sendo chamada assim até quase a véspera da estreia, com Hans Donner a se desesperar porque, sem o título, não podia fechar a abertura e os créditos. Durante dois dias, por sugestão de Boni, chegou a se chamar *Bufunfa*, o que provocou uma crise de vômito em Gilberto. Até que afinal se chegou ao título com o qual ela se tornaria um clássico da teledramaturgia: *Vale Tudo*.

Quando a novela estreou, com Gal Costa a cantar a música-tema composta por Cazuza, foi um verdadeiro choque. Apesar da censura ainda vigente, em *Vale Tudo* o Brasil não apenas mostrava, mas também escancarava a própria cara no horário nobre da televisão — e ela não era nada bonita. A família Roitman, liderada pela matriarca Odete, era o retrato fiel da elite dominante no país, assim como os personagens "populares" representavam, de um modo sobre o qual não restava a menor dúvida, a classe dos humilhados e ofendidos.

Sobre Odete Roitman, um detalhe. Mesmo depois de várias sugestões, não conseguimos lhe dar um nome. Até que numa certa madrugada, morto de cansaço e querendo ir para casa, sugeri em desespero: "Odete!". Leonor olhou para mim chocada, Gilberto me encarou com um olhar vago por alguns instantes até que, contra as minhas expectativas, disse: "Odete, sim, eu acho ótimo".

Sobre o "Quem matou Odete Roitman?", vale a pena lembrar um detalhe: desde o começo sabíamos que ela seria morta pelo outro vilão da história, Marco Aurélio, vivido por Reginaldo Faria. Mas isso vazou na imprensa e então, numa reunião de emergência, Gilberto, Leonor e eu decidimos que ela seria morta por um personagem mais improvável, do qual ninguém pudesse desconfiar. Desse modo, escolhemos Leila, personagem de Cassia Kis e mulher de Marco Aurélio. Planejamos a morte da vilã sem nos preocuparmos em saber a data em que o crime ocorreria. E assim, só muito tarde é que nos demos conta: sua violenta morte a tiros seria vista em todos os lares do Brasil na data mais imprópria — a véspera do Natal, dia em que, além disso, a audiência das novelas costuma ser baixíssima!

Claro que, naquele Natal, houve uma exceção àquela regra: na hora da novela, todo mundo ligou a televisão para ver a morte da vilã que a atriz Beatriz Segall tornou inesquecível.

Vale Tudo teve a média de 61,13 de audiência e está entre as cinco novelas mais vistas de todos os tempos.

A luz brilhante de Tieta

Tempos de São Paulo.

Não sei exatamente a data, mas lembro que era um frio mês de junho de 1989 em São Paulo, menos de um ano depois do final de *Vale Tudo*. Estava eu no apartamento que acabara de comprar no então ameno, florido e muito movimentado largo do Arouche com o objetivo de, sempre que estivesse cansado de ficar no Rio, passar lá algum tempo. (Esse foi o motivo oficial, mas na verdade o que eu queria era fugir de vez em quando da rotina do meu já longo casamento.) Eram seis horas e a noite já caíra quando o telefone tilintou, eu atendi e do outro lado alguém gritou: "Aguinaldo!". E reconheci imediatamente a voz estentórica: era — meu Deus, de novo! — Daniel Filho. Sem maiores preâmbulos decretou, daquele seu modo que não deixava a menor dúvida: "Você vai escrever a próxima novela das oito!".

Que ótimo, pensei com meus botões. A novela que substituíra *Vale Tudo* estava em progresso, depois dela, conforme a emissora anunciara, viria *Barriga de Aluguel*, de Gloria Perez.

Então, eu teria quase um ano até pegar no batente para valer de novo.

"Devo entregar uma sinopse já agora?", perguntei.

E a resposta de Daniel foi assustadora: "Já agora, não. Já *ontem*. *Barriga de Aluguel* foi adiada, a sua vai entrar no lugar dela e não será uma história original, mas a adaptação de um romance de Jorge Amado, espero que você já tenha lido…".

Respondi que tinha lido todos, perguntei qual deles seria e Daniel respondeu: *Tieta do agreste*! E acrescentou: "Não importa se já leu, trate de reler hoje mesmo".

E bateu o telefone, deixando-me completamente atônito, mas só por alguns minutos, até adivinhar de onde ele me telefonara: claro que fora da sala de Boni! Àquela altura os dois deviam estar lá, às gargalhadas, por causa da facilidade com que eu caíra no golpe deles. Ainda pensei em ligar de volta e dizer que, bem, pensara melhor e vira que teria pouco tempo, talvez não fosse o caso e tal… Porém já conhecia os dois e sabia que qualquer tentativa de voltar atrás, dar o dito pelo não dito, seria inútil. E Boni ainda me daria o maior esporro. Assim, resolvi ser prático.

Naquela altura a rua Barão de Itapetininga, hoje transformada num vuco-vuco pavoroso, era ainda uma rua elegante do centro de São Paulo aonde, da minha casa, eu chegava através de outra rua elegante, a Vieira de Carvalho. Lembro-me com certa saudade, confesso, da "pegação" gay que naquela área era generalizada noite e dia, e que tinha seu ápice numa galeria na elegantíssima avenida São Luís, onde havia um cinema que…

Bem, eu devia, mas não vou passar por cima dos detalhes sórdidos. O tal cinema tinha um saguão enorme que era basicamente frequentado por homens. Oficialmente lá estavam para fumar, mas o objetivo real deles era escolher parceiros do mesmo sexo. Assim, depois de se comunicarem visualmente, mesmo sem dizer uma palavra marcavam encontro no local mais próximo, ou seja, nos banheiros. Era para lá que seguiam, silenciosos e esquivos — não porque isso fosse necessário, mas sim porque sê-lo fazia parte do jogo —, de um jeito que devia parecer discreto, mas era ostensivo.

Uma vez lá dentro, tinham que esperar a vez, ou seja, que vagasse uma das privadas, de onde vinham sons muito característicos e perfeitamente reconhecíveis — sussurros e gemidos — e das quais, quando os sons cessavam e as portas se abriam, saíam dois, às vezes três e até, no máximo, quatro homens, porque mais que isso lá dentro não cabia. Ou seja, para quem gosta desse tipo de folguedo, mais que um cinema, aquele era um verdadeiro paraíso.

Se eu ia lá com frequência? Claro que sim. Foi lá que vi pela primeira vez um filme de Pedro Almodóvar chamado *Mulheres à beira de um ataque de nervos* e posso lhe dizer que nunca houve outro cinema mais apropriado para vê-lo.

Era na Barão de Itapetininga que ficava a Livraria Brasiliense — reino de Caio Prado Júnior, um editor então lendário —, um dos meus pontos de passagem preferidos e que, eu sabia, fechava suas portas às dezenove horas. Saí correndo para lá, comprei um exemplar de *Tieta do agreste* — naquela época, ao contrário de hoje, os livros de Jorge Amado ficavam sempre expostos no balcão mais nobre das livrarias —, voltei correndo para casa e dei início à leitura, que se prolongou até a madrugada e, com ligeiro intervalo para o café da manhã, por toda a manhã seguinte. Até que cheguei à última página e pensei: "Se um editor cortasse umas 150 páginas, seria uma obra-prima. Porém, mesmo como está a história é ótima e pode dar uma telenovela maravilhosa".

Na verdade, nessa segunda leitura reconheci em *Tieta do agreste* traços da peça de teatro *A visita da velha senhora*, do autor suíço Friedrich Dürrenmatt, mas não porque fosse um plágio, e sim porque o tema era clássico: o da mulher que é expulsa da cidade onde nasceu de modo humilhante e na maior miséria e, anos depois, poderosa e muito rica, volta para se vingar de todos que a expulsaram.

Além disso, enquanto o tom de Dürrenmatt era "suíço" — e não preciso explicar mais nada depois disso —, o de Jorge era para cima, baiano, solar, libertino e libertário, um prato cheio para apresentar a liberdade de expressão absoluta à novela das oito, pois, já que a censura oficialmente terminara (embora algumas pessoas ainda não se dessem conta disso), seria perfeitamente possível fazê-lo com os avais de Jorge Amado e da TV Globo.

Naquela manhã mesmo convidei Ricardo Linhares e Ana Maria Moretzsohn para serem meus parceiros na empreitada. E às onze horas da noite, como se tomasse um comboio rumo a Santana do Agreste — a cidade onde transcorre a trama —, ocupei minha cabine no Trem de Prata que então circulava entre São Paulo e o Rio de Janeiro, e no dia seguinte, à beira da piscina na luxuosa casa de Ana, já começamos a trabalhar na novela.

Escrever *Tieta*, ainda mais com a preciosa ajuda de Ricardo Linhares, Ana Maria Moretzsohn e Márcia Prates (então aprendiz e hoje mestra), até que foi fácil. Difícil, pelo menos para a produção, foi colocá-la no ar a toque de caixa. O diretor-geral, Paulo Ubiratan, era especialista nesse tipo de "emergência", ou seja: em tornar o impossível tão possível como ir comprar pão na padaria da esquina. Foi o que ele fez, ainda que a duras penas.

Gravar o prólogo da novela — quando a protagonista é jovem — até que não foi difícil, pois tudo se passava em meio a praias, coqueirais e dunas, por onde circulava, com suas cabras e cobiçada por todos os homens, a pastora Tieta, vivida nessa fase inicial pela atriz Claudia Ohana. Mas quando foi preciso gravar as cenas ambientadas em Santana do Agreste surgiu o grande problema — a cidade cenográfica ainda não estava pronta, só ficou concluída mesmo a duas semanas da estreia da novela.

Naquela época não havia o luxo que é hoje aquela central de produções da TV Globo chamada Projeto Jacarepaguá, o Projac. As telenovelas eram gravadas nuns estúdios precários na parte dos fundos do prédio da rua Lopes Quintas — e lá, para que as três novelas no ar tivessem sua cota de gravação, os cenários tinham que ser montados e desmontados todos os dias. O problema é que *Tieta* era não apenas sobre os personagens, mas também sobre a cidade e então... Como fazer para gravar a enorme quantidade de cenas ali na praça cenográfica de Santana do Agreste, por exemplo, se ela ainda não estava pronta?

Lembro-me de uma cena que ia ao ar, aí pelo capítulo 4 ou 5, na qual Osnar, o personagem de José Mayer, entrava cavalgando na praça principal da cidade e, num plano geral, anunciava: "Tieta morreu!" (claro, não era verdade). A cena teve que ser gravada quase em close-up, pois atrás de José Mayer e seu cavalo tudo que havia era uma multidão de pedreiros e outros operários a trabalhar na construção de uma cidade inacabada.

Já falei sobre ela e volto a falar agora de modo ainda mais exacerbado. Betty Faria era a detentora dos direitos de adaptação de *Tieta* para a TV Globo. E, boa negociadora que era, acabou por cedê-los para a emissora com uma condição: que Tieta fosse ela própria. E ainda bem que foi assim, pois eu, que escrevi a novela, não consigo imaginá-la com outra protagonista que não Betty Faria, essa grande atriz e minha muito querida amiga.

Até hoje me pergunto o que teria sido das minhas histórias, e até mesmo da minha carreira televisiva, se não fosse Paulo Ubiratan, que dirigiu cinco das minhas novelas e a minissérie

Riacho Doce. Decidido a levar o que chamavam de realismo mágico às últimas consequências, tive nele um cúmplice fiel no que outros diretores chamariam depois de "minhas loucuras" ou, mais discretamente, "meus absurdos". Naquela minha fase inicial tudo podia acontecer nas novelas que escrevia e, graças à criatividade de Paulo Ubiratan, sempre de fato acontecia.

Vou dar um exemplo: em *Fera Ferida* (1993), Camila, vivida por Claudia Ohana, era dada a ataques de sono durante os quais dormia semanas. E sua tia, dona Querubina (Vera Holtz), só tinha um jeito de acordá-la: fazer um dos seus pratos favoritos para que o cheiro dele, vindo da cozinha, chegasse às narinas da sobrinha lá no quarto e assim ela acordasse. A certa altura da novela, naquilo que chamamos nos bastidores de "um evento especial", isso acontece e então cria-se nas tramas todas uma grande expectativa para o seu despertar.

Porém, quando afinal dona Querubina faz o prato de bacalhau cujo cheiro fará Camila despertar, acontece um fato inesperado na cidade e todos na casa, à exceção da nossa bela adormecida, acabam por sair de lá. Eu escrevi o que chamamos de "o despertar de Camila" assim: "na casa vazia, a câmera vai buscá-la no quarto. E então ela levita por alguns instantes até abrir os olhos, sentar na cama, calçar as chinelas e descer as escadas para ir na cozinha comer o bacalhau cujo cheiro a despertou".

Simples assim... Mas não para Paulo Ubiratan, que, depois de ler o roteiro daquele capítulo, ligou para mim e disse que não ia fazer Camila levitar só alguns instantes no quarto: "Vou fazer ela despertar, levitar no quarto, sair levitando dele, descer as escadas, seguir levitando pelo corredor até a cozinha e só aí, diante da panela de bacalhau fumegante, abrir os olhos e acordar".

É o que faz todo grande diretor de cinema, televisão ou teatro: de posse da ideia do autor, acrescenta-lhe sua visão pessoal da cena. Paulo Ubiratan foi o maior diretor que conheci na televisão, mas teve uma vida breve, recheada de grandes feitos artísticos e sempre acompanhado de lindas mulheres. Certa feita precisou fazer uma intervenção qualquer na safena que o obrigava a ter uma vida regrada, mas isso naturalmente não era do seu feitio. Adorava um botequim de beira de estrada, onde não abria mão de descobrir qual era a nova cachaça que, pelo uso extensivo e entusiasmado, ele tornaria lendária. Virava quase um personagem fantasma, jamais focado pela câmera, das novelas que dirigia e às quais doava a própria alma. E foi assim, em 1997, quando dirigia outra novela minha, *A Indomada*, que sofreu um infarto e morreu de repente, aos 51 anos.

A notícia me chegou do modo mais brutal. Num certo sábado, estava eu numa churrascaria lá na Barra da Tijuca a almoçar com a família enorme do meu então namorado, quando o celular tocou, atendi e uma repórter, sei lá de que jornal ou revista, me perguntou assim, na bucha, se eu "queria fazer uma declaração sobre a morte de Paulo Ubiratan". Eu, que ainda não sabia dessa morte, não consegui responder, pois irrompi ali mesmo num pranto que só pude conter muito depois, quando já estava trancado no banheiro.

Eu perdera cedo demais meu grande parceiro, mas a partir daí dedicaria a ele todas as minhas novelas e, nas cenas mais ousadas, eu sempre me perguntava: "Como será que o Paulo dirigiria isso?".

Em *Tieta* resolvi escancarar e abrir o verbo. Nela não há um só assunto, daqueles então proibidos, que não tenha sido abordado. Inclusive pedofilia — através do coronel Artur da Tapitanga e suas meninas, a quem chamava de "rolinhas". É ousada e lacradora até hoje, por exemplo, a visita que Tieta recebe de Ninon, a transexual que cuida dos seus negócios em São Paulo e que, vivida de modo devastador pela estrela absoluta chamada Rogéria, acaba virando pelo avesso a cabeça dos homens de Santana do Agreste antes que eles descubram o que ela é. É antológica a cena em que ela dá um soco no personagem Amintas (Roberto Bonfim), o qual, achando que ela é mulher, insiste em assediá-la, logo ela, que não é apenas mulher, mas é também uma dama.

Escrever *Tieta* foi para mim — e tenho certeza de que também para Ana e Ricardo — uma aventura inesquecível que, no final, acabou muito bem recompensada. Embora diga a lenda que, com seus 62,30 pontos de audiência, tenha sido *Roque Santeiro* a novela mais vista de todos os tempos, esse título é de *Tieta* com sua média geral de 64,97 pontos de audiência ao final do último capítulo. Não me lembro de quantos telespectadores faziam um ponto naquela época, mas posso garantir que, no total, eram pelo menos 40 milhões de pessoas a assistir a ela diariamente.

O sucesso de *Tieta* foi tão devastador que os atores fizeram um abaixo-assinado endereçado a Boni pedindo que, após o final, ela fosse transformada em uma série com episódios semanais. E tudo indicava que essa ideia ia mesmo vingar, até o dia em que Paulo Ubiratan me chamou na sala dele e, com aquele seu inesquecível sotaque paulista-italianado, disse: "Eu não quero. E tu?".

"Eu muito menos."

"Então, trata de dar um jeito na história pra que ela termine, mas termine *mesmo*."

Uma das especialidades de um autor de novela é saber como fazer isso — terminar *mesmo*. E eu fiz. As dunas de Mangue Seco tiveram uma forte participação na trama. Então, nas cenas finais do último capítulo, uma ventania infernal fez a areia se movimentar em direção a Santana do Agreste e, de modo inexorável, soterrá-la junto com seus moradores.

Foi o primeiro final inesperado que criei, como se fosse um trapezista a se jogar do trapézio sabendo que não havia nenhuma rede lá embaixo. E, como os que se seguiram a ele, deu certo: se Santana do Agreste e seus moradores foram soterrados pelas dunas, a história estava realmente encerrada.

Até hoje me lembro do tom de voz de Paulo Ubiratan ao ler esse final de *Tieta* e após soltar uma gargalhada: "Tu é ruim mesmo, hem?".

E a minha resposta: "Sou... Mas só quando é absolutamente necessário".

(Des)vantagens de vender
a alma ao diabo

Livro: a paixão primeira.

Graças à luz de *Tieta* me tornei um astro no firmamento fugaz das assim chamadas estrelas televisivas. Como tal, tinha direito a cinco passagens anuais, de primeira classe, para qualquer lugar do mundo conhecido — mas na verdade não houve um único ano em que, mesmo acompanhado, conseguisse usar mais da metade delas, pois estava sempre trabalhando. Além disso, nos intervalos entre uma novela e outra eu me entregava à minha verdadeira paixão, que era a literatura. Enquanto estive na televisão escrevi — e publiquei — nove livros, além dos sete lançados antes disso, mas nenhum deles alcançou algum sucesso. Nem mesmo o romance intitulado *98 tiros de audiência*, o qual eu esperava que se tornasse um best-seller, pois abordava um tema que, achava, iria interessar aos 40 milhões de seguidores das novelas: a morte violenta da atriz principal de uma delas e o envolvimento, como suspeitos do crime, de todos — atores e diretores e até o todo-poderoso chefão da emissora — que estavam então trabalhando com a falecida.

É, portanto, uma história policial do tipo "quem matou", gênero que cultivo com muito entusiasmo e alguma modéstia. E, embora o romance tenha causado um certo trauma nos ambientes televisivos, passou pelos balcões de livrarias em brancas nuvens — não mereceu o interesse do chamado público leitor e menos ainda o da crítica.

Um desses traumas que *98 tiros de audiência* provocou foi em mim mesmo. Pois graças a esse livro eu finalmente descobri que a indiferença dos críticos em relação aos meus livros, que já vinha de alguns anos, se dava porque, para eles, eu não era do ramo, ou seja: só para lembrar a frase da escritora Eduarda Zandron, já citada nestas minhas memórias, ao assinar contrato com a TV Globo eu vendera minha alma de até então escritor "puro e casto" ao diabo televisivo.

Mesmo assim, o menino que conseguira publicar seu primeiro livro aos dezessete anos continuou a existir em mim até hoje — meu último livro, que atende pelo título de *Vendem-se corações despedaçados*, eu publiquei por minha própria conta e depois, como não consegui achar um distribuidor, com o maior prazer dei de brinde aos meus amigos e alunos dos meus cursos de roteiro.

Mas — pelo amor de Deus!— não pense que estou aqui para me queixar, pois ao escrever estas memórias minha intenção é dizer que a vida, seja ela qual for, é sempre boa de ser vivida. Assim, voltemos à televisão e aos finais felizes das novelas.

Como já escrevi, *Tieta*, com sua "audiência estúpida" (a frase foi dita por um ex-executivo da Globo), me alçou ao céu do universo televisivo e à qualidade de estrela de primeira grandeza. Mas o preço de estar nesse céu é não ter tempo para descansar sobre os louros e muito menos curti-los. Assim, poucos meses após o final da novela Gilberto Braga entrou em contato comigo, pois seria sua a próxima novela das oito e ele queria repetir nossa parceria em *Vale Tudo*. Aceitei o convite e já tínhamos começado a trabalhar na história quando Daniel Filho, informado sobre isso, tratou de acabar com a festa: disse que nada de parceria outra vez, pois cada um de nós tinha que escrever sua própria novela, já que éramos contratados para fazer trabalhos solos.

Foi o que aconteceu. Mas com um porém. Por debaixo do pano, Gilberto pediu que, junto com Leonor Bassères, eu fizesse a sinopse de uma das tramas secundárias da novela que depois se chamou *O Dono do Mundo*: a história de Beija-Flor e Taís, vividos na telenovela por Ângelo Antônio e Letícia Sabatella de modo tão intenso que, na vida real, os dois acabaram se casando.

Eu e Leonor trabalhamos na história de forma a exacerbar o lado policial-romântico dessa porção da trama. Era um amor desvairado, mas destinado, por força das circunstâncias, a acabar em tragédia. Quando leu a nossa sinopse, Gilberto se queixou de que havíamos trabalhado nela como se fosse a trama principal e tratou de amenizá-la. Mas, quando foi ao ar, *O Dono do Mundo* enfrentou um problema sério: a rejeição do público à mocinha, vivida por Malu Mader, que acabava se deixando seduzir pelo vilão (Antonio Fagundes) e passava com ele sua assim chamada "primeira noite" e não com Tadeu Aguiar, que fazia o noivo. Mesmo sendo Antonio Fagundes, galã com quem, na época, qualquer uma — ou um — faria o mesmo, essa "falha moral" de Malu Mader foi considerada imperdoável pelo público.

Já a história do amor bandido entre Beija-Flor e Taís... Bem, embalada pela canção "Codinome Beija-Flor", de Cazuza, de tal forma caiu no gosto do povo que Gilberto não teve outra saída senão dar a ela o destaque merecido.

Sim, *O Dono do Mundo* enfrentou sérios problemas. Mas a essa altura eu já me distanciara de tudo isso, pois estava a escrever a sinopse de *Pedra sobre Pedra*, a minha novela que entraria depois dela — em 1992, para ser mais preciso.

Escrevi *Pedra sobre Pedra* em condições bastante dramáticas e bem pouco favoráveis, isolado num apart-hotel da Barra da Tijuca, pois acabara de sair de um casamento de dezoito anos levando apenas a roupa do corpo e — claro — a conta bancária até então conjunta, rumo a outro casamento, que também caducaria depois de sete anos.

Assim como eu tive que me separar de alguém para viver essa nova paixão, o meu novo marido também precisou deixar para trás mulher e filho. Mas trouxe consigo sua família de oito irmãos, maridos e mulheres deles e mais seus filhos e netos. Tendo saído da casa dos meus pais aos vinte anos, e após a relação em que eu e meu parceiro éramos só nós dois e mais ninguém por perto, aquele novo casamento, com todos os laços afetivos que me trouxe, rendeu as histórias familiares de praxe, em cujas lembranças até hoje vou buscar material para construir as famílias da minha ficção.

A novela (escrita de novo com a parceria de Ana e Ricardo) foi ao ar de 6 de janeiro a 31 de julho de 1992, e assim sofreu por conta da "maldição da baixa audiência" que sempre acontece de dezembro a março, mas apesar disso disse a que veio: a história de amor, meio à *Megera domada*, entre Pilar Batista (Renata Sorrah) e Murilo Pontes (Lima Duarte) caiu logo no gosto do público, bem como a trama de Jorge Tadeu (Fábio Jr.), o assim chamado "comedor" — tão comedor que continuou a levar todas as mulheres da cidade ao êxtase mesmo depois de morto. Não vou dizer como o impossível conúbio carnal entre um morto e várias mulheres ocorria, sugiro — de novo — que meu leitor pesquise sobre "a flor de Jorge Tadeu" na internet e lá encontrará muitas respostas e comentários sobre o assunto.

Nessa novela, o clima de "realismo mágico", que eu já havia ensaiado em *Tieta*, é levado até as últimas consequências graças à completa adesão de Ubiratan e do seu discípulo Luiz Fernando Carvalho. Este dirigiu a mais difícil de todas as cenas da trama: aquela na qual Sérgio Cabeleira, que ao nascer fora prometido pela mãe à sua madrinha — a lua —, acaba por literalmente voar em direção a esta. Levando em conta que, naquela época, os efeitos especiais na televisão eram bastante canhestros, a cena em que esse personagem é atraído pela lua é, na minha humilde e suspeita opinião, a mais bela já vista em uma telenovela. Ela está na internet, é só pesquisar "Sérgio Cabeleira atraído pela lua em *Pedra sobre Pedra*" e pode-se vê-la inteira.

Na televisão é assim: você escreve uma novela de 178 capítulos, com ela "escraviza" as mentes e os corações de mais de 40 milhões de espectadores, que não conseguem deixar de vê-la diariamente, e, quando ela termina, o diretor-geral da emissora — no caso era Boni — o chama e lhe diz: "Essa até que foi legal. Agora faz outra".

Foi o que aconteceu comigo depois de *Pedra sobre Pedra* e assim o fiz: convocado em plenas férias, tratei de abreviá-las e então, quinze meses depois do último capítulo desta e de novo com a parceria de Ana e Ricardo, no dia 15 de novembro de 1993, sob a direção-geral de Paulo Ubiratan, estreava *Fera Ferida*, minha nova novela, na qual eu iria enfrentar e vencer de novo a tal "maldição da baixa audiência" de todos os fins de ano, da qual autores mais espertos que eu sempre fugiam — tal como fugiriam da cruz se fossem o diabo.

A essa altura eu já saíra do apart-hotel na Barra da Tijuca, pois, disposto a viver meu novo casamento com pompa e circunstância, comprara um apartamento no então semideserto bairro do Recreio dos Bandeirantes, tão semideserto que a população de muriçocas era infinitamente maior que a de humanos, a praia ainda não tinha postes de iluminação pública e pelas suas ruas mal traçadas apareciam de vez em quando, a dormitar ou tomar sol, enormes jacarés...

E, não, esses belos e adormecidos jacarés não são produto da minha fértil imaginação de praticante do realismo mágico. Eram reais e faziam parte de uma colônia deles que habitava a chamada lagoa de Jacarepaguá desde priscas eras — aliás, "jacarepaguá", na linguagem dos povos originários que habitavam o local, literalmente significa "lagoa dos jacarés". E zelosamente protegidos pelo Ibama, embora a região tenha crescido e se tornado um bairro tão carioca que tem até favelas, até hoje continuam lá — a dormitar ou simplesmente transitar —, tão acostumados aos habitantes humanos que só faltam mesmo dar bom-dia quando eles passam.

Embora o Recreio dos Bandeirantes naquela ocasião parecesse um lugar rural e tranquilo, nessa minha passagem por lá acabei por sofrer um trauma incontornável sobre o qual, antes de falar de *Fera Ferida*, vou escrever com todos os detalhes no próximo capítulo.

"Ou os dólares ou um dedo!"

Casa do outro lado do Atlântico

Pouco antes da estreia de *Fera Ferida*, recebi, através de um agente literário, uma mensagem de um canal de televisão chileno na qual perguntavam se, por acaso, eu tinha alguma novela inédita. Sim, por acaso eu tinha, e não apenas uma sinopse, mas 170 capítulos já escritos de A a Z, ou seja: uma novela completa. Os chilenos, disse-me o tal agente, ficaram "assanhadíssimos" com essa informação e perguntaram se eu poderia levá-la até eles. Eu disse que sim, embora soubesse que fazê-lo não seria nada fácil. Afinal, 170 capítulos de 45 páginas cada um teriam que viajar em mais do que uma única mala. De qualquer modo, o preço que ofereceram por eles valia o sacrifício e assim lá fomos nós, eu e meu marido, num voo da KLM, rumo a Santiago do Chile, com malas recheadas de páginas datilografadas.

Eu já tinha estado lá uma vez e voltara três vezes traumatizado. Primeiro, por sobrevoar a cordilheira dos Andes e seus picos nevados que pareciam estar a menos de dez metros do

Boeing em que viajava. Segundo, por descer de avião em Santiago, que fica literalmente num buraco entre aquelas montanhas de até 7 mil metros de altura. Digo sem pensar duas vezes que essa aterrissagem, com o avião a voar em círculos montanhas abaixo, foi a coisa mais terrível pela qual passei em toda a minha vida. E terceiro porque, mal desci lá e fui correndo para um shopping, vi uma senhora tropeçar, soltar o bebê que levava nos braços e este bater de cabeça no chão e ali ficar, desacordado.

Essa minha descrição não está à altura da cena, reconheço: nunca mais esquecerei o som que a cabeça do bebê produziu ao bater naquele chão de mármore. A mãe gritou, eu gritei, as pessoas que acorreram gritaram e só o bebê ficou lá, mudo e quedo durante alguns minutos. Até que soltou um tremendo berro e começou a espernear e então a mãe o levantou e o beijou e tratou de sumir com ele da nossa frente — mas não da minha memória.

Tudo isso foi demais para uma viagem de apenas dois dias a Santiago do Chile, mas a aventura estava apenas começando. Pois, se foi difícil levar as 7650 páginas da novela até o Chile, ainda mais difícil foi acondicionar os muitos milhares de dólares com os quais os chilenos me pagaram. E, embora eu tenha chegado em casa, lá no Recreio dos Bandeirantes, são e salvo com os tais dólares, a verdade é que minha aventura com eles estava apenas começando.

Já contei que o Recreio dos Bandeirantes, com seus jacarés a tomar plácidos banhos de sol, era uma espécie de fronteira entre o Rio de Janeiro e o nada, ou seja: um lugar bastante remoto. E se os animais assustavam, mas não chegavam a oferecer perigo — às vezes corriam atrás de um morador, mas este só precisava correr mais rápido —, outra ameaça rondava os pioneiros que, em busca de sossego como eu, tinham decidido se mudar para o bairro: os assaltos. Não contra um transeunte incauto, mas contra prédios inteiros, que quadrilhas fortemente armadas ocupavam em ações muito bem planejadas.

Assim, um belo dia, às dez horas da manhã, depois de cumprir minha primeira jornada de trabalho — eu começava muito cedo e costumava continuar à tarde —, saí para dar um passeio na praia, porém, ao abrir a porta do elevador no térreo, fui barrado por um sujeito armado com um revólver, que ele encostou em meu peito.

Os assaltantes fizeram a limpeza completa nos apartamentos onde estavam os moradores — eles não se deram ao trabalho de arrombar aqueles em que as pessoas já tinham saído de casa. Do meu levaram tudo, menos a televisão de 42 polegadas, um mondrongo que não cabia em nenhum carro, além do computador, pois disse um deles, depois que me reconheceu: "Precisamos que você trabalhe, ganhe muito dinheiro e compre tudo outra vez, pra que a gente possa voltar aqui na sua casa e roubá-lo de novo".

Sim, fora a televisão e o computador, me levaram tudo... Mas e quanto aos dólares? Naquela época de inflação altíssima, na qual uma simples linha telefônica — que só se conseguia no "mercado negro" — era vendida por nada menos que 7 mil dólares, era muito comum que as pessoas tivessem moeda americana escondida em casa. E eu, depois que voltei do Chile, não fugi a essa regra, mas tratei de guardar os meus num esconderijo no qual ninguém — mas ninguém mesmo — poderia achá-los.

Assim, quando um dos dois assaltantes que cuidaram do saque à minha casa perguntou: "Onde estão os dólares?", eu, seguro do meu esconderijo, respondi: "Não tenho nenhum". Sem dizer mais nada o ladrão foi até a cozinha, pegou o maior facão de todos, voltou com ele em punho e me disse, com a maior calma: "Vou perguntar de novo. Toda vez que você disser que não tem, pego na sua mão e lhe corto um dedo. Então, pra começar, já valendo seu polegar da mão esquerda: onde é que estão os dólares?".

"Estão ali!", gritei, apontando para o tal esconderijo.

O ladrão foi lá e, ao vê-los, disse: "Vou precisar de uma sacola pra poder levar tudo".

E eu, gentilmente — como devia ser praxe entre pessoas que reconhecem uma derrota —, tratei também de providenciá-la.

O assalto ainda teve outros desdobramentos que não vale a pena relembrar neste relato — deixarei para descrevê-lo, com todos os detalhes sórdidos, em outro livro. Mas o que resultou dele para mim foi pior ainda: depois de ver aqueles dois invasores armados a revirar minha intimidade durante mais de duas horas, e após ir à polícia junto com os outros moradores do prédio para dar queixa do ocorrido, eu descobri, ao voltar para o Recreio, que nunca mais poderia viver de novo naquele apartamento. Na verdade, nem conseguia ficar lá por alguns instantes sem sentir um mal-estar profundo. Assim, de posse só da parte essencial do que me sobrara — incluindo o computador, pois, não esqueça, quando o assalto aconteceu eu estava a escrever uma novela —, fui me hospedar num apart-hotel na Barra da Tijuca com a intenção de retomar o trabalho.

E foi então que se deu o milagre: por telefone, contei sobre o assalto a Paulo Ubiratan e lhe disse: "Nunca mais volto naquele apartamento, mesmo que não consiga vendê-lo vou dar um jeito de comprar outro!". Ele entendeu o motivo da minha aflição e, como teria pouco depois uma reunião com Boni, contou a ele o que me acontecera e falou sobre o trauma que resultara disso e que me impedia de voltar para casa.

O então diretor-geral da Globo não fez nenhum comentário. Mas horas depois ligou para mim e perguntou se por acaso eu não estaria interessado em vender para a emissora os direitos de uso de algum dos meus livros. A essa altura, ele já tinha se informado sobre o tipo de apartamento em que eu morava e, baseado nisso, de quanto custaria outro igual. Eu lhe respondi que sim, tinha um romance que fora publicado recentemente, mencionei o nome do livro e ele me disse na bucha: "A emissora te paga xis pelos direitos dele".

Foi assim, desse modo delicado, que Boni me curou do trauma, pois graças ao complemento desse xis eu paguei pelo meu novo apartamento, no Jardim Oceânico, no qual acabei *Fera Ferida* em 1994; escrevi outra novela, *A Indomada*, em 1996-7; e onde vivi os anos finais do meu último casamento, do qual saí decidido a nunca mais dividir minha cama com ninguém — nem mesmo por uma noite —, decisão na qual venho me mantendo firme desde 1998.

Não quero parecer demasiado esotérico, porém, ainda sobre *Fera Ferida*, gostaria de contar mais uma história estranha, para dizer o mínimo. Em 1984, morreu Armando Costa, que, junto com Leopoldo Serran, então formava a dupla de maiores roteiristas do cinema e da televisão brasileiros. Era um mestre dessa arte que, entre nós, ainda não ultrapassara a incipiência. Tive a honra de conviver e trabalhar com ele no seriado *Plantão de Polícia* e no programa *Quarta Nobre* e posso dizer que Armando era uma figura: vivia com a mãe, nunca tinha entrado num avião — viajava sempre de trem ou de ônibus — e ao que se sabe nunca chegou a casar ou conviver com alguém, a não ser com a mãe, a cuja morte não sobreviveu — teve um derrame e morreu dez dias depois dela.

Nós, que o conhecíamos e o amávamos, fomos todos ao seu enterro. E ao fim deste ficamos alguns — eu, Serran e Antonio Carlos da Fontoura, entre outros — a conversar ali no cemitério sobre as agruras de ser escritor num país em que a cultura era vista como uma espécie de exotismo. Eu, que estava cansado, sentei num túmulo enquanto decorria a nossa conversa. E só quando ela terminou e decidimos ir embora é que vi o nome inscrito na lápide sobre a qual sentara: aquele era o túmulo do escritor Lima Barreto.

Hoje até para mim isso parece uma bobagem, mas, naquele dia triste, vi no fato de ficarmos a conversar sobre a condição do escritor no Brasil enquanto eu estava sentado sobre o túmulo de Afonso Henriques de Lima Barreto — o mais sofredor de todos eles — uma espécie de recado: eu tinha que adaptar para a televisão uma de suas obras. A ideia me perseguiu até que, alguns anos depois, surgiu *Fera Ferida*, que se chamava originalmente *Nova Califórnia*, nome de um de seus contos.

De início, *Nova Califórnia* seria uma minissérie. Mas Jorge Adib, que chefiava o departamento de merchandising e era um dos primeiros a ler nossos textos (pois Boni confiava muito na opinião dele), depois de ler minha sinopse disse ao nosso chefão poderoso: "Isso não é minissérie, é novela". E foi nisso que ela se transformou. Nela reuni várias tramas e personagens do escritor Lima Barreto. Até batizei um dos personagens com o nome dele — Afonso Henriques, o bêbado local e apaixonado por Camila, aquela que na novela levitou mais do que devia por obra e graça do diretor Paulo Ubiratan. E assim cumpri a promessa que fiz a mim mesmo diante do seu túmulo no cemitério.

Oxente, *my God... This is Greenville!*

Nada como uma novela depois da outra.

Assim como acontece com a passagem dos dias (segundo o provérbio), para um autor, nada como uma novela depois da outra. Eu, que parti do absoluto desconhecimento do gênero e logo de saída fui lançado às feras no único horário para o qual escrevi — o das oito, hoje das nove, embora nos nossos dias a novela só comece mesmo às 21h30 —, posso dizer que só aprendi a manejar o mecanismo todo do gênero a partir de *Pedra sobre Pedra*, minha sexta novela. E, por ser levado a escrevê-las mesmo sem conhecê-lo, tive que ir criando eu mesmo o meu próprio mecanismo.

É por isso que as minhas novelas parecem tão originais — pelo fato de que, no começo, nelas eu estava ainda me exercitando no gênero. O problema é que algumas coisas que despudoradamente fiz por puro desconhecimento acabaram por dar certo. E por isso esse tom meio desordenado e anarquista que caracteriza todas as minhas tramas foi considerado "o meu estilo". Então, quando a TV Globo anunciava que vinha aí "uma obra de Aguinaldo Silva", o fiel público noveleiro já sabia do que se estava falando — nela não faltariam meus absurdos.

Mais do que nunca foi assim com *A Indomada*, novela que comecei a escrever em 1996 e que — de novo enfrentando a "maldição da baixa audiência" — estreou no dia 17 de fevereiro de 1997. A história de uma menina que é vendida pelos tios falidos a um homem rico, e, portanto, terá que casar com este ao fazer dezoito anos para manter o status da família, resultaria num dramalhão daqueles se fosse escrita por um novelista mexicano. Mas nas minhas mãos (e de Ricardo Linhares, que, após a saída de Ana Maria Moretzsohn continuou meu parceiro) acabou por ser muito mais que isso.

Quando entreguei a sinopse, todo mundo lá na Globo achou que ela não era menos que ótima, inclusive Boni. Mas para mim ainda estava faltando alguma coisa, talvez "um *plus* a mais", como costumava dizer Daniel Filho quando tinha dúvidas em relação a uma sinopse. E, assim, fiquei de tal modo obcecado com a ideia de achar a porcaria do tal de "*plus* a mais" que não consegui produzir nenhum capítulo.

Até que...

A Indomada se passava na região da Mata de Pernambuco, onde a cana-de-açúcar fez a fortuna de muitas famílias, até que tudo deu errado: as usinas foram fechando uma a uma e às famílias restou apenas a tradição que, como sabemos, dá pompas e circunstâncias, mas não rende nenhum dinheiro. Eu nascera numa cidade da mesma região, Carpina. E tirara a maioria das histórias e personagens da novela não só de lá, mas também de relatos feitos a mim pelo meu tio Sebastião Feliciano de Sousa, irmão de minha mãe, que fora durante muito tempo chefe de uma estação da empresa de trens lá de Pernambuco, a inglesa Great Western.

Espera aí, pensei um dia: alguém aqui falou na "inglesa Great Western"? Falou, sim, foi isso mesmo. E se os ingleses é que tivessem dado o nome à cidade onde se passa a novela? E se seus moradores, depois de conviverem algum tempo com os ingleses emproados que lá construíram a ferrovia, se considerassem até hoje meio ingleses, falando inclusive um misto de português e inglês arrevesado e com sotaque nordestino?

Pronto, era esse o tal "*plus* a mais" que faltava na novela e que resultou na cidade de Greenville e seus moradores.

Ah, sim, um detalhe precioso: a arquivilã de *A Indomada*, vivida de forma irretocável e inesquecível pela atriz Eva Wilma, se chamava Maria Altiva Pedreira de Mendonça e Albuquerque. "Altiva Pedreira" era o pseudônimo com o qual eu concorria aos prêmios de literatura (nos tempos em que escrevia apenas livros) e nos quais, nas listas de premiados, nunca consegui passar da categoria dos semifinalistas... A não ser quando concorri como ghost-writer num deles e o "escritor" que comprou o meu texto ficou entre os quatro primeiros. Se eu tenho alguma queixa disso? Claro que não, pois, com a venda dos meus originais, ganhei um bom dinheiro, do qual — eram os meus tempos de vacas magras na Lapa — estava mesmo necessitado.

Mas, voltando à *A Indomada*: para compensar o vexame por que passou José Mayer em *Tieta* ao ter sua entrada em Santana do Agreste montado a cavalo gravada em plano fechado porque a cidade cenográfica ainda estava em construção, dessa vez fiz com que ele chegasse a Greenville gloriosamente em plano geral, montado a cavalo, no meio de uma tempestade de areia e ainda por cima com o rosto emoldurado por um lenço à moda árabe.

Sim, porque o grande ator José Mayer, pela competência com que executava sua parte nos diversos trabalhos que fizemos juntos desde *Partido Alto* até *Império*, merecia — assim como ainda merece — todas as minhas homenagens. Quanto a tudo que se disse de mau sobre ele nos últimos tempos, aqueles que o conheceram de perto sabem que é um assunto controverso. Cito aqui as palavras de Luiza Tomé, uma bela mulher com quem ele contracenou em muitos dos meus trabalhos: "Zé Mayer sempre me respeitou nos sets de gravação ou fora deles e é meu grande amigo até hoje".

Luiza Tomé e José Mayer até hoje também são meus amigos, assim como são duas pessoas de enormes talento e caráter.

Foi em *A Indomada* que eu desembestei de vez e ignorei quaisquer limites para "aquelas doidices do Aguinaldo" (como Paulo Ubiratan chamava minhas pinceladas do que, à falta de outro nome, diziam ser "cenas de realismo mágico"). Foi nela, por exemplo, que Altiva invocou o raio divino — aquele mesmo pelo qual, em minha infância, frei Damião de Bozzano chamou na praça de Carpina. Lá, embora a multidão tenha fugido em pânico, o raio não caiu. Mas na novela ele cai, sim. E justamente sobre a cabeça da abespinhada criatura que o invocou.

Fui ver a gravação da cena e lembro-me de me aproximar de Eva Wilma, que estava deitada no chão — enquanto os técnicos faziam infindáveis ajustes de luz e posição de câmera —, e constatar que, em meio ao caos que a rodeava e sob o sol a pino, a atriz estava dormindo, isso mesmo, tirando um cochilo!

"Oxente, *my God*", perguntei quando ela acordou, depois de alguém anunciar que estava tudo pronto para retomar a gravação da cena do raio, "você consegue dormir no meio dessa confusão dos infernos?" E ela respondeu que conseguia, sim, mesmo em situações ainda piores... "Sempre que for preciso."

Morro de medo de atores, pois acho que, quando são gênios na profissão que escolheram, eles também são loucos. A incontornável diva Eva Wilma, sem a menor dúvida, para mim estava nessa última categoria — a dos grandes, geniais malucos.

Outra "doidice" minha que deu o que falar nessa novela foi a cena, já no final, em que o personagem do ator Selton Mello cria asas e sai voando.

Mas, de todas, a minha preferida é aquela na qual o delegado Motinha (José de Abreu) cai no enorme buraco de uma obra pública inacabada havia anos na praça de Greenville e, depois disso, nunca mais se tem notícia dele ou do seu corpo, até que, no dia em que resolvem rezar uma missa de sétimo dia pela sua alma, o próprio reaparece, diz que emergiu da queda no Japão, no outro lado do mundo, e exibe como prova disso a moça com quem acabou casando por lá, uma autêntica gueixa japonesa.

Se tem alguma coisa na minha vida profissional da qual eu sinto orgulho é dessa absoluta sintonia entre o diretor Paulo Ubiratan e os meus textos: por mais absurdas que fossem as "doidices do Aguinaldo", ele as realizava acrescentando a elas seu toque pessoal. E quando elas iam ao ar na novela, 40 milhões de pessoas nem pensavam duas vezes antes de acreditar no que viam, por mais absurdo que lhes parecesse.

Mas o diretor-geral Paulo Ubiratan morreu de repente, antes do final de *A Indomada*, um seu discípulo, o ator Marcos Paulo, assumiu o posto e, como tal, quatro anos depois dirigiria sem maiores brilhos aquela que foi minha última novela cheia de "doidices": *Porto dos Milagres*, de novo com Ricardo Linhares, uma adaptação de um romance de Jorge Amado — *Mar morto*.

Antes disso, no entanto, fiz uma nova incursão à estranha terra do chamado "realismo" ou drama do cotidiano nas telenovelas, pela qual não transitava desde os tempos de *O Outro*, ou seja, doze anos antes. Dessa vez, além de Paulo Ubiratan, também não podia contar com Boni. É que ele renunciara ao cargo de diretor-geral depois de fazer um acordo milionário com a Globo. E a emissora decidiu substituí-lo pela executiva Marluce Dias da Silva, no que era absoluta novidade na empresa — enfim, uma mulher no comando.

Sobre *Suave Veneno*, serei curto e grosso: não guardo dela boas lembranças. A começar pelo título, que não era o meu original e que Daniel Filho, já perto da estreia e talvez no que foi seu único palpite infeliz durante uma brilhante carreira, sacou do bolso. Mas não foi esse o meu maior problema no decorrer da novela. Ela foi ao ar ao mesmo tempo que surgia, com grande adesão da audiência, um fenômeno de comunicação chamado Ratinho, que, indo ao ar no mesmo horário da chamada "novela das oito" — no caso, de minha autoria —, acabou por roubar boa parte de sua audiência.

Não é verdade que Ratinho tenha dado alguma vez audiência maior que a de *Suave Veneno* — essa é apenas uma lenda urbana. Mas ao longo de nosso confronto em algumas ocasiões esteve muito perto disso, principalmente durante os intervalos comerciais. Diante de tais números, as reuniões lá na Globo se sucediam, os palpites para que eu mudasse os rumos da trama eram cada vez mais frequentes e a situação chegou ao máximo da tensão quando a mídia anunciou — sem que, na vida real, eu tivesse falado sobre isso — que, na tentativa de incrementar a audiência, eu pretendia escrever o primeiro "beijo gay" na minha novela.

A partir daí a situação fugiu ao nosso controle e tive momentos de grande ansiedade e alta tensão com Marluce, que chegaram ao auge quando ela tentou falar comigo sobre o assunto por telefone, eu me recusei a fazê-lo, ela disse que nesse caso iria à minha casa para conversarmos a respeito pessoalmente e eu, na minha resposta, fui taxativo — e tão melodramático quanto pode ser um autor de novelas: "Não venha, porque eu não vou abrir a porta!".

Hoje em dia gays se beijam quase todos os dias nas novelas sem que a terra trema na casa dos telespectadores por causa disso (algumas camas, talvez). Mas durante muito tempo esse tipo de cena foi rigorosamente "não recomendado", bem como demonstrações mais efusivas de carinho entre duas pessoas do mesmo sexo. A tal ponto que em 2014 — quinze anos depois! —, em *Império*, outra trama de minha autoria, aliás, ganhadora do Emmy Internacional, José Mayer e Klebber Toledo, dois homens lindíssimos que nela interpretavam um casal de amantes, não puderam numa certa manhã da novela acordar juntos na mesma cama: ela foi substituída por um sofá no qual, por mais que se grudassem um ao outro, quase não cabiam aqueles dois monumentos.

Já quanto às mulheres gays, o tratamento era bem diferente: em *Senhora do Destino* (2004), consegui fazer com que duas delas acordassem na mesma cama — Mylla Christie e Bárbara Borges — e numa tal intimidade que não restava a menor dúvida quanto ao que teriam feito antes de adormecer juntas.

Mas o meu clima de tensão com Marluce acabou depois que mandei o último capítulo para a produção e nele não havia sinal nenhum da tal cena do beijo gay que a mídia anunciara e que não me passou pela cabeça — sou pragmático e sei que, se então a escrevesse, ela seria sumariamente cortada do roteiro e eu não ganharia nada com esse gesto infantil de rebeldia além de um mal-estar que, pelo menos por parte da emissora, nunca seria esquecido.

Claro, havia uma disputa entre os autores (declarada ou não) para ver quem conseguia liberar primeiro a cena do beijo gay numa novela e, como registro histórico, vale a pena dizer aqui que quem ganhou essa parada foi Walcyr Carrasco.

Assim, 24 anos depois desses acontecimentos, eu e Marluce, agora apenas duas referências na história da televisão brasileira, moramos ambos em Portugal e mantemos, através daquela que ainda é a mais civilizada de todas as formas de correspondência, uma troca amigável de cartas e mensagens em datas festivas.

Ah, sim: para variar, *Suave Veneno* teve o primeiro capítulo exibido no dia 18 de janeiro de 1999, portanto, no período de baixas audiências ao qual eu parecia ter sido reservado pela emissora. Tal como a minha novela que veio depois, *Porto dos Milagres* (estreia no dia 5 de janeiro de 2001), sobre a qual vou falar em seguida.

Do mestre Jorge Amado, com carinho

O pai biológico de Tieta escreve ao autor.

Sr. Aguinaldo Silva
A/C Rede Globo de Televisão
Rio de Janeiro — RJ

Salvador, 31/10/85
Caro Aguinaldo:

Eu estava na Europa quando foi exibido no Brasil o seriado de televisão adaptado de *Tenda dos Milagres*. Ouvi e li muitas referências, quase sempre elogiosas, ao seriado em geral e à adaptação em particular.

Li inclusive uma entrevista sua, na qual você falava sobre os problemas criados com a adaptação e de como os resolvera, que me deixou tranquilo e satisfeito, pois você revelava ter a mesma opinião que eu tenho: a adaptação de um romance para qualquer outro meio de comunicação — cinema, rádio, televisão etc. — só é válida se for uma recriação. Sem o que será um simples pastiche da obra adaptada, não se manterá em pé. Por isso mesmo nunca me envolvo nas adaptações de meus livros, deixando o adaptador completamente livre para sua recriação, como você é testemunha.

Acabo de assistir, caro Aguinaldo, o seriado e lhe escrevo imediatamente depois para dizer a você que sua adaptação, feita com ousadia, liberdade, talento e amor, parece-me ser o bom exemplo de como um adaptador, sem trair a obra adaptada, pode fazer uma nova e bela criação. Não me surpreendi, pois sou seu leitor e admirador desde há mais de vinte anos — recorda-se você de nosso primeiro encontro em casa de Paulo Loureiro, em Maria Farinha? Você era um menino e vinha de publicar seu primeiro livro que eu havia lido e estimado: previ para você uma grande carreira que vem sendo realizada no livro e na televisão. Parabéns e muito obrigado por ter honrado meu romance com sua poderosa e terna, pungente e alegre recriação.

Zélia, também sua leitora e telespectadora, se junta a mim para enviar a você um abraço afetuoso.

Seu admirador e amigo,

Jorge Amado

Acho *très chic* dizer que, aos catorze anos, li e me deixei influenciar por Jean-Paul Sartre. Mas, embora tenha realmente lido o filósofo francês nessa idade e até me apaixonado por ele — e não apenas espiritualmente, tal como já revelei em outro trecho destas minhas memórias —, a verdade é que sofri influência mesmo foi das obras engajadas de Jorge Amado. Quem ler — ou reler — *Redenção para Job*, o meu primeiro romance, não terá dúvidas a respeito. Por isso, essa carta que ele me enviou, depois de ver minha adaptação do seu romance *Tenda dos Milagres* para uma minissérie televisiva, ocupa lugar de destaque nos meus arquivos — na verdade, devidamente emoldurada, ela está exposta numa das paredes do meu escritório carioca.

E, sim, a primeira vez que vi Jorge Amado foi durante essa visita que ele fez ao amigo Paulo Loureiro na praia de Maria Farinha, em Pernambuco, onde — o mais tímido de todos os meninos — fui apresentado ao escritor famoso mundialmente que eu tanto admirava. Mas ali estava eu — mudo e quedo — junto com muitas outras pessoas que tinham ido lá para homenageá-lo. E por isso quase não nos falamos, ou eu não falei, apenas o ouvi dizer que eu teria um grande futuro.

Como poderia eu fugir dessa profecia a meu respeito feita pelo meu ídolo literário diante de várias testemunhas? Não, eu teria que dar tudo de mim para que ela fosse cumprida. Creio que assim o fiz, embora não tenha certeza de que cheguei até onde Jorge Amado previra — certamente não cheguei, de acordo com a opinião dos críticos.

Depois desse encontro em Maria Farinha tive outro momento especial com Jorge Amado. Foi em 1967, dessa vez no convés do *Princesa Leopoldina*, um buque de passageiros da então próspera Companhia Nacional de Navegação Costeira, durante uma viagem de fim de semana do Rio de Janeiro a Santos organizada pelo prestigiado crítico literário Antônio Olinto. Junto com sua esposa Zora Seljan, também escritora, Olinto era o que hoje chamamos de um "agitador cultural". Tinha uma coluna literária no jornal *O Globo* — eu acabaria por substituí-lo anos depois, confesso que sem o mesmo sucesso — e fora o criador do prestigioso Prêmio Walmap de literatura, patrocinado pelo Banco Nacional de Minas Gerais, ao qual teimosamente concorri durante quatro anos sob o pseudônimo de "Altiva Pedreira", embora os romances que nele inscrevia nunca passassem da condição de semifinalistas, exceto o que concorreu assinado por outra pessoa à qual servi de ghost-writer.

Uma dessas "agitações culturais" foi aquela em que a dupla Olinto-Seljan reuniu um grupo de escritores — eu inclusive — para uma excursão de fim de semana no tal navio de passageiros, durante a qual conversaríamos principalmente, mas não só, sobre literatura. Olinto conseguiu a adesão de Jorge para o "passeio cultural" e o jornal *Última Hora*, no qual eu trabalhava, escalou um fotógrafo para dividir um camarote comigo e registrar com sua câmera o evento. O fato de que eu e o fotógrafo acabássemos por dividir a mesma cama resultou em surpreendentes eventos noturnos que não interessam a esta narrativa, portanto, sigamos adiante.

Fazia uma bela de tarde de sol quando o *Princesa Leopoldina* seguiu *al mare* rumo a Santos. No seu convés, pelo menos três dezenas de escritores, famosos ou nem tanto, com ares de quem dava um passeio pelo Mediterrâneo, deambulavam sempre em torno da mesa na qual Jorge, Olinto, Zora e mais duas ou três pessoas famosas — mas já agora devidamente esquecidas — tomavam drinques dignos de um verão em Veneza. Eu, como os outros por ali, também deambulava... Até que percebi quando Jorge e Olinto, depois de olhar para a minha figura esguia e juvenil, cochicharam alguma coisa com Zora. Ela então levantou, veio até mim e disse: "Ele quer falar consigo".

"Ele" era o próprio, não havia dúvidas quanto a isso: Jorge Amado em pessoa. Fui até a mesa onde ele pontificava, Olinto fez uma apresentação rápida, eu disse que já conhecia o grande autor, este o confirmou e então Olinto nos deixou a sós, para visível despeito do bando de escritores quase famosos que voejava em torno da mesa de Jorge como fazem os gaviões, lá nos céus, depois que localizam a presa aqui na terra.

Sobre o que conversamos? Terei que ser sincero, mesmo sob o risco de cometer uma falha imperdoável: não lembro! Só me recordo de ter ficado ali, a ouvir Jorge Amado falar enquanto o navio singrava o mar rumo ao anoitecer e a Santos.

Naquele momento, não podia imaginar — já que era apenas escritor e não vidente — que após alguns anos, agora como roteirista de televisão, eu cumpriria a missão de dar nobreza ao veículo ao adaptar para ele três das obras do então papa da nossa literatura: *Tenda dos Milagres*, *Tieta do Agreste* e *Mar morto*.

Da segunda, mesmo depois do enorme sucesso da minha adaptação televisiva, cerca de dois anos depois o cineasta Cacá Diegues resolveu produzir um filme no qual, na tentativa de fazer o público esquecer a performance de Betty Faria na minha adaptação, escalou Sonia Braga para viver Tieta. O que achei do filme? Prefiro não opinar sobre ele e apenas repetir o título de uma crítica da revista *Veja* a seu respeito: "A novela era melhor".

E pronto.

Durante minha longa e exaustiva passagem pela televisão — foram 41 anos —, além dos três livros de Jorge Amado, adaptei outras obras icônicas da literatura. A primeira, como aqui já disse, foi nada menos que *Otelo*, de Shakespeare, a qual transpus num programa *Quarta Nobre* para o ambiente de uma escola de samba carioca (o "general" Otelo de Oliveira era o seu diretor de harmonia). Minha ousadia rendeu louros para a emissora: *Otelo de Oliveira* foi premiada na Inglaterra como a melhor adaptação televisiva de uma obra de Shakespeare naquele ano.

Outra adaptação literária que fiz — dessa vez sem ter que pensar muito — foi *Riacho Doce*, de José Lins do Rego, que transformei numa minissérie de quarenta capítulos a toque de caixa para fazer frente à novela *Pantanal*, pois naquele ano de 1990, com seu elenco de belas mulheres a tomar seminuas infindáveis banhos de rio, ela atraíra boa parte da audiência da TV Globo para a TV Manchete.

A história aconteceu mais ou menos assim: estava eu na minha casa ainda a curtir o sucesso de *Tieta* quando Paulo Ubiratan ligou para mim querendo saber se por acaso eu tinha alguma história, original ou adaptada, que rendesse uma minissérie.

"De quantos capítulos?", perguntei. E ele: "Quarenta".

Nesse caso, pensei, em vez de minissérie seria melhor chamá-la de mininovela. Perguntei para quando seria esse novo trabalho e Paulo respondeu com a mais comum de todas as respostas que se ouvia na TV Globo: "Pra ontem!".

E explicou por quê: a emissora precisava botar um produto no ar que tivesse uma dose de sensualidade tão grande quanto a que a TV Manchete despudoradamente exibia em *Pantanal*. Enquanto falava com ele, houve um momento em que meus olhos pousaram sobre a lombada de um dos livros na estante diante de mim e eu, sem pensar muito, disse: "Sim, tenho o que você quer". Ele perguntou o título e eu lhe disse: *Riacho Doce*. Como conhecia bem o livro — e já tinha entrado no clima de urgência absoluta —, resumi sua trama em não mais que dois minutos e Paulo disse: "Uma sueca a nadar nua no mar de Fernando de Noronha? Já estou vendo a Vera Fischer!".

E, sim, foi ela mesma.

Naquela época a ex-Miss Brasil Vera Fischer, além de ser absurdamente linda, se tornara também uma ótima atriz — daquelas que, quando grava uma cena, diz suas falas pensando no que fará para o jantar quando chegar em casa enquanto a câmera, hipnotizada pelo seu rosto, tira dele toda a emoção de que precisa. Era famosa pela beleza e pelo talento, mas também pelo modo descontraído, digamos assim, como encarava a vida, na qual costumava, também assim o digamos, cair de boca — e isso não é uma crítica, mas um elogio.

Até hoje não sei como foi que, depois que resumi para Paulo Ubiratan a trama de *Riacho Doce*, ele pensou em gravá-la na ilha de Fernando de Noronha, pois deixei bem claro em nossa conversa que a história se passava numa praia alagoana. Mas o fato é que a escolha da locação feita por ele não podia ser mais acertada.

No livro de Zé Lins a mulher sueca Eduarda, nascida e criada no frio quase eterno do seu país, ao chegar no verdadeiro paraíso tropical que é a praia de Riacho Doce, descobre em si mesma uma sensualidade e uma gana de viver com toda a plenitude que até então reprimira. O marido, um homem bom, mas tolhido pelos rigores da cultura e da civilização, se apequena aos seus olhos quando ela o compara àqueles rústicos, decididos, pescadores locais, empenhados na luta diária pela vida. O choque entre o que ela foi e o que agora quer ser é simbolizado pela sua relação com um desses homens, Nô, com quem viverá um romance que acabará por causar a perdição de todos.

Riacho Doce daria um belíssimo filme de 130 minutos. Para transformá-lo numa minissérie de quarenta capítulos — cada um deles com quarenta minutos de duração —, eu tive que criar histórias paralelas e dar ênfase a personagens que no livro aparecem apenas de passagem. Entre eles destaquei dona Manuela, a avó e mentora de Nô e todos os outros moradores da praia, que, interpretada pela magnífica Fernanda Montenegro, é a única a perceber o perigo que a ânsia de liberdade de Eduarda pode trazer à comunidade que ela lidera.

Causa-me espanto que esse romance, preciso nas intenções, cortante como uma faca afiada, esteja hoje praticamente esquecido e não figure em nenhuma lista de leituras obrigatórias.

Quanto à sua adaptação para a televisão, posso dizer que ela cumpriu seu papel: durante o tempo em que disputou com *Pantanal* a audiência do horário, a minissérie, graças aos infindáveis banhos de mar de Vera Fischer completamente nua, chegou a empatar e até a ganhar algumas vezes... Embora, na verdade, a loura que nadava sensualmente nua nas águas de Riacho Doce, aliás, Fernando de Noronha, não fosse Vera Fischer, mas sim uma dublê de corpo quase tão bela e loura quanto ela.

Há quem se espante com o fato de que, nesses meus 41 anos como roteirista na Rede Globo de Televisão, eu nunca tenha sugerido a adaptação de um dos meus livros para a telinha. Não houve nenhuma intenção nesse sentido, portanto, não posso dizer por que não o fiz, nem mesmo quando Boni comprou os direitos de adaptação de um livro meu para me ajudar a sair do Recreio dos Bandeirantes. Mas agora, pensando melhor sobre o assunto, concluo que talvez exista uma moral para esse fato: por não ter vendido os direitos das minhas histórias à emissora, elas permanecem livres para qualquer adaptação por outros produtores nos dias de hoje.

O inverno da minha desesperança

Furacão Suzana.

Uma vez um jornalista me perguntou numa entrevista se eu me sentia feliz durante o tempo em que ficava mergulhado no verdadeiro trabalho braçal que era o ato de escrever uma novela. Sem nem mesmo pensar duas vezes eu respondi que sim (e estava sendo sincero). Só fiquei durante tanto tempo a exercer esse métier porque gostava muito de fazê-lo. Porém...

Não fui feliz ao escrever *Porto dos Milagres*, a adaptação de *Mar morto*, o romance de Jorge Amado. Primeiro, porque, embora fosse fã incondicional do autor, esse seu livro não era um dos meus favoritos — tinha ainda aquele ranço ideológico com o qual o autor se comprometera durante os muitos anos em que pertencera aos quadros do Partido Comunista e do qual só se libertara, de modo radical, ao escrever aquele verdadeiro monumento literário que é *Gabriela, cravo e canela*. E segundo porque, agora, nas minhas "doidices" não contaria com a cumplicidade do diretor Paulo Ubiratan, morto prematuramente. O ator Marcos Paulo, um discípulo dele escalado para substituí-lo, já dirigira textos meus nos tempos de *Plantão de Polícia*, mas dessa vez nem sequer tentou manter contato comigo. Por alguma razão que não consegui entender na época — e que agora não me interessa, pois ele está morto —, o diretor de *Porto dos Milagres* durante todo o tempo que durou a novela nomeou Ricardo Linhares, meu parceiro, para ser o intermediário entre nós.

Claro, ela funcionou, embora não tenha sido o que até então vinham sendo minhas novelas do gênero — "um puta sucesso", como disse certa vez Daniel Filho. Porém, quando terminou, eu estava decidido a me afastar não apenas do gênero, mas também da televisão e, numa atitude que muitos amigos meus consideraram "intempestiva", decidi voltar a ser jornalista.

Claro, até o ano de 2004 eu tinha um contrato com a emissora a ser cumprido. Porém, a partir do final de *Porto dos Milagres*, em outubro de 2001, ninguém me chamou para escrever coisa nenhuma — o que achei ótimo. E em 2004, já no final do contrato, eu estava pronto para dar um novo rumo à minha vida quando Mário Lúcio Vaz, então o diretor artístico da emissora, me convocou para uma reunião em sua sala no prédio da Vênus Platinada. Fui até lá achando, com certo alívio, que ele ia comunicar o meu desligamento. Porém, como acontece nos bons roteiros, o que ocorreu lá foi uma inesperada "reversão da expectativa" e, em meio a estranhas manifestações de respeito e apreço pelo meu trabalho anterior, tive que ouvir de novo a frase clássica: "Você vai escrever a próxima novela das oito".

Por que a emissora, que me ignorava solenemente havia quase quatro anos, não apenas me chamou de volta, mas me recebeu com tantos salamaleques? Como não sou trouxa, nem precisei pensar duas vezes para descobrir o motivo: naquele ano a "maldição da baixa audiência" ia começar mais cedo, pois haveria em todo o Brasil eleições para prefeito. Em consequência, durante a propaganda eleitoral gratuita — que seria transmitida nos meses de agosto e setembro e ocupava uma hora inteira antes da novela —, a audiência, como era praxe, deveria descer a praticamente zero.

Para sair desse índice tão baixo e atingir rapidamente números normais de audiência, a novela em exibição precisaria já ser um sucesso. Ou seja, o risco de ela afundar era alto demais. Na certa outros autores chamados para escrevê-la perceberam isso e alegaram razões pessoais para não ter que fazê-lo. E, assim, alguém deve ter dito lá nos corredores da Vênus Platinada: "Então chama o maluco do Aguinaldo!".

Claro que eu não respondi que "sim" na mesma hora. Primeiro, porque precisava ter certeza de que estaria disposto a dar de novo meu sangue para criar — ou "parir" — mais uma telenovela. E segundo porque, naquele instante em que Mário Lúcio Vaz me bajulava num tom cuja falsidade não permitia que restasse a menor dúvida quanto a isso, bem... Eu não tinha nem uma linha sequer do que se pudesse chamar de uma "história". De qualquer modo, tentando tornar o convite cada vez mais definitivo, ele perguntou se eu queria o mesmo diretor da minha última novela. Era de Marcos Paulo que estava falando e a minha resposta foi curta e grossa: "Acho que ele e eu não temos a mesma altura".

Mário Lúcio não entendeu, exigiu que me explicasse melhor e eu o fiz de modo irrefutável. Porém, em respeito ao morto, prefiro não dar detalhes sobre o que disse. Apenas que o diretor-geral, após me ouvir, soltou a maior das gargalhadas.

Depois disso, com a exclusão de Marcos Paulo, de nome em nome chegamos a um diretor que eu ainda não conhecia pessoalmente e que até então fora o preferido de Gloria Perez: Wolf Maya, com o qual concordei na mesma hora. Não por achar que ele fosse o diretor ideal para o meu estilo, mas porque, ao aceitar o convite para escrever a próxima novela, já decidira que ela não teria nada a ver com as minhas tramas anteriores, pois seria uma novela "realista" — um drama do cotidiano, de preferência carioca e vivido por pessoas simples. E Wolf Maya já mostrara nas novelas de Gloria que era muito bom nisso.

Na verdade, eu deveria dizer que Wolf me saiu muito melhor que a encomenda. Mas antes de fazê-lo preciso contar de onde tirei a bendita novela que marcou meu retorno após quase quatro anos sem produzir nada no gênero e que se chamou *Senhora do Destino*.

Em 1962, durante a viagem pelo sertão pernambucano em que acompanhei a caravana do candidato Miguel Arraes ao governo de Pernambuco, ao sair da cidade de Belém do São Francisco a última imagem que tive dela foi a de uma mulher, com a água do rio até a cintura, a dar banho num bebê de colo enquanto lhe sussurrava alguma coisa num tom visivelmente carinhoso.

"Vai dar tudo certo, minha linda": é isso que a mulher, na pele de Carolina Dieckmann, sussurra para a bebê ao reviver a cena no início da novela. E é também o que, no mesmo local e já adulta, a bebê repete para sua própria filha no final.

É daquela cena inicial que eu parti para contar a saga de Maria do Carmo Ferreira da Silva — nome da minha mãe —, a mulher vivida no prólogo por Carolina Dieckmann e depois por Susana Vieira, que, em busca de algum futuro (e um marido que saiu de casa e nunca mais lhe deu notícias), chega ao Rio com os quatro filhos, não por acaso no dia 13 de dezembro de 1968 — data da assinatura do Ato Institucional nº 5, quando a revolta popular ganhou as ruas e foi violentamente reprimida.

Essa data, para mim icônica, também aparece em Tieta: *no dia em que ela é expulsa da cidade, seu pai arranca do calendário a folhinha com a data de 13 de dezembro de 1968 e proclama: "Faz de conta que esse dia nunca aconteceu!".*

Engolfada pelo calor da hora, ela tem seu bebê sequestrado por aquela que será a arquivilã da trama — a hoje icônica Nazaré Tedesco —, é presa e levada para os subterrâneos do Ministério da Marinha, numa sequência em que reproduzo de forma documental o episódio da minha própria prisão em 1969, até no detalhe do coronel Sarmento, que mandara me prender, a jogar dardos num pôster de Mao Tsé-tung enquanto falava comigo...

E, sem voltar a ter notícias da filha, Maria do Carmo cresce no sofrimento: vai morar com os filhos numa região ainda inóspita na Baixada Fluminense, progride junto com esta, torna-se uma empresária de sucesso, mas nunca esquece seu objetivo maior: descobrir o que aconteceu com Lindalva, sua filha perdida, e resgatá-la de volta para a família, porque, sim, os finais das novelas devem ser obrigatoriamente felizes e assim — apesar das armações e crimes da vilã Nazaré Tedesco... "Vai dar tudo certo, minha linda!"

Assim como nas minhas novelas de "doidices" tive a absoluta cumplicidade do diretor-geral Paulo Ubiratan, posso afirmar que em *Senhora do Destino* — e nas duas outras novelas minhas de cunho "realista" que se seguiram — Wolf Maya me deu o mesmo. Sem que ele mergulhasse com fé no tom de drama do cotidiano, de quase neorrealismo dessas minhas histórias, sem que percebesse o senso de frescor e novidade que estava por trás disso, provavelmente elas não teriam feito tanto sucesso.

Senhora do Destino estreou no dia 28 de junho de 2004 e logo se transformou num enorme fenômeno de audiência. As cenas do prólogo, desde as da estrada, quando a cadela da família (à qual dei o nome de "Baleia", numa citação de *Vidas secas*, de Graciliano Ramos) morre atropelada ao tentar segui-la, até as da chegada no Rio em meio à repressão generalizada nas ruas — aos telespectadores, a novela pareceu uma novidade absoluta. E a audiência logo chegou a números altíssimos. Quarenta dias depois, no entanto, começou o horário eleitoral e o que se esperava era uma debacle total nesses índices. Porém durante os cinquenta dias em que a entediante propaganda gratuita de candidatos a prefeito e vereador permaneceu no ar, os números da novela das oito não caíram mais do que quatro pontos, e estes eram recuperados em questão de segundos mal ela começava.

Uma das grandes sacadas de Wolf Maya foi ignorar minhas sugestões para os dois nomes principais do elenco: eu queria Regina Duarte como Maria do Carmo e Susana Vieira como Nazaré. Mas meu novo diretor-geral, sem jamais fazê-lo de forma ostensiva, agiu nos bastidores para que Susana fizesse a protagonista e sacou de sua cartola mágica o nome de Renata Sorrah como sua antagonista. Para isso, contou com a cumplicidade de Mário Lúcio Vaz, por quem fui "convidado" a aceitar as sugestões de Wolf.

Eu o fiz. E por isso sou grato aos dois até hoje. Pois o que se viu foi a Nazaré de Renata Sorrah, feita com um prazer que eu diria quase sensual pela atriz, se tornar um personagem que continua vivo não só na memória dos telespectadores como também no mundo inteiro, mesmo onde a novela não foi exibida, pois Renata, de tanto aparecer em memes, é conhecida como a rainha deles.

E Susana Vieira, ah, essa maravilhosa criatura que forma, junto com Betty Faria, a dupla de mulheres a quem chamo de "minhas supremas musas": sem a Maria do Carmo que ela criou nos mínimos detalhes até torná-la preciosa, não creio que *Senhora do Destino* teria sido a mesma novela.

E há mais um detalhe a ser aqui esclarecido sobre essa novela: lembra-se do livro cujos direitos, por intervenção de Boni, a Globo adquiriu para ajudar na compra do meu novo apartamento após o assalto que sofri no Recreio dos Bandeirantes? O protagonista do livro era um magnata do jogo do bicho carioca chamado Giovanni Improtta — o mesmo Giovanni Improtta bicheiro e carioca vivido em *Senhora do Destino* pelo grande ator e meu saudoso amigo José Wilker. Assim, de certa maneira eu paguei minha dívida.

Quando *Senhora do Destino* terminou, no dia 11 de março de 2005, após sete meses do mais longo de todos os períodos de "maldição das baixas audiências", constatou-se que ela resistira a isso de tal forma que chegara aos 50,31, número que, desde então, não foi superado e dessa forma faz dela a novela recordista de audiência deste milênio.

A vida (quase) como ela é

Fagundes: seduz geral até quando é vilão.

Depois que fui tão feliz ao escrever a novela *Senhora do Destino*, assim como sua protagonista Maria do Carmo, eu decidi me tornar senhor do meu destino e assumir que minha profissão era a de telenovelista. Não que eventualmente deixasse de escrever livros ou peças de teatro, ou que recusasse os convites, cada vez mais raros, para escrever textos jornalísticos. Mas o que me mantinha e também ocupava a maior parte do meu tempo eram as novelas de televisão, portanto, pensei, ainda com quatro anos de contrato a cumprir com a Globo: então vamos a elas.

Outra vez após dois anos apenas de descanso, ou seja, de volta ao meu ritmo antigo, fui intimado a cumprir mais uma parte do meu contrato, que incluía, no período de seis anos, a feitura de três novelas e duas minisséries. Esse último penduricalho era apenas preventivo — se a emissora me pedisse uma minissérie, eu teria que escrevê-la. Até escrevi uma delas, chamada *Aquele que deve morrer*, que me pediram e depois

352

não a produziram e continua inédita, bem como um seriado, intitulado *Doctor Pri* — sobre uma psicóloga que resolvia problemas alheios, mas não os seus próprios, e que chegou a entrar em produção, mas foi suspenso depois que Gloria Pires, que seria a protagonista, desistiu de fazê-lo do modo como se segue.

Num belo domingo, horas antes de mais uma reunião de leitura de texto, Gloria ligou para mim, disse que ia viajar naquele dia rumo a Paris com a intenção de visitar o marido — que morava lá — e que, quanto ao seriado, não iria mais fazê-lo. Esse desfecho da história provocou um certo rumor, por conta do inconformismo de Manoel Martins, então diretor artístico da emissora, que ficou revoltado com o fato de a atriz ter assinado um novo e vantajoso contrato com a Globo justamente em função do seu trabalho nesse seriado — pelo menos, foi assim que me contaram.

De qualquer forma, todos fizeram sua vontade: Gloria viajou, Manoel manifestou sua indignação, José Mayer, que fazia o marido da dra. Priscila, foi encaminhado para outro trabalho e, quanto a mim, a Globo não se fez de rogada, pois, após o sucesso de *Senhora do Destino*, o que ela queria mesmo de mim eram novelas. E eu, animado pelo sucesso da trama "realista" e popular anterior, decidi continuar por esse caminho. Então, quando me chamaram e disseram: "Agora faz outra!", fiz o que me pediram.

Assim como em *Senhora do Destino* eu partira daquela imagem vista de passagem às margens do rio São Francisco — a mãe a banhar a filha bebê —, para criar uma história que um crítico, aliás muito bondosamente, chamou de "saga", em *Duas Caras*, que seria minha novela seguinte, parti de uma história incluída no começo destas memórias, a da arlequete Tonha dos Milhões, para contar a história do homem que se iniciara nas artes da vigarice ainda criança e, graças a elas, depois de dar um último e milionário golpe numa jovem — e muito ingênua — herdeira, se tornara um poderoso e respeitado magnata da construção civil carioca.

O prólogo da novela, com aquele que no futuro seria o tal milionário, ainda criança, a perambular pelo interior do Brasil com seu velho mentor na carreira de vigarista, é tal qual aquilo que me contaram, quando eu mesmo ainda era criança no Recife, sobre os primórdios de Tonha. Tal como aconteceu com esta, depois de lhe ensinar tudo sobre a arte de enganar os outros, seu protetor morre. E é então que, após dar o maior golpe de todos, ele segue pelo caminho da respeitabilidade, sem imaginar que, muitos anos depois, a cobrança lhe chegará através da tal jovem que enganou e do filho que, sem saber, ele teve com ela.

De novo o tema da vingança como arma e de novo, como em *Tieta*, uma mulher obstinada... E aqui vale a pena uma pausa para dizer que, durante muitos anos, a imprensa sempre me questionou sobre o fato de minhas protagonistas mulheres serem tão fortes: por que eu as preferia em vez de protagonistas homens? Minha resposta a esse tipo de pergunta mantenho até hoje: porque as mulheres estavam — ainda estão — em processo de autoconhecimento e mudança e isso as tornava muito mais interessantes como personagens. É primoroso (desculpe a falta de modéstia) o modo como a protagonista Maria Paula, magnificamente vivida por Marjorie Estiano, se vinga do vilão Marconi Ferraço (Dalton Vigh), o vigarista que se aproveitou de um momento seu de fragilidade para lhe roubar tudo. E como, no último capítulo da novela, faz com que, por amor ao filho que teve com ela, ele se arrependa de todos os seus erros, pois é de praxe que as novelas tenham sempre um final tão feliz a ponto de deixar que os telespectadores fiquem tranquilos em relação às suas próprias vidas.

Duas Caras, na época, cumpriu seu papel. Foi a última novela a ultrapassar a casa dos quarenta pontos de audiência — 41,04, para ser mais preciso. Porém, com o passar do tempo, ainda que por um motivo muito discutível, tornou-se meio que maldita e nunca chegou a ser reexibida. Explico melhor a razão disso a seguir.

Ela foi a primeira novela de televisão a ter uma favela como um dos núcleos principais. Havia também os núcleos da classe média e dos ricos, mas o fato é que os três dividiam espaço igual na trama. No núcleo da favela, o embate se dava entre o todo-poderoso Juvenal Antena, vivido por Antonio Fagundes, que mandava e desmandava nos seus moradores, e um seu afilhado, Evilásio Caó, que ia bater de frente com ele ao decidir que o povo não precisava de rei do pedaço nenhum e assim lutar para derrubá-lo.

Até aí, tudo certo. Menos a escalação. Pois Antonio Fagundes é um ator tão gigantesco que conquista a adesão do público mesmo quando é o vilão. Os tiques e maneirismos que ele criou para Juvenal Antena, mal a novela estreou, viraram motivo de comentários e até moda entre os telespectadores, cujos corações e mentes o personagem conquistou desde o primeiro segundo.

A telenovela não pertence ao autor, nem é feita para servir de porta-voz às suas preferências ideológicas. Ela tem que ser o que seus telespectadores esperam e querem. Por isso, é uma obra em progresso, que vai sendo modificada de acordo com as reações do público. E a reação do público, nesse caso, ficou bem clara desde o começo: ele torcia pelo vilão.

Em *Duas Caras* o Juvenal Antena de Antonio Fagundes era o ovo da serpente de um dos fenômenos mais odiosos surgidos nos subúrbios cariocas nos últimos quinze anos: as milícias. Evilásio Caó, que devia combatê-las ainda nesse nascimento, não conseguiu cumprir essa missão, certamente por culpa minha e do pantagruélico Antonio Fagundes, que, logo nas primeiras cenas, fez o seu Juvenal Antena tomar conta da novela e preencheu todos os espaços no coração do público. Assim, a Lázaro Ramos, que de início seria o "mocinho", o que restou foi uma trama igualmente importante e pioneira: ele é o afrodescendente favelado que namora a pobre menina rica (Débora Falabella), filha de um arquimilionário hidrofobicamente racista (Stênio Garcia).

A cena em que os dois se confrontam pela primeira vez durante um jantar na casa de Stênio para o qual Débora convida Lázaro, das milhares que escrevi como novelista — sim, é bom frisar isso, *milhares* —, é, talvez, aquela de que mais me orgulho.

Em termos de audiência, *Duas Caras* navegou no começo sob céu de brigadeiro. Até que nuvens ameaçadoras surgiram em sua direção, sopradas diretamente de Brasília. O que diabo significa isso? Deixe-me respirar fundo, lavar as mãos com álcool e, a seguir, já lhe explico.

No ano de 2007 oficialmente não havia censura no Brasil. Mas a verdade é que, pelo menos na televisão, havia, sim, mascarada sob o pomposo nome de "classificação por faixa etária". O que era isso? Havia um batalhão de funcionários lotados no Ministério da Justiça aos quais cabia decidir se uma determinada atração podia ser exibida ou não num determinado horário ou apenas depois das 22 horas, quando, supostamente, as crianças de boas famílias já deveriam estar dormindo.

A novela das nove, ou então das oito e meia, sempre enfrentava problemas quanto a isso — por conta de alguma cena mais ousada, os tais funcionários ameaçavam bani-la para um horário mais tardio. Mas em *Duas Caras* tais ameaças chegaram ao auge por causa de um detalhe da trama que incomodou particularmente os tais não censores: a chamada *pole dance* — ou "dança do cano" — que a atriz Flávia Alessandra executava com extrema e sensual maestria, para deleite e paixão de Juvenal Antena, aliás Antonio Fagundes, na boate que era um dos cenários da novela.

A primeira exibição de Flávia no cano deixou os não censores alertas, a segunda provocou neles um choque atômico e, quando eles souberam que haveria uma terceira — dados os picos de audiência que a novela atingira nas duas primeiras —, foram ao extremo do zelo: enviaram às dezoito horas um ofício à emissora dizendo que ou ela tirava do ar em 24 horas o cenário inteiro da boate — e, portanto, qualquer possibilidade de a bela Flávia Alessandra repetir sua dança — ou a novela das oito teria que ser remanejada para as onze.

Instaurou-se o pânico nos bastidores. Não por razões morais, mas porque, às onze horas, a novela das oito não poderia cobrar dos anunciantes preços de horário nobre. Sem falar que alguns deles deixariam de anunciar nela, o que resultaria em grandes prejuízos para a emissora. E assim, às dez horas daquela noite fatídica, Wolf Maya ligou para mim e me disse que eles iam gravar o bloco da semana de cenas da boate na manhã seguinte às onze horas e que eu precisava reescrevê-las para dar um jeito que, de modo que não parecesse forçado aos olhos do público, elas fossem as últimas naquele cenário. Trocando em miúdos: de um dia para o outro e sem pensar duas vezes, eu teria que tirar o núcleo da boate da novela.

Se tem uma coisa que um autor de novelas não pode ter são pitis ou achaques de frescura. Nem ataques de pelanca ou tampouco subir nas tamancas. Não que, ao longo do seu trabalho, ele não goste de tê-los de vez em quando. Apenas não encontra uma brecha para isso, pois todo o tempo que ele tem é curto demais para o que precisa produzir durante seis, oito, dez meses e até um ano: 35 páginas diárias nos sete dias da semana. Durante as novelas que escrevi, nunca tive um dia sequer de folga. Também não saí para me reunir com amigos ou jantar fora. E entrei em pânico ao tossicar ou dar um espirro, pois, se adoecesse, não poderia me dar ao luxo de parar de escrever e ter que ficar na cama.

E acima de tudo, quando surgisse algum tipo de problema na novela, eu tinha que ser bastante safo para poder resolvê-lo de modo curto e grosso. Assim, não tive tempo para achar que seria impossível tirar de *Duas Caras* um cenário e uma trama que faziam o maior sucesso em menos de dez horas — já que tinham me pedido para fazê-lo, eu o faria.

A essa altura em Brasília, soube depois, o ofício remanejando a novela para "depois das 23 horas" já estava pronto e eu aposto que os não censores deviam estar festejando essa "vitória". Porém… (*Você que me lê já deve ter notado que adoro esse porém.*) Como diria Chapolin Colorado: "Eles não contavam com a minha astúcia!".

Naquela época, nas ainda incipientes redes sociais — mas eu já estava nelas —, havia um personagem anônimo, que se intitulava o Sufocador, que se dedicava a me atacar — e insultar — de todas as maneiras e que, confesso só agora, me incomodava muito. Enquanto corria contra o relógio tentando achar um meio de acabar com o cenário da boate de um modo plausível antes que amanhecesse, numa pausa para mais um café pensei no quanto o Sufocador, meu perseguidor implacável, festejaria quando soubesse dessa história toda… E foi aí que me deu o estalo: e se eu o impedisse de festejar virando a história contra ele?

E pronto, estava resolvido o problema. Escrevi as cenas finais da boate de *Duas Caras* e às sete horas da manhã tratei de mandá-las para a produção. Nelas, a boate era completamente destruída por um atentado à bomba cujo autor deixava, escrita na parede, apenas uma pista da autoria: "O Sufocador esteve aqui".

Assim, em vez de tirar uma das tramas da história, acrescentei a ela uma nova: quem, entre seus personagens, seria esse tal Sufocador? Por que razão praticara aquele atentado? A lista de possíveis suspeitos cresceu e se avolumou ao longo da novela, o Sufocador passou a ser responsabilizado pelos que a acompanhavam por todas as maldades na vida real, ou seja, "viralizou", como se diz hoje. Mas restou um problema a ser resolvido: eu criara a frase, mas não tinha a menor ideia de quem era o sujeito dela, ou seja, qual dos personagens da novela seria o misterioso Sufocador. Se eu me preocupei com isso? Claro que não! No final da história, escolhi qualquer um deles e apenas dei um jeito para que a escolha parecesse lógica.

Quanto à tal "classificação por faixa etária", tal como uma foice a ameaçar o pescoço de todos os novelistas das nove, ela continua a existir em Brasília até hoje. Então é verdade, oficialmente não existe censura no Brasil.

Porém...

O que vale mais: aparência ou caráter?

Consultor de novelas. Não basta escrevê-las.

Nessa fase, digamos assim, mais criativa da minha vida de roteirista de televisão, não escrevi apenas novelas, mas fui também supervisor de duas delas, ou seja: orientei o trabalho criativo de outros autores. A primeira, chamada *Tempos Modernos*, foi ao ar em 2010 no horário das sete e sobre ela não tenho nada a dizer, já que o autor simplesmente ignorou os conselhos que lhe dei e ela acabou por se tornar um grande flop. A segunda, *Laços de Sangue*, a convite da Sociedade Independente de Comunicação (SIC), de Portugal, e com as bênçãos da Globo — de quem era autor exclusivo —, foi uma bela aventura de equipe da qual participamos eu e um grupo de excelentes roteiristas portugueses. Esse magnífico trabalho conjunto proporcionou meu primeiro Emmy Internacional de novelas — um prêmio com o qual nem sequer ousava sonhar.

Também participei de modo informal, em Miami, de algumas reuniões das quais resultou a versão americana de *Fina Estampa*, novela de minha autoria sobre a qual falarei a seguir.

Nessa produção em espanhol, ela teve o nome de *Marido en Alquiler* — na tradução, *Marido de Aluguel*. Esse teria sido o seu título aqui no Brasil, não fosse o fato de que alguém, depois de saber que a próxima novela das nove teria esse nome, tratou de registrá-lo antes e depois cobrou uma fortuna para cedê-lo à Globo.

No intervalo entre uma telenovela e outra também consegui emplacar duas séries, *Cinquentinha* e *Lara com Z*, ambas com minha icônica e muito querida Susana Vieira, a primeira com outra de minhas musas e grande amiga: Marília Gabriela. Aliás, de Gabi, devo dizer que, em *Senhora do Destino*, fui responsável pelo lançamento dela como atriz de televisão, veículo no qual já era uma jornalista campeã. Somos dois geminianos com uma distância de sete dias entre um aniversário e outro, que, sempre que possível, festejamos juntos.

Nessa novela, ela fez a personagem que criei inspirada pela figura de dona Niomar Moniz Sodré, a proprietária do jornal carioca *Correio da Manhã*, ferrenha opositora da ditadura em seus primeiros anos. Na novela, o episódio da prisão de dona Niomar é reproduzido de modo fiel, inclusive no instante em que, sob a mira das armas dos militares, ela faz questão de levar consigo para o cárcere uma caixa onde guardava suas joias, pois, afirmou na ocasião e repetiu Marília na novela, "Eu nunca me separo delas".

Ou seja: em 2011, em matéria de realização, eu estava na fase que nunca ousei pedir a Deus, porém, mesmo assim, na sua infinita misericórdia Ele decidiu me concedê-la. Que fase seria essa? Aquela em que temos certeza de que estaremos sempre de bem com a vida porque não nos faltará trabalho e, portanto, meios de sustento. Tanto que, ainda nesse ano de 2010 em que estive tão ocupado, fui chamado para escrever a novela que estrearia no horário nobre em agosto de 2011... E para isso lá fui eu, mais uma vez, em busca de algum tipo real e inesquecível que tivesse conhecido em alguma época da minha vida pregressa.

No começo dos anos 1970, quando morava no bairro carioca de Santa Teresa, conheci uma criatura muito especial. Ela se chamava Antonieta, era portuguesa — daquelas que nunca se preocupam em depilar o proverbial buço —, viúva e mãe de três filhos, que sustentava de modo insólito: vestida com um macacão de operário, com sua inseparável caixa de ferramentas sempre à mão, percorria o bairro a executar, sob encomenda das donas de casa locais, qualquer tipo de reparação, pintura e instalação elétrica ou hidráulica — mas nunca os assim chamados "serviços domésticos" geralmente atribuídos às mulheres: ela era o que se pode chamar de uma "faz-tudo" ou, na linguagem mais popular, um "marido de aluguel".

Nas várias vezes em que esteve na minha casa a executar um que outro serviço, exerci minha curiosidade de jornalista sobre dona Antonieta. E, depois que conquistei sua confiança, ela acabou por me contar detalhes de sua vida: seu marido morrera cedo ou, em suas palavras, "bebera até estourar o fígado". Quando estava bêbado ele era violento na rua, mas em casa nunca levantara a mão para ela — "E ai dele se o fizesse, porque eu lhe cortaria os bagos quando estivesse dormindo". Se o amara? "Muito, mas só no começo, porque ele fingiu ser carinhoso e era danado de bonito." Quando ele morreu e a deixou com três filhos para criar e sem alternativas de trabalho, como tinha "um certo jeito para consertos", dona Antonieta resolveu sair pelo bairro, "a bater de porta em porta" oferecendo seus serviços.

Hoje em dia existe uma figura masculina chamada *cabo man*, que, diz a lenda urbana, costuma visitar donas de casa quando seus maridos estão fora, supostamente para consertar a antena da TV, porém... Naquela época não era admissível que alguma mulher recebesse um homem em casa, mesmo que fosse só para executar algum serviço, quando lá não estivesse o seu marido. Por isso, dona Antonieta, sendo mulher — ainda que se vestisse de homem —, mal estreou na profissão de faz-tudo e depois de dar provas de grande eficiência, formou rapidamente uma clientela fiel e, assim, nunca lhe faltou trabalho.

Sem apetite para qualquer vaidade, sempre a usar macacões de operário que combinavam com seu gestual masculino, franca e direta nos comentários, honesta, eficiente e pontual no trabalho, a viúva Antonieta me pareceu um personagem pronto e acabado. Por isso, eu a arquivei na memória e lá ela ficou esquecida durante quarenta anos, até que um dia...

Toda novela precisa de um mote inicial — uma ideia que o autor esteja especialmente interessado em ver discutida nacionalmente. Naquela época, já me incomodava o fato de que muitas pessoas andavam tão fascinadas por supostos ideais de eugenia a ponto de achar que só precisavam ser belas e donas de um corpo perfeito para serem felizes e vencedoras na vida. Ainda estávamos longe de chegar aos exageros de hoje em dia, quando — a golpes de bisturis, implantes e enxertos — numa certa classe social as pessoas acabam parecendo clones umas das outras. Mesmo assim, achei que esse crescente anseio pela perfeição física, como se fosse essa a essência do ser humano, merecia ser discutido. Por isso, o mote que escolhi para meu novo trabalho televisivo foi este: "O que vale mais numa pessoa — a beleza ou o caráter?".

Dessa pergunta inicial é que saiu Griselda, a protagonista de *Fina Estampa*: ficcionalmente transfigurada, ela é ninguém menos que Antonieta — aquela trabalhadora, viúva e mãe de três filhos que conheci em Santa Teresa e cuja figura, que alguns diriam "exótica", arquivei na memória: alguém dona de um caráter tão inquebrantável que, por trás da aparência no mínimo esquisita, acaba por exalar uma aura de beleza.

A sinopse da novela foi aprovada em menos de quinze dias. Uma coluna especializada em televisão divulgou a aprovação e o seu título com estardalhaço, e foi aí que o tal espertinho entrou em ação e o registrou, depois pediu uma fortuna por ele e então tivemos que mudá-lo. Dentre várias sugestões, a que acabou prevalecendo foi *Fina Estampa*. Para diretor-geral, não houve dúvidas — eu queria continuar minha parceria com Wolf Maya. Quanto à personagem Griselda Pereira, foram sugeridos vários nomes, mas eu estava interessado em Lilia Cabral, uma atriz com quem vinha trabalhando desde *Tieta*.

Havia um problema quanto a isso: Lilia nunca atuara como protagonista, fora sempre coadjuvante nas novelas. Por isso, a emissora não levou em conta a minha sugestão e insistiu no nome de Gloria Pires, que, consultada, não demonstrou o menor interesse. Assim, voltei a botar o nome de Lilia Cabral na pedra, Wolf me apoiou e, após algumas reuniões em que juntos rejeitamos outros nomes, nossa preferida acabou sendo a escolhida.

Para desenvolver minha história, de cunho altamente popular — o que incluía o inevitável embate entre Griselda da Silva Pereira, a mulher trabalhadora, e sua rica antagonista, a fútil e egoísta Tereza Cristina Buarque de Siqueira Velmont, magnificamente vivida pela atriz Christiane Torloni —, tratei de escolher uma locação que incluísse os dois ambientes, dos pobres e dos ricos, fosse inédita nas novelas e terreno muito meu conhecido. E assim cheguei à região da Barra da Tijuca denominada Jardim Oceânico, na qual durante anos eu tinha vivido e para onde acabara de voltar, pois comprara um apartamento num flat chamado Barra Leme, o mesmo para onde me mudei só com a roupa do corpo quando saí do meu primeiro casamento.

A produção se desenvolveu sem maiores traumas, as gravações tiveram início, na sua primeira aparição Lilia Cabral, transmudada em Griselda da Silva Pereira, me pareceu a própria reencarnação de dona Antonieta... E assim pensei, com uma certa modéstia, que tínhamos um produto honesto e limpo para oferecer ao público, sem imaginar que, mal a novela estreasse, "Pereirão", como era chamada Griselda na história por conta de suas atitudes másculas, cairia de tal modo no gosto do público que passaria a ser um símbolo de esforço pessoal, honestidade, perseverança e ética.

Perdoe-me se sempre falo aqui de índices de audiência, mas são estes, do ponto de vista da emissora, dos anunciantes e — por que não? — dos autores, que medem o sucesso de uma novela. Não é a opinião da crítica cheia de empáfia do jornal X que decide se a novela é sucesso ou não — é a preferência do público. E desse ponto de vista *Fina Estampa* foi nunca menos que gratificante. Não só nessa primeira exibição, quando deu 39,04 pontos de audiência, mas também na sua reprise no horário das nove: chegou aos 33,56 ao ser relançada de última hora no horário nobre em março de 2020, porque as gravações da novela então em cartaz tinham sido suspensas devido à pandemia.

Eu, que a essa altura já não fazia mais parte do elenco de autores da Globo — fora dispensado ao fim do meu último contrato no dia 29 de fevereiro daquele mesmo ano —, pude saborear de novo o sucesso e, ainda melhor, receber os respectivos pagamentos por cada mês em que a reprise esteve no ar... O que se prolongou porque, logo depois e sempre por causa da pandemia, de novo no horário nobre entrou a reprise de *Império*, outra novela minha.

De volta à época da exibição original de *Fina Estampa*: a conquista do Emmy com *Laços de Sangue* me deixou com sabor de "quero mais" durante a exibição dessa minha novela. Mas a Globo achou por bem candidatar ao prêmio internacional outra história produzida por ela em vez da minha. E perdeu — a vencedora daquele ano foi, acho, uma telenovela das Filipinas.

De qualquer modo, minha sede quanto ao Emmy não passou. E três anos depois eu ganharia o segundo deles com *Império*, a novela que escrevi a seguir.

A fábula do holandês voador

Com o flamejante elenco de *Império*.

No começo dos anos 1980, preocupado em aprimorar meus conhecimentos da língua inglesa — no curso clássico me interessara mais pelo latim, infelizmente uma língua morta —, resolvi contratar um professor particular do idioma. Escolhi um que não era brasileiro, ou inglês e menos ainda americano — o sujeito era holandês. Já não lembro mais seu nome, acho que era Hendrick e mais alguma coisa, mas sei que ele se revelou, nos poucos meses de aulas que me deu, um tipo inesquecível. Falava um português sofrível, já que tinha vindo parar aqui por acaso, após fugir do que foi para ele uma grande desgraça: a descoberta, pela sua tradicional família holandesa, que ele estava a meio de um romance tão tórrido com a esposa do irmão que até pretendia fugir para bem longe com ela.

Assim como o irmão, ele também era casado e pai de filhos. Mas não hesitou em deixar tudo para trás ao se apaixonar de modo devastador pela cunhada. O mesmo aconteceu com ela em relação a ele. Assim, o romance chegou a um ponto tal que os dois, achando que não podiam viver um sem o outro, acabaram por se decidir pela fuga. A ideia era cada um deles deixar uma carta para os respectivos consortes explicando tudo e depois seguir direto para o aeroporto local, onde ao acaso escolheriam um lugar qualquer no qual, juntos para sempre, empreenderiam uma vida nova e apaixonada.

O meu holandês escreveu a tal carta, deixou-a sobre a mesa e partiu para o aeroporto. Mas sua amada desistiu da fuga na última hora, quando a esposa dele já tinha lido a missiva que ele deixara e tratara de alertar o cunhado e o resto da família sobre a fuga. Acuada em casa pelo marido, a cunhada resistiu o quanto pôde, mas acabou confirmando a história toda. Enquanto isso, o meu holandês, ao se dar conta do drama familiar que sua paixão pela cunhada provocara, percebeu que não podia mais voltar para casa, muito menos enfrentar o irmão, a esposa, os filhos e mais o resto da família — sem falar nos vizinhos — e então resolveu comprar uma passagem no primeiro avião que saísse do aeroporto, para onde quer que este fosse... E foi assim que embarcou num voo rumo a La Paz, na Bolívia, lugar sobre o qual nunca sequer ouvira falar.

Mal chegou lá, segundo o relato que me fez, o cidadão bem-comportado que até então era travou conhecimento com a maconha — da qual se tornou usuário contumaz — e viveu meses de cão até fugir rumo ao Brasil: de carona em carona, quase sempre em caminhões, viajou durante meses até desembarcar no Rio de Janeiro, onde finalmente encontrou alguma paz de espírito — tanto que a essa altura já tinha duas "esposas", uma em Copacabana e outra na Tijuca... E até conseguia dividir seus carinhos de modo equânime e sem maiores problemas com as duas.

Enquanto isso, na Holanda, passado o período de nojo, o irmão dele perdoou a adúltera. Sua família decidiu que ela fora sincera ao jurar por todos os santos que tinha sido seduzida pelo cunhado e se declarar profundamente arrependida do que passaram a considerar só um "deslize" da parte dela. E foi aí que, desse drama todo, restou apenas um vilão a quem eles não perdoariam nunca — o meu professor de inglês bígamo e maconheiro que, até onde pude saber, nunca mais voltou para a Holanda.

Nossas aulas de inglês duraram o tempo suficiente para que eu guardasse na memória essas histórias do meu mestre batavo e o incluísse no meu arquivo de possíveis futuros personagens. E foi de lá que o resgatei em 2013 ao ser escalado para escrever a trama das nove que estrearia no dia 21 de julho de 2014 e cujo título inicial, *Falso Brilhante*, não lembro mais por que razão — mas agradeço por isso —, acabou sendo mudado para *Império*.

Nos parágrafos a seguir reproduzo a versão resumida da história pregressa de José Alfredo Medeiros, o Comendador da novela, tal como foi divulgada pela TV Globo, ou seja: a versão novelesca e, portanto, modificada dessa história do meu ex-professor de inglês tal como narrei antes.

Primeira fase

Anos 1980, bairro carioca de Santa Teresa. O pernambucano José Alfredo, 22 anos, chegou há dois meses na cidade do Rio de Janeiro para tentar melhorar de vida, mas não consegue trabalho. Hospedado na casa do irmão, Evaldo, logo se vê completamente apaixonado pela mulher deste, Eliane, paixão que é correspondida. Cora, irmã de Eliane, e que vive com o casal, é a primeira a perceber o que está acontecendo. E prevendo o pior, pressiona a irmã a "acabar com aquela loucura". Mas José Alfredo e Eliane já planejam uma fuga para recomeçar uma nova vida juntos. No dia da fuga, Eliane descobre que está grávida, e num plano ardiloso de Cora acaba abandonando José Alfredo, que decide "sumir no mundo".

Sozinho, José Alfredo parte rumo ao desconhecido e acaba sendo apresentado no meio da viagem a Sebastião, e este sugere que o rapaz comece a trabalhar com a exploração de pedras preciosas. Sebastião morre num confronto com garimpeiros e José Alfredo, que assume o contrabando de pedras preciosas, vai para a Suíça, onde conhece Maria Marta, uma jovem de família tradicional. Eles se apaixonam e ele vê nela a possibilidade de ter o seu nome conhecido na alta sociedade casando-se com ela. Ele também vai conhecer a empresária portuguesa Maria Joaquina, que vai infiltrá-lo no mercado de contrabando de pedras preciosas.

Segunda fase

Em 2014 José Alfredo de Medeiros é um homem milionário, chamado de Comendador, título que ganhou do governo. Maria Marta, por sua vez, dedica a sua vida a infernizar a vida do marido e ter participação ativa nos negócios da joalheria Império, o empreendimento que enriqueceu a família. Os três filhos do casal são a designer de joias Maria Clara, preferida do pai; o ambicioso José Pedro, preferido da mãe, com quem planeja tirar o pai do poder; e João Lucas, o problemático caçula, cujo apego ao pai não impede que este detecte nele todos os sinais de um caráter fraco, indolente e irresponsável.

Enquanto isso, José Alfredo se dedica a realizar expedições pelo mundo e a se encontrar com a amante Maria Ísis, uma ninfeta do interior, incentivada pela mãe, Magnólia, e pelo pai, Severo, um casal aproveitador e sem escrúpulos, a tirar muito dinheiro dele. Entretanto, Maria Ísis sente um amor sincero por José Alfredo e, apesar de ser uma jovem ingênua, descobre que está sendo manipulada e explorada pelos pais. Ela é honesta e tem caráter, e rompe o relacionamento com o casal de exploradores.

A relação entre José Alfredo e Maria Ísis se fortalece. O Comendador, que já não se entende mais com sua esposa, encontra na sua pequena "Sweet Child", apelido que ele coloca em Maria Ísis, um escape e um amor novo. O momento mais emblemático desse romance é a poética cerimônia de casamento, que aconteceu em segredo, no cume do monte Roraima, um local mágico para ele, pois foi de lá que saíram os diamantes que fizeram a sua riqueza.

A queda do império de José Alfredo começa quando seu talismã, um poderoso diamante rosa vindo da África do Sul, símbolo do seu status e poder, desaparece no monte Roraima. Em sua visão mística, José Alfredo acredita que tudo vai por água abaixo caso ele não encontre a sua pedra preciosa favorita e se livre de um falso brilhante que ficou no lugar. E uma história do seu passado, que ele julgava morta e enterrada, ressurgirá em sua vida através de Cristina, a filha de Eliane. Influenciada por Cora após a morte dos pais, e para conseguir meios de tirar da cadeia o irmão, que foi responsabilizado por um incêndio no camelódromo onde trabalham, ela exige do Comendador um teste de paternidade, graças ao qual se tornará o mais novo membro de sua família, para desespero de Maria Marta e seus filhos.

Nos bastidores da escalação do elenco de uma novela das oito, trava-se, mal ela entra em produção e durante pelo menos uns dois meses, uma batalha nem sempre diplomática entre três "nações" divergentes: o autor, o diretor-geral e os executivos da emissora. Cada um tem sua própria noção sobre qual seria a escalação do elenco ideal. Mas, primeiro, alguns dos atores preferidos de cada um têm que ser descartados porque já estão comprometidos. Depois vêm aqueles que, por razões nunca claramente declaradas, não são do gosto de alguma dessas forças e, portanto, devem ser jogados para escanteio. E por último os que, embora sob contrato, não gostam do texto ou não querem trabalhar e, assim, inventam os mais variados motivos para não ter que fazê-lo (o mais comum é aquele segundo o qual precisam ter um tal de misterioso "ano sabático", que, em geral, dura boa parte do respectivo contrato).

No caso de *Império*, a batalha se prolongou devido à minha escolha pessoal para o protagonista. Por conta de uma cisma que até hoje não consigo explicar, eu queria, para viver o comendador José Alfredo Medeiros, um ator chamado Alexandre Nero. Mas as outras duas forças que cuidavam do elenco trataram de descartá-lo de saída sob o argumento de que até ali, nas novelas em que atuara, ele apenas fizera personagens secundários — inclusive em *Fina Estampa*, de minha autoria, na qual fora o motorista da vilã Christiane Torloni e tivera uma relação cheia de dubiedades com o faz-tudo desta, o gay Crodoaldo, vivido por Marcelo Serrado.

Em troca do "secundário" Nero, a emissora me ofereceu um dos seus astros primeiríssimos: José Mayer, que tinha a idade do personagem, com quem eu já trabalhara várias vezes e, eles sabiam, era um dos meus atores preferidos. Mas dessa vez eu não poderia aceitá-lo como protagonista por um motivo: queria que a amante dele fosse Marina Ruy Barbosa, que na época acabara de fazer dezoito anos. Tórridas cenas de amor entre os dois — um homem já na terceira idade e uma menina — iriam causar certo mal-estar num certo tipo de telespectador: aqueles que protestam contra tudo. Do que eu precisava era de um ator mais novo para fazer um personagem mais velho, de modo que, em casa, as pessoas apenas achassem que ele "parecia muito bem para a idade"... E, da longa lista de contratados da Globo nessa faixa etária eu me fixei apenas num: Alexandre Nero.

Hoje sabemos que naquele momento nenhum ator faria melhor que ele o Comendador de *Império*. Mas então eu parecia ser o único a pensar assim e, prestes a ser voto vencido na escolha, parti para a jogada suja: declarei à mídia que meu protagonista seria Alexandre Nero e que, quanto a isso, a TV Globo até já havia batido o martelo. Para não ter que desmentir o autor — não seria bom para a novela —, a emissora teve que engolir em seco e confirmar o nome de Nero.

Mas um problema ainda me restara. Rejeitar José Mayer, meu amigo de muitos anos, estava acima de minhas forças. Assim, quando o encontrei certo dia numa rua de Copacabana e ele me disse, sem maiores rodeios: "Quero trabalhar na tua novela!", pesquisei mentalmente a lista de personagens e desencavei de lá o único que ainda não fora escalado e que, na qualidade de galã incontornável de dezenas de tramas, eu achava que Zé não aceitaria: o do gay enrustido, casado e pai de dois filhos, que se apaixona loucamente por um homem mais jovem e, por causa disso, tem a sua vida certinha destruída. Mal eu lhe disse do que se tratava, ele reagiu empolgado: "É diferente de tudo que já fiz, nem preciso pensar duas vezes: eu topo!".

E, claro: José Mayer, o grande galã de sua geração, vivendo tórridas cenas de amor com Klebber Toledo, galã da geração que veio depois dele? Não teve erro, foi o maior sucesso e, depois que a novela terminou, ninguém ficou a olhar para o Zé, digamos assim, de modo atravessado.

A direção-geral da novela coube a Rogério Gomes, o Papinha, com quem eu nunca trabalhara e sequer conhecia. O nome dele foi sugerido pelo ator Marcelo Serrado num dia em que nos encontramos no shopping Fashion Mall. Eu lhe disse que estava à procura de um novo diretor e ele sugeriu o nome de Rogério, que, até então, não tinha dirigido nenhuma novela das oito. Segui sua sugestão, marquei um encontro com Papinha em minha casa, gostei da conversa que tivemos e pedi à Globo que fosse ele o diretor-geral da minha novela. Nossa parceria foi intensa, mas durou pouco. Terminou ao fim de *O Sétimo Guardião*, minha novela seguinte, que, pelo menos até agora, foi a última.

Enquanto permaneceu no ar, *Império* singrou sob um céu de brigadeiro. Mas houve um momento em que de novo precisei tomar em poucas horas uma daquelas decisões para evitar que as gravações fossem interrompidas e, em consequência, na sequência da exibição a novela acabasse sem nenhuma frente de capítulos. Foi assim: coube a Marjorie Estiano viver a vilã Cora, cunhada do futuro Comendador, quando jovem. No presente da novela a personagem coube a Drica Moraes, uma atriz que, de tão brilhante, chega a ser assustadora, ou seja: é ideal para viver uma vilã icônica, como era o caso daquela de *Império*.

O problema é que, ao ser escalada para a novela, Drica ainda estava se recuperando de uma doença. E a quantidade de cenas que a ela atribuí fizeram com que sofresse uma estafa. Claro, ela continuou a gravar com o mesmo empenho, até o momento em que desmaiou no estúdio. Seu médico entrou em ação e, sem aceitar contestação, disse que ela precisava tirar férias.

Não que Drica concordasse com isso — ela podia estar doente, mas sua personagem era maleficamente saudável e, pelo bem da atuação, grandes atores não se importam de fazer qualquer sacrifício. Mas naquele momento ela não estava no comando das ações, e sim o seu médico. E assim teve que dizer adeus a Cora e à novela. Foi uma notícia duplamente triste para mim, que, primeiro, tive de aceitar a saída da atriz numa quinta-feira e, segundo, precisaria indicar alguém que a substituísse e descobrir um jeito de tornar isso plausível em cenas que teria de reescrever para que fossem gravadas dali a 48 horas.

Naquele dia eu e o diretor-geral Rogério Gomes, cada um no seu canto, tivemos uma noite digna daquela que um certo cidadão viveu há vinte séculos no Jardim das Oliveiras. Até que, na manhã seguinte, quando já pensava em fugir para o lugar que fosse o mais distante possível — talvez o planeta Marte —, tive uma ideia, corri para o celular, liguei para Papinha e lhe disse a frase que virou bordão cada vez que surge um problema grave em minha vida: "Chame a Marjorie!".

Marjorie Estiano, uma grande atriz que no prólogo de *Império* fizera a vilã quando jovem. Porém, na época atual da novela a personagem, além de aparecer com a cara de Drica, já tinha por volta de cinquenta anos! Primeiro: como fazer a troca sem que os telespectadores desligassem o televisor indignados? E segundo, terceiro e quarto: e se Marjorie estivesse viajando e não pudesse voltar a tempo para as gravações do sábado? E se, mesmo que localizada, se recusasse a participar junto conosco desse ato tão tresloucado... Ou pedisse um tempo para pensar que ultrapassasse o nosso mínimo prazo?

Marjorie estava no Rio de Janeiro. Acabara de acordar quando foi localizada — era ainda muito cedo. E, depois de ouvir em silêncio o nosso convite absurdo, fez apenas uma pergunta: "Quando é que vocês gravam?".

A resposta foi: "No sábado às onze horas". Ou seja, dali a menos de dois dias. E ela: "Então manda o texto, que eu estudo".

Mas não havia texto. Quer dizer: havia, mas fora escrito para Drica, e agora eu teria que explicar, dentro da própria cena, por que ela virara Marjorie. E para qualquer ser humano seria muito difícil fazer isso, mas não para um novelista. Assim...

A primeira ideia foi tentar envelhecer a atriz, à custa de muita maquiagem, para que ela ao menos parecesse ter a idade atual de Cora. Mas pouco depois das dez da noite Rogério Gomes me ligou e disse que, depois de várias tentativas, chegaram à conclusão de que o envelhecimento não daria certo. O problema ficava apenas em minhas mãos e eu teria que resolvê-lo.

A cena crucial se passava num quarto de motel para onde Cora atraíra o Comendador, com a intenção de lhe confessar que fora apaixonada por ele a vida toda. E caso ele não lhe desse pelo menos uma noite de amor, ela faria revelações que destruiriam sua vida. Depois de várias tentativas de explicar a mudança de atriz sem sair do clima da cena, eu afinal desisti e resolvi partir para a solução mais simples... E então ficou assim: o Comendador segue pelo corredor do motel, empurra a porta do quarto, que está entreaberta, entra, encontra Cora deitada na cama, reage fortemente ao vê-la tão diferente e pergunta: "O que aconteceu com você?!!!".

E Marjorie, aliás Drica, aliás Cora, responde, com a maior cara de pau: "Não vamos perder tempo com detalhes sórdidos. Só viemos aqui para falar de assuntos que realmente importam!".

E daí para a frente a cena continuava exatamente como eu a havia escrito antes da crise. Horas depois de enviá-la, recebi um telefonema de um alto executivo da emissora, que, depois de ler as páginas que eu mandara, deixou bem claro: "Se não der certo, a responsabilidade é sua!".

Pois todos previam uma queda estrondosa da audiência depois que as pessoas assistissem em casa àquela loucura.

Às 21 horas e mais alguma coisa, quando a novela começou, com o celular que mostrava a audiência minuto a minuto ali do lado, eu me benzi, certo de que estava caminhando para o desastre, mas sempre com um fio daquela que, segundo dizem os crentes, é a última que morre: a esperança. E a novela decorreu com a audiência de sempre até que chegamos à tal cena: o Comendador abre a porta do quarto, reage, pasmo, ao ver Marjorie no lugar de Drica. E eu não vi o resto da cena, pois estava de olhos postos no celular, em cuja tela a audiência subiu nada menos que cinco pontos até que, depois de três minutos, a cena terminasse.

Depois daquele brutal e inesperado sucesso, durante algum tempo fui o Rei da Cocada Preta nos corredores da Globo. Mas não deixei que isso mudasse meu comportamento, pois sei que esse tipo de coisa não dura muito... Assim como, realmente, não durou. De qualquer modo, esse período se estendeu um pouco além da conta, quando a emissora resolveu que naquele ano de 2015 *Império* seria a sua representante no Emmy Internacional. E não é que a danadinha foi lá e — brigando contra novelas do mundo inteiro — ganhou?

Só que, no dia em que *Império* abiscoitou o Emmy durante uma bela festa no hotel Hilton New York, eu não estava lá. E por dois motivos. O primeiro foi que me disseram (e até juraram) que a vencedora já havia sido escolhida de antemão: seria a primeira novela produzida pela televisão angolana, que era uma das cinco finalistas. A ideia dos organizadores do Emmy ao premiá-la seria incentivar a produção televisiva do chamado "Terceiro Mundo". O segundo motivo foi que perguntei a Lilia Cabral — que já tinha perdido por duas vezes o prêmio de melhor atriz — como a gente ficava depois que perdia um Emmy. E ela me disse, de modo que não me restou a menor dúvida: "Com cara de isopor".

Assim, em vez de viajar na delegação global rumo ao Hilton e ao presuntivo Emmy, preferi ficar em minha casa em Petrópolis e receber, de lá, as informações que me enviavam pela internet Marina Ruy Barbosa, Adriana Birolli e Josie Pessoa, atrizes do meu elenco jovem e minhas muito queridas.

"É daqui a pouco", diziam elas, "não vá dormir ainda!"

Já era de madrugada, fazia um frio do cão em Petrópolis e, quando uma delas digitou que "ainda ia demorar uma hora", sem muita fé na premiação da minha novela, deixei o celular sobre a mesa e fui fazer xixi. Quando voltei, cinco minutos depois, havia dezenas de mensagens e todas, em resumo, diziam a mesma coisa: "*Império* ganhou!".

"Que legal!", comentei com o gato Tadeu, que ali dormitava numa poltrona e era então minha única companhia viva. De olhos semicerrados, ele me olhou com aquele olhar crítico de que só os gatos são capazes, suspirou como se dissesse "Dai-me paciência, Senhor" e depois fechou os olhos de novo... E então tratei de escovar os dentes e ir dormir.

Quanto à história de que a novela de Angola seria a inevitável ganhadora, depois descobri que fora apenas um boato espalhado por uma pessoa maldosa, intrigante, dissimulada e fofoqueira que — não é mania de perseguição não, é verdade mesmo — torcia contra mim... e continuou torcendo mesmo depois que colaborou comigo em outra novela minha.

Sim, meu passado me perdoa

Sofrendo com rumores da imprensa desde sempre.

Eu poderia dizer, deixando de lado alguma possibilidade de falsa modéstia, que *Império* foi meu último grande triunfo, mesmo que ainda tenha escrito *O Sétimo Guardião*, aquela que, espero ardentemente, tenha sido minha última novela. Mas o fato é que, depois desta, alcancei um triunfo maior ainda quando, por causa da maldita pandemia, duas novelas minhas foram reprisadas no horário nobre no mesmo ano — *Fina Estampa* e, claro, *Império* — um feito nunca antes alcançado por qualquer autor, mesmo que a reprise fosse "apenas" de uma novela.

Claro, as pessoas dizem que isso só aconteceu por causa da covid e eu concordo. Mas aí pergunto: por que, de tantos autores de que poderia dispor, a emissora, que pouco antes tinha anunciado que não estava mais interessada nos meus serviços — o que provocou certo clamor e muitas reações de júbilo —, decidiu que, se tinha que reprisar novelas no seu glorioso horário nobre, seriam aquelas escritas por mim?

"Pergunte ao pó", diria John Fante, autor norte-americano que atualmente estou relendo e recomendo. Mas não quero parecer arrogante. Por isso, antes de falar desse que foi um sucesso final e inesperado, darei um voo rasante sobre *O Sétimo Guardião*, a novela que, para alguns, foi meu maior fracasso. Primeiro, devo dizer que na verdade não foi assim tanto. Sua média final de audiência foi 28,78 pontos, número que as novelas exibidas após a pandemia não estão conseguindo alcançar.

Porém... (*Olha ele aí de novo.*)

De todas as minhas novelas, ela foi a mais problemática. Isso aconteceu por vários motivos, alguns deles fora da novela, mas vou me ater apenas aos que tiveram relação direta com sua realização. Depois do sucesso de *Império*, era natural que a emissora repetisse a minha dobradinha com Rogério Gomes, o que me daria absoluta segurança quanto à realização. Mas o fato é que não foi bem assim. Papinha foi o diretor-geral, mas quem deu o tom da novela e pode-se dizer que assumiu o seu comando foi Allan Fiterman, um diretor que fazia parte de sua equipe, sem que, por uma falha de comunicação não sei de quem, me informassem sobre isso antes de iniciados os trabalhos.

O problema é que o novo diretor fez a leitura da novela como se ela fosse uma história de terror e não de realismo mágico. A diferença entre um gênero e outro é abissal, como os fãs de um e outro sabem. Assim, a partir do primeiro capítulo e sem que isso constasse do roteiro, quando uma mão crispada sai da xícara de café que Marina Ruy Barbosa beberica — o que provoca gritos histéricos em sua personagem —, ficou claro que a novela seria, digamos assim, muito pesada.

E se tem uma coisa que o telespectador do horário das nove não quer ver antes de ir dormir, depois de ter um dia difícil, é uma história pesada. O tom de fábula, de brincadeira que dei à história foi simplesmente ignorado e ela se transformou numa trama cheia de eventos de grande impacto, mas fora do contexto e inexplicáveis. Se acham que ao dizer isso estou querendo salvar minha pele e fugir à responsabilidade, estão muito enganados. Sim, a novela não deu certo porque o diretor resolveu reescrevê-la na sua direção, mas o fato é que também errei, pois, mesmo percebendo isso, deixei o barco correr solto.

Uma das características mais peculiares da telenovela, uma obra que é produzida enquanto está ainda em progresso, é que só o autor conhece o futuro de sua história. Por isso, o texto que ele entrega à produção deve ser considerado sagrado pelos diretores, que podem exercer livremente a própria criatividade ao dirigi-lo, mas sob nenhuma circunstância devem alterá-lo. Pois pode haver no que já foi escrito elementos essenciais que só serão revelados e utilizados no decorrer da história. Assim, quando um diretor resolve suprimir uma cena ou até cortar falas inteiras no meio dela, pode estar cortando alguma informação essencial que o autor pretendia utilizar no futuro da novela.

Em *O Sétimo Guardião*, cenas inteiras ou falas e ações no meio delas foram cortadas de modo arbitrário e isso contribuiu para tornar as tramas um tanto confusas. Além disso — ou talvez também por isso —, o clima nos bastidores não era dos melhores. O disse me disse corria solto. Havia na equipe pessoas altamente desagregadoras e a ação delas culminou com o boato segundo o qual a recém-casada Marina e o galã José Loreto, nas palavras exatas como a história foi divulgada, "estavam se pegando". O escândalo em torno disso e o trauma que o boato — até onde sei, falso — provocou na atriz marcaram a novela e serviram para dar força àqueles que tentam passar para o público a impressão de que os bastidores da televisão são uma versão moderna de Sodoma e sua vizinha Gomorra.

O fato de os propagadores desse tipo de desinformação atuarem no próprio ambiente sobre o qual desinformam torna a atitude deles ainda mais grave e irresponsável. No caso de

O Sétimo Guardião, isso foi longe demais, o que provocou, na novela que já não ia bem, danos irreparáveis. Lembro-me de uma noite, logo depois que o boato se tornou viral, de um telefonema de Marina em que ela, em prantos, a soluçar, tentava me dizer que as notícias sobre o seu caso com Loreto eram falsas: ela continuou a se explicar e a chorar durante uns trinta minutos, embora eu repetisse vezes sem conta que, quanto à sua inocência, eu não tinha a menor dúvida.

Durante duas semanas, todo esse disse me disse foi cruelmente alimentado não só pelos colunistas de fofocas, mas até em veículos de suposta seriedade. Num destes, um jornalista especializado em assuntos televisivos, num texto que fez sobre o assunto, aproveitou, a troco de nada, para aludir ao fato de que o autor da novela era "um notório bolsonarista", quando eu, idiota que sou, na verdade naquela eleição presidencial votara — meu Deus, que desperdício de voto! — em Geraldo Alckmin.

Foi daí para a frente que decidi: tinha que dar um basta. E que "basta" seria esse? Mandar tudo aquilo às favas. Até mesmo na minha equipe de colaboradores o clima andava pesado — havia uma certa disputa de poder baseada no fato de que sempre se pode tirar alguma vantagem quando o líder da manada parece fraco.

Fraco eu não estava, mas diante daquela baixaria toda fiquei desinteressado. Por isso, recolhi as velas, deixei que a corrente levasse *O Sétimo Guardião* para onde o diabo a carregasse, escrevi sozinho os últimos dezoito capítulos já em Portugal, onde buscara refúgio, e, quando eles foram ao ar, nem sequer me dei ao trabalho de vê-los. E não os vi até hoje, nem estou interessado.

Tudo isso ocorreu nos cinco primeiros meses de 2019. Durante uma reunião traumática na emissora, para a qual todas as pessoas envolvidas com *O Sétimo Guardião* foram convocadas — menos eu, que soube dela através da mídia —, Rogério Gomes deixou claro que nunca mais trabalharia comigo. Alguns atores, inclusive aqueles com quem eu trabalhava sempre, ainda que de forma menos definitiva, fizeram o mesmo. E dentre todos apenas um se levantou para defender o autor da novela, seu texto e seu legado: Tony Ramos, um grande ator e grande homem, a cuja firmeza de caráter serei eternamente grato.

O Sétimo Guardião teve seu último capítulo — que escrevi, mas, como os outros dezessete anteriores, nunca vi — exibido no dia 19 de maio de 2019 sob a impressão generalizada de que, como autor, eu estaria morto e enterrado. Isso estava de acordo com meu estado de espírito, pois na ocasião tudo o que eu queria era o esquecimento. Um mês depois fiz o cálculo de quantas páginas tinha escrito na minha carreira de novelista. Claro, não escrevi todas, porque tinha colaboradores que escreviam a partir do que eu determinava, mas li todas e a todas dei o meu toque pessoal de autor: somavam mais de 10 mil.

Sim, eu podia descansar em paz numa cama — ou numa tumba — forrada com todas elas. Fora muito bem pago para escrevê-las e justificara com meu esforço cada centavo desse pagamento. Assim, hoje em dia, quando algumas pessoas lembram o modo brusco (para dizer o mínimo) como a Globo me informou que não estava mais interessada no meu trabalho e perguntam se fiquei ofendido com isso, eu lhes digo que não e sou sincero. Tanto que até criei uma frase que me serve para responder ao assunto sem maiores comentários: "A TV Globo me deu muito e eu também dei muito à TV Globo. Então, fomos felizes juntos e continuaremos a sê-lo mesmo depois que nos separamos".

Mas a maioria das pessoas não conhece os detalhes dessa separação e não vou me furtar à tarefa de informar aqui quais foram eles. Portanto, como disse Bette Davis em *A malvada*, aperte os cintos, porque vem por aí uma noite de turbulência.

Hasta la vista, baby!

Luxo, calma e demissão.

No dia 1º de janeiro do aziago ano de 2020 — "aziago" por causa da pandemia, quero deixar bem claro, e não pelo assunto sobre o qual vou tratar aqui —, estava eu no Grande Hotel Palácio Estoril, nos arredores de Lisboa, mergulhado num sono reparador após um réveillon ensandecido no qual bebi todas e cheguei até a dançar uma salsa no cassino, quando o celular, do qual esquecera de tirar o som, tocou e tocou e tocou... Até que abri os olhos, vi que eram oito horas da manhã e pensei: "Se alguém me liga tão cedo numa data como esta é porque aconteceu alguma coisa terrível, do tipo... minha casa pegou fogo!". E tratei de atender logo.

Do outro lado da linha, uma voz masculina me cumprimentou — mas sem se dar ao trabalho de desejar feliz Ano-Novo — e disse: "Quem fala aqui é o fulano".

Como não tinha a menor ideia de quem se tratava, perguntei qual era o assunto e por que ele estava me ligando tão cedo. E o tal fulano, cujo nome eu nunca ouvira antes, me disse que trabalhava no Decae — que cuida dos contratos com os profissionais na TV Globo — e ligara àquela hora e naquele dia porque a emissora ordenara que o fizesse. E então passou a me comunicar que a partir do dia 29 de fevereiro — o ano era bissexto —, data em que terminava o meu contrato, eu seria desligado dos seus quadros.

Mesmo que meu cérebro ainda estivesse a boiar em meio aos eflúvios do álcool consumido na noite anterior, percebi o propósito daquilo tudo: se alguém lá na emissora mandara um funcionário subalterno me ligar para fazer aquele comunicado às oito horas da manhã de um dia 1º de janeiro, era porque tinha um propósito — arrancar de mim uma reação de choque ou escândalo.

Mas não reagi como a tal criatura esperava. Mesmo ainda meio alterado pelo álcool, tive suficiente sangue-frio para perceber que aquela tentativa de humilhação partira de uma pessoa específica e não da emissora. E então, com a maior calma e uma voz gélida, disse ao tal do fulano, primeiro, que num feriado o Decae não estava funcionando e, portanto, ele devia estar ligando para mim de sua própria casa, o que me parecia altamente irregular. E segundo, que, se ele queria me fazer algum comunicado, que ligasse de novo às onze horas do primeiro dia útil do mês, ou seja, no dia 2 de janeiro. Depois disso desliguei o celular, virei para o outro lado da cama, fechei os olhos e dormi de novo.

Até que três horas depois acordei outra vez, agora não mais sob os efeitos do álcool. E, decidido a não pensar naquele assunto até o dia seguinte, tomei banho, me troquei, saí para a rua, peguei um trem na estação do Estoril e fui comer umas lulas grelhadas no carvão lá em Cascais, pois concluí que essa, sim, era a coisa mais certa a fazer num primeiro dia do ano.

Não terei a cara de pau de dizer que esqueci o telefonema e o assunto que o gerara. De vez em quando ele me vinha à cabeça e ameaçava me deixar deprimido. Mas eu o repelia com a ajuda de tudo que me rodeava — um solar dia de inverno em Cascais com direito a um céu azul de doer, belo e maravilhoso. As lulas estavam ótimas, o Alvarinho com que as reguei me deu sono outra vez e eu voltei para a minha cama no hotel, na qual, como se nada tivesse acontecido, peguei no sono de novo.

No dia seguinte, já estava eu na minha casa em Lisboa, quando o tal fulano me ligou pontualmente às onze horas. Perguntou se eu ainda me lembrava do que tínhamos conversado na manhã do dia anterior, eu neguei até mesmo que o tivéssemos feito e, assim, o obriguei a repetir tudo de novo. No final da conversa ficou decidido que eu receberia, através de um renomado escritório de advocacia português, o Cuatrecazes, um documento que devia assinar, dessa forma aceitando o final do meu contrato. Eu respondi que o faria e o documento me chegou quinze minutos depois, porém com a data antecipada para o começo de janeiro, o que me impediria de receber a última parcela anual das luvas a que eu tinha direito no final daquele mês. Porque, sim, autores de novela das oito, tal como os craques do futebol, têm estabelecidos prêmios e luvas divididos em parcelas anuais nos seus contratos.

Claro, não sou tão maldoso a ponto de achar que esse engano foi proposital. Então aceitei que ocorreu apenas um erro de digitação no distrato, como o advogado que me foi entregá-lo, cheio de dedos, deixou bem claro. De qualquer modo, não o assinei e o portador o levou de volta. Mas vinte minutos depois voltou com o documento devidamente corrigido — a Cuatrecazes ficava providencialmente a dois quarteirões da minha casa. Eu o assinei e menos de meia hora depois ele era reproduzido em vários sites brasileiros sempre sob o mesmo título: "TV Globo manda Aguinaldo Silva embora".

Quem comandou essa tentativa de me humilhar em público? Não posso dizê-lo com certeza, embora suspeite de algumas pessoas que poucos meses depois também foram demitidas do mesmo jeito, no que não hesito em dizer que se tratou de uma manifestação da chamada justiça divina. Fato que me provocou acessos de riso.

O leitor já deve ter percebido que o tempo todo falei de "pessoas" e não da emissora. Porque acho que essa minha demissão sumária não teve nada a ver com a instituição chamada Rede Globo de Televisão, a tal que, durante 41 anos, me deu muito e em troca muito recebeu de mim. Tanto que, passado o período que eu diria "de luto", posso olhar para trás e dizer, com açúcar e com afeto, que tivemos uma longa e bela relação durante a qual, assim como dois amantes que se tornam amigos e irmãos com o tempo, enriquecemos um ao outro.

Porém...

Por acaso falei em "justiça divina"?

Falei, sim. E, embora correndo o risco de parecer que estou exagerando, me atrevo a dizer que, nesse episódio sinistro — para dizer o mínimo —, de certa forma ela tomou o meu partido.

Livre, leve e solto, pela primeira vez sem estar preso a nenhum compromisso trabalhista desde os meus trinta anos, decidi passar uns dias no Brasil e, no caminho, parar em Miami, cidade que adoro, mas cujo clima só consigo suportar nos meses em que lá supostamente é inverno. Não ia havia alguns anos. E aproveitei para constatar o que amigos meus já tinham dito — que ela se tornara a cidade "latino-americana" mais próspera graças ao empenho dos imigrantes vindos principalmente de Cuba. E tinha agora uma intensa vida cultural, coisa com a qual seus fundadores anglo-saxões nunca tinham se preocupado no passado.

Durante o tempo em que fiquei em Miami já começavam a pipocar aqui e ali no noticiário informações sobre o tal vírus misterioso que supostamente viera da China, era altamente letal e andava a se espalhar rapidamente pelo mundo: era o tal de coronavírus SARS-CoV-2, causador da doença que depois se tornaria mais conhecida como covid-19.

Vindo de Miami, desembarquei em São Paulo nos primeiros dias de março. E no dia 23 daquele mês, com o vírus a se espalhar por toda parte e a matar milhares de pessoas, a Organização Mundial de Saúde reconheceu a situação de pandemia e na maioria dos países, entre eles o Brasil, foi decretado o confinamento. Lembro-me de ter sentido um choque quando, ao anoitecer daquele dia aziago, não se acenderam as luzes da fachada do shopping center que fica em frente à minha casa, como era de praxe... Assim como me lembro de que, no terreno restrito das novelas, as notícias davam conta que a TV Globo suspendera as gravações de todas e só tinha gravada apenas mais uma semana de capítulos da que estava sendo exibida às nove horas da noite.

Claro, esse era o menor de todos os problemas que o país enfrentava naquele momento, mas dá para imaginar como se sentiriam as pessoas, obrigadas a ficar em casa, sem ter pelo menos o consolo de ver os personagens da novela a flanar livres, leves e soltos num mundo sem sinais de pandemia. Para a emissora o problema era ainda mais grave — sem a novela do horário nobre, vão-se os anunciantes e com eles o faturamento, mas permanecem as mesmas despesas.

Portanto, o absolutamente inesperado aconteceu: na segunda semana do confinamento foi exibido o último capítulo gravado da novela das nove então no ar... E, sob massiva publicidade, como se fosse um fato glorioso, foi anunciado que entraria no horário uma reprise... E ela seria *Fina Estampa*, escrita por, adivinhe quem? Sim, ele mesmo, o tal que, segundo um *fake* da internet, levara "um chute na bunda".

Ao saber dessa notícia, mesmo de máscara e com o vidrinho de álcool em gel a postos, confesso que saí pelos corredores da minha casa a dançar o mambo. Três meses tinham se passado desde que o tal sujeito me ligara às oito horas de um dia 1º de janeiro para dizer que a emissora não estava mais interessada no meu trabalho, ou seja, me mandando à merda. E lá estava eu de novo no horário nobre!

Não que essa fosse a parte mais gratificante da história, mas sim o fato de que, segundo uma cláusula no meu contrato, em caso de uma hipotética, impensada e impossível reapresentação de uma das minhas novelas nesse horário, eu receberia, por cada mês que ela estivesse no ar, o equivalente ao meu último salário. Como, depois de *Fina Estampa* — e após um intervalo em que uma antiga novela de Gloria Perez também foi exibida —, outra novela minha, *Império*, foi reprisada durante a pandemia, mesmo "demitido", como frisaram os tais sites de mau gosto, durante quase dois anos continuei a receber meus pagamentos mensais na TV Globo.

Mas a pandemia acabou. E assim, durante os meses de isolamento, quando não podia viver uma vida normal — bem como milhões e milhões de pessoas no mundo inteiro —, dei graças a Deus pelo fato de que, nessa minha profissão de novelista, aprendera a viver sozinho e a gostar de ficar só comigo mesmo e o meu trabalho. Pois, trancado em casa, mesmo que não fosse na condição de "gatilho de aluguel" — não havia ninguém a me pagar por isso —, fiz o que sempre fizera desde os meus treze anos: dediquei todo o tempo a esse ato solitário que é o trabalho de escrever e escrever e escrever.

E assim...

Antes de encerrar o assunto de uma vez por todas e para sempre, gostaria de fazer mais um comentário sobre a minha longa relação com a TV Globo. Certa vez, durante uma entrevista, uma repórter me perguntou em que período da minha vida eu fora muito feliz... E na mesma hora me lembrei de uma sequência de Oito e meio, aquele belo filme de Federico Fellini. *Atormentado pelas dores da criação, e na tentativa de superar uma fase de pessimismo absoluto, o cineasta pede uma audiência com um cardeal — na verdade, seria o papa. E este, ocupadíssimo com suas lides, concorda em recebê-lo em sua única hora disponível, quando, coberto apenas com uma toalha, está numa sauna lá no Vaticano. O cineasta vai até lá e, diante do religioso a suar em bicas, lhe diz na maior aflição: "Vossa Eminência, eu não sou feliz!".*

E Sua Eminência o encara e responde com outra pergunta: "E quem disse que você veio ao mundo para ser feliz?!...".

Eu já me preparava para responder à repórter dizendo que a gente vem ao mundo para viver e não para ser feliz, mas me contive. Em vez disso, eu lhe disse que o período mais feliz da minha vida foi aquele, de absoluta liberdade criativa, que vivi na TV Globo com as bênçãos de José Bonifácio de Oliveira Sobrinho, o Boni, e mais Daniel Filho e Paulo Ubiratan. E ele durou muito — de 1979 a 1992.

O mundo é mesmo uma festa

O autor aos oitenta.

Como já disse no começo destas memórias — e de acordo com a narrativa que minha mãe fazia desse evento sempre com a maior convicção —, nasci à luz dos relâmpagos e de um curto-circuito na fiação elétrica da nossa casa no dia 7 de junho de 1943. Portanto, cheguei ao meu octogésimo aniversário no ano da graça de 2023, durante o qual me dedico a fazer, por escrito, este balanço da minha vida. Para festejar a data, alguns amigos meus mais chegados vinham preparando desde o ano anterior uma grande festa em Lisboa, onde atualmente resido. Mas dias antes do evento decidi fugir para o Brasil e lá, até que ficasse para trás aquele dia considerado especial por tanta gente querida, permaneci escondido.

É que nessa coisa de festejar, assim como em muitas outras, sou uma pessoa que pode ser considerada "esquisita". Em tais ocasiões não gosto de gente demais no meu entorno — prefiro fazer a festa de forma assim, mais íntima. Por isso, praticamente incógnito na cidade de São Paulo, passei o dia em que fiz oitenta anos em casa. E à noite saí para jantar com uma única pessoa: Diamantino Francisco Duarte Pinto, a quem, aliás, dedico de forma irrevogável este meu livro de memórias, já que somos amigos há 23 anos e (temos os dois essa certeza) assim o seremos por todo o tempo a mais que nos restar de vida.

Onde foi o jantar? Não é segredo, eu lhe digo: no lugar que é o preferido pelas famílias tradicionais paulistanas para festejar seus momentos felizes — o restaurante Terraço Itália. Eu, que estive lá pela primeira vez quando escrevia a novela *Tieta* e achei estonteante ter a cidade de São Paulo, 44 andares abaixo, a meus pés, ali voltei muitas vezes, não fui durante a pandemia e então decidi que estava na hora de repetir a experiência.

Não que a cidade de São Paulo ainda seja a mesma daquela minha primeira vez no Terraço Itália, em 1987. Mas se ela mudou, segundo alguns dizem para pior, eu também mudei e outros podem dizer de mim o mesmo. De qualquer forma, não aproveitei a data para fazer nenhum tipo de reflexão sobre o que significa o fato de alguém fazer oitenta anos, mesmo porque o tempo anda a se esvair tão rápido que logo outros aniversários virão, se alguma fatalidade — ou praga, ou maldição, ou o que anda mais na moda, uma facada pelas costas — não me abater antes.

Estarei sendo pessimista? Pelo contrário — neste momento, do ponto de vista profissional, tenho diante de mim várias possibilidades de trabalho em andamento e que talvez até se concretizem. Claro, há jovens executivos do *streaming* que, ao ter notícias minhas, se espantam que ainda esteja vivo, sem imaginar que, daqui a um mês ou dois, já substituídos por outros executivos igualmente cheios de ambições e planos loucos, eles é que estarão falecidos.

Mas o fato é que, mesmo num andamento um pouco menos rápido (porém mais experiente), minha cabeça ainda ferve.

Vivo a pensar e a me programar como sempre o fiz — na minha qualidade de ficcionista. Por mais que não queira fazê-lo, dentro de mim isso é sempre mais forte — eu crio histórias. Algumas delas chegam ao papel — ou, desculpe, ao computador —, outras não chegam a sair da minha cabeça doida. É uma virtude ou vício ou defeito ou maldição? Não sei. O que sei é que, desde os treze anos, quando comecei a "brincar de escrever", estou condenado a fazê-lo.

Tão condenado que alguns dirão sobre as lembranças incluídas neste livro que inventei muitas delas. Claro, de algumas a veracidade pode ser comprovada com uma simples pesquisa no já velho Google. Mas aquelas mais antigas, da minha infância... Dou um exemplo: como acreditar na sequência de absurdos que enumero lá naquele capítulo em que narro a cerimônia pagã do meu batismo na barreira de corais que protege o porto do Recife? Mesmo que dela tenha saído com o nome secreto que me acompanhou por toda a vida — isso mesmo: *Querubina* —, sempre haverá controvérsias quanto ao fato de ela ter ou não ocorrido.

Em minha defesa, devo dizer que agora, que já fiz oitenta anos, as lembranças dessa fase inicial da minha vida, mesmo que sejam de um rigor verdadeiro, me vêm à memória de jeito um tanto ou quanto onírico. Se precisasse dar uma forma mais concreta a esse meu raciocínio, diria que elas me vêm como se fosse num sonho e que, ao colocá-las no papel (desculpe de novo: no computador), é assim que as transmito: como um sonho de contornos sempre absurdos. Ou seja: nelas há luz demais, talvez para esconder as trevas ou o lusco-fusco.

O importante é repetir sobre cada uma dessas situações, com toda a firmeza possível, que, por mais absurdas que agora pareçam, rigorosamente eu as vivi tal como as conto. E se as vivi — e elas foram tantas —, então posso afirmar com muito orgulho que tive uma vida privilegiada e, assim, vale a pena relembrá-la e recontá-la em forma de livro.

Uma das desvantagens de fazer oitenta anos é que muitos dos que nos acompanharam durante grande parte dessa longa jornada — e, portanto, poderiam dar o próprio testemunho a respeito dela — agora já estão mortos. Então, quando nos lembramos de alguma coisa remota nesta altura da vida, na maior parte das vezes só nos resta confiar na nossa própria lembrança, já que ela não pode mais ser confirmada pelos que a viveram conosco. No caso de um livro de memórias, quando é exigido um máximo de fidelidade ao que se lembra, os problemas são muitos.

Por exemplo: os olhos de Fernando Antônio Pessoa, aliás Fernando Antônio van der Stoven, aliás Maysa: eram azuis ou verdes? As fotos coloridas que tenho dele, já desbotadas pelo tempo, não me permitem comprovar isso. Mas os olhos da cantora Maysa, cujo nome lhe foi outorgado, eram verdes, portanto... Sim, Fernando Antônio Pessoa tinha olhos verdes e estes chegavam a faiscar quando, sob o nome falso de Fernando Antônio van der Stoven, ele falava no seu inventado idioma alemão, pois do verdadeiro — isso descobrimos depois — ele só sabia algumas pouquíssimas palavras.

Também tinha olhos de fogo, mas azuis, o policial-bandido William Wallace, que insistia em ser lembrado na fase em que eu ainda era um editor não oficial no jornal *O Globo*. Até que fui atrás de suas fotos e descobri que, quando ele foi clicado dando violentos chutes no cadáver de um assaltante, eu as vi estampadas na primeira página do jornal só na qualidade de seu leitor, pois já não trabalhava mais lá, e sim na TV Globo.

Algumas lembranças, de tão reais, parecem estar acontecendo agora, principalmente quando ressurgem nos meus sonhos. Por exemplo: de vez em quando sonho que estou chegando para os meus setenta dias de prisão na Ilha das Flores e lá sou recebido pelo latir furioso dos cães pastores-alemães. Presos por correntes que os soldados fuzileiros seguram de modo casual, dão a impressão de que vão se soltar a qualquer momento e se lançar sobre nós, os presos, e nos despedaçar a todos.

Foi assim mesmo quando cheguei na Ilha das Flores? Acho que sim — tudo que o sonho me lembra é nítido demais para não ser verdade.

Mas há lembranças que se confundem. Exemplo: o primeiro amante foi o tal ex-soldado Barros dos olhos verdes demoníacos, ou o dentista de Maceió de sobrenome Costa com o qual, depois que nos conhecemos no sentido bíblico, troquei aflitas cartas de amor durante seis meses dos meus catorze anos? Sou, comprovadamente, um ficcionista. Invento histórias. Como devo agir para evitar que acabe por inventá-las num livro que deveria ser só de histórias verdadeiras? Como não falar em chuvas de prata quando o que tive diante dos meus olhos foram quase sempre tempestades de areia escura?

Só existe um meio: buscar, de todas as formas possíveis, provas de que essas lembranças são mesmo verdadeiras. Foi isso mesmo que fiz enquanto escrevia este meu livro de memórias. Tentei sempre confirmar cada lembrança. Em alguns casos eu já guardava em meus arquivos fotos, documentos e até objetos que comprovavam a verdade, como ocorreu com aquele exemplar de bolso de *Les Fleurs du mal*, de Baudelaire, que, numa bela tarde de domingo, Maysa surrupiou da biblioteca de Newton Farias e me deu de presente depois de escrever uma dedicatória. Roto e já com suas páginas amareladas, está até hoje na estante de uma das minhas bibliotecas.

Do que não consegui escapar foi dar a esse material que é verdadeiro um tratamento de ficção. Isso acontece na primeira parte das memórias, já que estou falando de ocorrências remotas e delas tenho poucas provas além das minhas lembranças. Assim, aos que os leiam, esses acontecimentos parecerão menos documentais e mais, digamos assim, ficcionados — e minha intenção foi essa mesmo. Toda a incrível história de Tonha dos Milhões, por exemplo, embora verdadeira de A a Z, poderia muito bem ter brotado na minha imaginação e, assim, ser apenas um conto ou uma novela curta. Mas ela é rigorosamente verdadeira. Tonha existiu tal como a recriei — e talvez continue a dar golpes pelo mundo afora e nesse caso ainda exista. A mesma coisa aconteceu com a história de Virgínia, aquela que, segundo conta sua lenda de um modo rigorosamente planejado, provocou um derrame fatal no pai nunca assumido — um padre homofóbico.

Se em algum momento pareci exagerar na recriação dessas histórias, digo em minha defesa que sim, talvez, mas nem por isso deixei de ser — com todo o rigor — verdadeiro. Apenas é dessa forma que as narrei como hoje as vejo.

Esse tom "ficcional" eu pude dispensar na segunda parte das memórias, quando abordo o meu trabalho como jornalista. Dessa fase, tenho material suficiente para comprovar a veracidade de cada fato narrado. Mesmo assim, ainda o faço num tom que exigiu do escritor alguma "recriação" na forma e na linguagem.

Já sobre a terceira parte, quando falo do meu trabalho na televisão, existe material mais do que suficiente em livros e também na internet para que eu — e quem me lê — possa comprovar cada fato. Ou seja: até mesmo quando não parece, tudo que escrevi neste livro de memórias é a mais pura verdade. O problema é: qual verdade?

Alguém me perguntará o que faço, "agora que não estou mais na televisão". E eu respondo, sem pensar duas vezes, que faço o que sempre fiz desde meus verdes treze anos: brinco de escrever. Todos os dias, rigorosamente às sete horas da manhã, eu sento diante do computador tal como sentava à frente da Smith-Corona primeiro e depois da Olivetti elétrica. E escrevo. Porque, se tem uma coisa que descobri depois que meu tempo de gatilho de aluguel acabou na TV Globo, é que não escrevo para quem me paga, não. Eles me pagam para que eu escreva só para minha própria satisfação, pois é só para isso que escrevo, para mim mesmo, embora o dinheiro que me pagam para fazê-lo seja sempre bem-vindo.

Assim, daqui a alguns anos, depois que eu atravessar de forma definitiva o grande portal sobre o qual está escrita a palavra "saída", quem sabe esses meus textos inéditos sejam descobertos por algum dos especialistas no assunto e, ao lê-los, ele conclua: "Caramba! Até que o cara era bom nisso…".

De qualquer modo, estas linhas finais me servem apenas para dizer que está cumprida aqui a promessa feita certo dia ao grupo de amigos que insistiam para que escrevesse minhas memórias: "Um dia eu faço isso", eu lhes dizia sem grande entusiasmo. E tratava de esquecer o assunto, pois achava que minha vida, com todos os seus altos e baixos (além de muitos "médios"), entre tantos bilhões de vidas tinha sido apenas mais uma.

Porém…

Eles continuaram a insistir, até que finalmente o fiz: enumerei estas lembranças e, quer saber? Sim, me diverti "pra caramba" ao fazê-lo. Quanto aos tais amigos, espero que, depois de ler o livro que escrevi a pedido deles, fiquem satisfeitos com a encomenda que eu agora lhes entrego.

Lisboa, 2022-3

Créditos das imagens

p. 239: Jorge Peter/ Agência *O Globo*
p. 260: Leo Martins/ Agência *O Globo*
p. 309: Sérgio Tomisaki/ Folhapress
p. 330: Greg Salibian/ Folhapress
p. 352: Gustavo Azeredo/ Agência *O Globo*
p. 360: Thiago Freitas/ *Extra*/ Agência *O Globo*
p. 367: Marcelo Theobald/ *Extra*/ Agência *O Globo*
p. 391: José António Antunes Marques

As demais imagens do livro pertencem ao
arquivo particular de Aguinaldo Silva.

*Todos os esforços foram feitos para encontrar os detentores de
direitos autorais das fotos incluídas neste livro. Em caso de eventual
omissão, a Todavia terá prazer em corrigi-la em edições futuras.*

capa
Eduardo Foresti / Foresti Design
foto de capa
Renato Rocha Miranda
tratamento de imagens
Carlos Mesquita
preparação
Cacilda Guerra
revisão
Ana Alvares
Karina Okamoto

Dados Internacionais de Catalogação na Publicação (CIP)

Silva, Aguinaldo (1943-)
Meu passado me perdoa : memórias de uma vida novelesca / Aguinaldo Silva. — 1. ed. — São Paulo : Todavia, 2024.

ISBN 978-65-5692-663-6

1. Perfil biográfico. 2. Memórias. 3. Novelas. 4. Televisão brasileira — história. I. Título.

CDD 920

Índice para catálogo sistemático:
1. Perfil biográfico : Biografia 920

Bruna Heller — Bibliotecária — CRB 10/2348

todavia
Rua Luís Anhaia, 44
05433.020 São Paulo SP
T. 55 11. 3094 0500
www.todavialivros.com.br

fonte
Register*
papel
Pólen natural 80 g/m²
impressão
Ipsis

FSC
www.fsc.org
MISTO
Papel | Apoiando
o manejo florestal
responsável
FSC® C011095